ERIK MARQUARDT

EUROPA SCHAFFT SICH AB

Wie die Werte der EU verraten werden und was wir dagegen tun können

Rowohlt Polaris

Originalausgabe
Veröffentlicht im Rowohlt Taschenbuch Verlag, Hamburg, August 2021
Copyright © 2021 by Rowohlt Verlag GmbH, Hamburg
Covergestaltung Hauptmann & Kompanie Werbeagentur, Zürich
Coverabbildung privat
Redaktion Martin Kulik
Satz aus der Pensum bei Pinkuin Satz und Datentechnik, Berlin
Druck und Bindung CPI books GmbH, Leck, Germany
ISBN 978-3-499-00707-1

Die Rowohlt Verlage haben sich zu einer nachhaltigen Buchproduktion verpflichtet. Gemeinsam mit unseren Partnern und Lieferanten setzen wir uns für eine klimaneutrale Buchproduktion ein, die den Erwerb von Klimazertifikaten zur Kompensation des CO_2-Ausstoßes einschließt.
www.klimaneutralerverlag.de

Inhalt

	Vorwort	7
1	Europas Verantwortung	9
2	Einbruch der Wirklichkeit	21
3	Der Preis der Flucht	48
4	Hoffnung, Flucht, Vertreibung	64
5	Die Not auf See und die Verhinderung der Rettung	82
6	Das Schengenspiel	117
7	Eskalation als Folge der Abschottung	129
8	Pushbacks mit System	161
9	Wie konnte es so weit kommen?	173
10	Der Weg zu einer Lösung	189
11	«Was kann ich selbst tun?»	202
12	Fakten gegen Vorurteile	210
	Schlusswort	220
	Anmerkungen	223

Vorwort

Es gibt wohl wenige Themen, die in unserer Gesellschaft emotionaler diskutiert werden als Migration und Flucht. Das ist verwunderlich, denn eigentlich ist sie kein neues Phänomen, sondern seit Jahrtausenden fester Bestandteil der menschlichen Entwicklung. Und doch haben Gespräche über Migration das Potenzial, einen gemütlichen Abend im Freundes- oder Familienkreis in erbittertem Streit enden zu lassen. Mich persönlich treibt Migration seit Jahren um. Begonnen hat mein persönlicher Kontakt mit dem Thema wohl mit der Entscheidung, als Fotojournalist zu arbeiten. Auf meinen Fotoreisen wurden die Schicksale all dieser Menschen auf der Flucht, die man eigentlich nur aus dem Augenwinkel in Fernsehberichten, bei der Zeitungslektüre am Frühstückstisch oder in den sozialen Medien wahrnimmt, plötzlich greifbar. Ich habe mit eigenen Augen gesehen, wie ein Leben auf der Flucht aussieht, habe mit den Menschen gesprochen und Hintergründe recherchiert. Inzwischen bin ich ins Europaparlament gewählt worden und wundere mich, wie die letzten Jahre verflogen sind und wie sich der Umgang mit Geflüchteten verändert hat. Reisen nach Lesbos, Moria, auf die Balkanroute und nach Afghanistan sowie Seenotrettungsmissionen bestimmten jahrelang mein Leben. Ich habe Hunderte Vorträge über das Erlebte in Deutschland gehalten, nun wurde mir ein Mandat übertragen, und ich versuche, die Erlebnisse meiner Reisen und die daraus entstandenen Überzeugungen in der Politik einzubringen. Doch dieses Buch hat nicht mich als Person im Fokus, sondern es ist eine Verarbeitung von dem, was ich sah, erlebte und dachte.

Beinahe jeden Tag erreichen mich Fragen, die Menschen sich mit Blick auf das Leid an den Außengrenzen stellen: «Was kann ich tun?», «Warum handelt die Politik nicht?», «Wie kann das in Europa einfach geschehen?», «Warum verklagt man die Verantwortlichen denn nicht?» Dieses Buch ist entstanden, weil ich selbst auf der Suche nach Antworten auf solche Fragen bin und weil ich aus den Puzzleteilen meiner persönlichen und politischen Erfahrungen ein Bild formen möchte. Ich möchte versuchen, auf diese Weise Denkanstöße zu einem Thema weiterzugeben, das jede:n von uns direkt betrifft. Wir brauchen eine offene Diskussion über die Herausforderungen in der Migrationspolitik – und zwar heute drängender als jemals zuvor. Und wir brauchen echte Lösungsansätze, die unsere Gesellschaft mit einbinden.

Mein Weg in die Politik war eine bewusste Entscheidung. Ich habe sie vor dem Hintergrund getroffen, dass der Journalismus zwar Probleme aufzeigen, sie aber nicht lösen kann. Jahre verbrachte ich damit, die Probleme zu sehen, sie mit der Kamera festzuhalten. Aber am Ende will ich nicht nur das Leid an den europäischen Grenzen in meinen Fotos dokumentieren, sondern wünsche mir ein Europa, das seine Verantwortung ernst nimmt und das Leid beendet. Aus diesem einfachen Grunde habe ich mich als Berufspolitiker für ein Mandat im Europaparlament beworben, obwohl ich eigentlich gerne Fotograf bin.

Ob es gelingen kann, das Leid zu beenden, warum das gelingen muss und woran es scheitert, das soll dieses Buch beschreiben. Es erhebt keinen Anspruch auf Vollständigkeit, aber ich hoffe, dass es einige Punkte beleuchtet, die sonst für viele im Dunkeln bleiben. Oder anders gesprochen: Ich hoffe, dass ich die Puzzleteile so zusammenlegen kann, dass zumindest in Grundzügen erkennbar wird, welches Bild von Europa und seiner Migrationspolitik sich momentan ergibt und warum wir dieses Bild unseren Enkeln irgendwann hoffentlich nicht übergeben werden.

1
Europas Verantwortung

Meine erste Rede im Europäischen Parlament im Jahr 2019 begann ich mit dem Satz: «Es ist Glück, das darüber entscheidet, ob wir in Frieden und Wohlstand aufwachsen können oder ob wir in Leid und Elend aufwachsen müssen.» Ich wählte diesen Einstieg bewusst, denn im Europäischen Parlament Reden halten zu dürfen, ist neben einem Privileg auch schlichtes Glück, das so viele andere stimmen- und manchmal namenlose Menschen nicht haben. Und es ist eben auch Glück, an welchem Ort auf diesem Planeten man geboren wird, welche Chancen man hat oder welche Rechte. Ich bin davon überzeugt, dass aus dieser Erkenntnis eine Verantwortung erwächst. Die Verantwortung, die eigenen Chancen und Möglichkeiten dafür zu nutzen, dass sie irgendwann auch anderen zuteilwerden können.

Doch welche Chancen und Möglichkeiten hat Europa? Und welche haben wir ganz persönlich? Der Titel dieses Buches lautet «Europa schafft sich ab» – dieser Slogan ist bewusst provokant gewählt, denn er soll eine längst überfällige Diskussion um eine Realität auslösen, die im krassen Gegensatz zu dem steht, was Europa ausmachen sollte. Um das zu erläutern, werde ich im Laufe des Buches elementare Fragen aufwerfen, die sich sicher viele Menschen beim Lesen des Titels stellen werden. Warum schafft sich Europa ab? Was heißt abschaffen? Und was heißt überhaupt Europa? Dabei möchte ich mich allerdings nicht nur auf die Beantwortung dieser Fragen beschränken, sondern ich möchte auch konkrete Vorschläge skizzieren, wie es besser gehen könnte. Meine wichtigste These, hinter die ich mich ohne jegliche Dramatisierung stellen möchte, lautet: Europa schafft sich ab, wenn unser politisches Fundament aus Rechtsstaatlichkeit und der Achtung der Würde jedes einzelnen Menschen einem Zweck geopfert wird.

Ich gehöre zu einer Generation in Europa, für die Freiheit und Demokratie selbstverständlich ist. Auch wenn ich die ersten Jahre meines Lebens in der DDR aufgewachsen bin, war die politische Debatte nach der Friedlichen Revolution 1989 doch von der Überzeugung geprägt, dass sich über kurz oder lang Demokratie, Freiheit und Menschenrechte auf der Welt durchsetzen werden. Und tatsächlich nahm in den neunziger Jahren der Anteil der Menschen stetig zu, die in demokratischen Staaten lebten. Während in den Siebzigerjahren nur etwa ein Viertel der Menschen in freien Staaten lebte, stieg der Anteil stetig weiter auf fast die Hälfte. Doch in den letzten Jahren zeigt sich, dass dieser Durchmarsch der Demokratie ins Stocken geraten ist. Seit 2007 sinkt dieser Wert wieder und der Anteil der Menschen in Unfreiheit wächst.[1] Was, wenn es eben nicht so sicher ist, dass sich unsere gewohnten Freiheiten und Rechte in der Zukunft von selbst erhalten und auch für andere durchsetzen? Diese Gefahr zeigt sich nirgendwo so deutlich wie in der gewalttätigen Abwehr von Geflüchteten an den Außengrenzen.

«Die Geschichte richtet ihre Augen auf uns», sagte die Lyrikerin Amanda Gorman bei der Vereidigung des US-Präsidenten Joe Biden mit Blick auf den Erhalt der modernen Demokratie. Auch in Europa richtet die Geschichte ihre Augen auf uns. Es war ein langer, schmerzhafter Weg des Zusammenwachsens nach zwei schrecklichen Weltkriegen und einem Kalten Krieg, bis Frieden, Freiheit und Demokratie in Europa zur Normalität wurden und im Rahmen einer Europäischen Union eine Struktur fanden.

Es gibt sehr gute Gründe dafür, den Fokus der europäischen Geschichte und Erinnerungskultur auf den Holocaust, die Weltkriege und den Kalten Krieg zu lenken. Doch dürfen auch andere Fragen nicht verklärt werden, wenn man sich der Frage nähert, was Europa – was uns – historisch ausmacht.

In vielen europäischen Staaten ist eine wesentliche Grundlage unseres Reichtums – unsere koloniale Vergangenheit – nur bruchstückhaft aufgearbeitet. Koloniale Ausbeutung und die Vernichtung von Menschen auf anderen Kontinenten dürfen jedoch weder vergessen noch verschwiegen werden. Der Völkermord an den Herero und Nama durch Deutschland Anfang des 20. Jahrhunderts ist dafür nur ein Beispiel. Über 500 Jahre Kolonialgeschichte waren schon geschrieben, als der Erste Weltkrieg begann.[2] Und auch als sich Europa nach dem Eindruck eines verheerenden Zweiten Weltkriegs neu formierte, kann man leider nicht von einem reinen Friedensprojekt sprechen. Mehrere Kriege gingen von europäischen Staaten aus und zeigten, dass das koloniale Zeitalter mitnichten Geschichte war: Frankreich führte Krieg in Indochina (Vietnam) und in Algerien, Portugal versuchte die Unabhängigkeitsbewegungen seiner Kolonien in Afrika niederzuschlagen, und Großbritannien kämpfte mit Argentinien um die Falklandinseln. Selbst auf europäischem Boden kämpften in den Jugoslawienkriegen noch in den neunziger Jahren europäische Staaten gegeneinander.

Auch wenn wir Europa gerne als demokratisches Modellprojekt sehen möchten: Portugal, Griechenland oder Spanien waren bis in die siebziger Jahre Diktaturen. Diese Feststellungen dienen nicht dem Zweck, Europa grundsätzlich ein kritisches Etikett anzuheften und es in die Kategorie «gescheitert» einzuordnen. Bei der Frage, welche Werte es zu bewahren gilt und was noch zu erstreiten ist, sollte man sich allerdings bewusst sein, dass die Geschichte Europas mitnichten nur von Menschlichkeit und Empathie geprägt ist. Europa hat eben kein jahrhundertealtes unerschütterliches Fundament der Achtung von Grundrechten. Aber es hat eine Geschichte, die uns die Frage abringt, ob wir die Fehler der Vergangenheit in der Zukunft wiederholen werden. Können wir aus der Geschichte lernen? Die Antwort werden nicht nur wir, sondern auch künftige Generationen geben müssen. Doch unsere Generation muss heute und hier den Beweis antreten, dass die europäische Idee nicht nur ein Lippenbekenntnis ist.

Dieses Buch verfolgt nicht das Ziel, die europäische Geschichte in all ihren Einzelheiten und Facetten darzulegen. Das haben andere Autor:innen schon wundervoll und umfassend getan.[3] Es soll den Blick eher auf die letzten Jahre und nicht auf die letzten Jahrhunderte lenken. Im Fokus steht dabei ein Thema, das in der Gegenwart wie kein zweites für das Unvermögen Europas steht, seine selbsterklärten Wertvorstellungen realpolitisch einzulösen: die europäische Asylpolitik.

Asyl bedeutet dem Wortsinn nach Sicherheit. Das Asylrecht wurde geschaffen, um Menschen einen Zufluchtsort zu bieten, die anderswo in Gefahr sind oder verfolgt werden. Die Debatte, ob Schutzsuchende ein Anrecht haben, in Europa diesen Zufluchtsort zu finden, kreist oft um zwei Kernthemen. Erstens um die Frage, ob die Menschen, die nach Europa kommen, überhaupt schutzbedürftig sind. Und zweitens um die Frage, ob diese Menschen nicht auch anderswo einen Zufluchtsort finden könnten. Auf beide Fragen werden wir im Verlauf des Buches noch zurückkommen. Ich möchte mich dem Thema hier aus einer anderen Perspektive nähern und zunächst allgemein feststellen, dass Europa unter anderem von zwei Grundwerten lebt: Solidarität und Rechtsstaatlichkeit. Solidarität bedeutet in diesem Zusammenhang, dass man bereit ist, Verantwortung für andere zu übernehmen. Die Behauptung, dass es auch andere Orte auf der Welt gibt, wo Geflüchtete aufgenommen werden könnten, ist zwar korrekt, aber sie gibt uns keine Antwort darauf, wie wir die europäischen Grundwerte umsetzen und leben können. In der laufenden Debatte sollte also eigentlich eine andere Frage im Vordergrund stehen: Welchen Teil kann und sollte Europa dazu beitragen, schutzbedürftigen Menschen Zuflucht zu bieten? Denn wenn alle Staaten der Welt argumentieren würden, dass Geflüchtete auch anderswo aufgenommen werden könnten, hätten sie zwar recht, doch gleichzeitig würde auch niemand Verantwortung dafür übernehmen, dass diese Menschen Asyl finden. Aus besonderen historischen Erfahrungen ergibt sich eine Verantwortung in der Gegenwart. Gerade wir in Europa sollten nicht fragen, welchen Beitrag andere leisten sollten, sondern was wir tun können und müssen, um dieser Verantwortung gerecht zu werden. Die Frage, ob die Menschen vor allem aus Kriegen oder wirtschaftlichen Gründen nach Europa kommen, kann man mit Blick in verschiedene Statistiken beantworten. Wichtig und spannend ist allerdings nicht die Frage nach dem Ergebnis dieser Rechenübung, sondern die Frage, wie wir rechtsstaatlich herausfinden, aus welchen Gründen Menschen fliehen und wie wir Menschen – auch ganz unabhängig von den Gründen ihrer Flucht – behandeln.

Nach der Machtübernahme der Nationalsozialisten im Jahre 1933 in Deutschland flüchteten viele Jüdinnen und Juden. Nach dem Erlass der Nürnberger Rassegesetze 1935 stieg die Zahl der Menschen, die aus Angst vor den Nazis das Land verließen, noch weiter an. 1938 – noch vor Beginn des Zweiten Weltkriegs – war durch den Anschluss Österreichs an das Deutsche Reich auch die österreichische jüdische Gesellschaft der Repression des Nazi-Regimes ausgesetzt, und auch hier flohen viele Menschen. Bis Mitte 1938 waren bereits 143 000 in Deutschland lebende Jüdinnen und Juden ausgewandert. Viele wählten den Weg über die Grüne Grenze in die Schweiz.[4] Die schweizerische Regierung antwortete mit Grenzschließungen und verhinderte vielfach die Flucht, indem Gesetze verschärft und Menschen drangsaliert wurden.[5] Geflüchtete wurden in Lagern und Heimen interniert, und es wurde ein striktes Arbeitsverbot ausgesprochen. Einer der Verantwortlichen für diese Politik war der zuständige Polizeichef Heinrich Rothmund, der noch bis 1954 im Amt war. 1944 sollte er folgenden Satz von sich geben: «Es ist uns bis heute gelungen, durch systematische und vorsichtige Arbeit die Verjudung der Schweiz zu verhindern.» Man wollte sich mit allen zur Verfügung stehenden Mitteln gegen «wesensfremde Elemente» wehren. Die Zurückweisung, so beschloss der schweizerische Gesamtbundesrat schon 1942, solle auch stattfinden, «wenn den davon betroffenen Ausländern daraus ernsthafte Nachteile entstehen». Die Berichte über Deportationen – über den systematischen Mord an Juden in Konzentrationslagern – waren dem Gremium damals bekannt.

Dabei ist das schweizerische Verhalten kein Einzelfall. Auch Länder, die heute Mitglieder der Europäischen Union sind, rissen sich nicht gerade darum, den fliehenden Menschen Schutz zu bieten.

Bereits im Sommer des Jahres 1938 kamen Vertreter:innen von 32 Staaten und 24 Hilfsorganisationen in Frankreich zusammen. Auf der Konferenz von Evian sollte eine gemeinsame Reaktion auf die steigenden Flüchtlingszahlen der jüdischen Bevölkerung aus Deutschland und Österreich diskutiert werden.[6] Schon damals war das Thema äußerst umstritten. Die Konferenz sollte einerseits die Befürworter:innen der Aufnahme von Geflüchteten besänftigen und andererseits auch die Gegner:innen einbinden.[7] Hilfsorganisationen drängten damals auf eine Aufnahme der fliehenden Menschen, aber die Staaten konnten sich nicht einigen. Einzig die Dominikanische Republik bot an, mehr Geflüchtete als bisher aufzunehmen. Der dominikanische Präsident Trujillo wollte dadurch die eigene Bevölkerung – kein Scherz – «aufhellen».[8] Alle waren sich damals einig, dass die Lage schlimm ist, doch Verantwortung wollte kaum jemand übernehmen. Die Lehre von Evian lautet also: Nur weil ein Konsens darüber besteht, dass es Zufluchtsorte für Geflüchtete geben sollte, hat man diese noch nicht praktisch geschaffen.

Die Nationalsozialisten feierten das Ergebnis der Konferenz. Das antisemitische Blatt «Der Stürmer» hetzte in einer Karikatur, dass sich nun wohl herumgesprochen habe, was mit den Juden los sei, wenn nun in allen Ländern «Juden nicht mehr erwünscht» seien.[9]

Es waren in diesen Zeiten einzelne Menschen und Gruppierungen, die dem Leid und der menschenfeindlichen Migrationspolitik etwas entgegensetzten.

Herauszuheben ist neben vielen anderen Paul Grüninger, der als Schweizer Grenzbeamter erkannte: «Die Rückweisung der Flüchtlinge geht schon aus Erwägungen der Menschlichkeit nicht. Wir müssen viele hereinlassen!»[10] Er rettete vielen hundert Menschen das Leben, indem er beispielsweise Einreisedokumente fälschte.[11] 1939 wurde er vom Dienst suspendiert, er fand nie wieder eine feste Anstellung, und erst im Jahr 1993 wurde er in der Schweiz politisch rehabilitiert – 20 Jahre nach seinem Tod.

Nach dem Ende des Zweiten Weltkriegs versuchte man, international verbindliche Regeln zu schaffen, damit sich weder die Shoah noch das Versagen bei der Aufnahme von Schutzsuchenden wiederholen konnte. 1948 wurde in der «Allgemeinen Erklärung der Menschenrechte» erstmals das individuelle Recht auf Asyl festgehalten. «Jeder Mensch hat das Recht, in anderen Ländern vor Verfolgungen Asyl zu suchen und zu genießen», heißt es dort in Artikel 14. Doch nur wenige Staaten übersetzten diese Erklärung in nationales Recht.[12] Eine Ausnahme bildete die Bundesrepublik Deutschland. «Politisch Verfolgte genießen Asylrecht», steht im Grundgesetz festgeschrieben, das 1949 beschlossen wurde. Damals kam man auch zu der wichtigen Erkenntnis, dass individuell zu prüfen ist, wer schutzbedürftig ist. Ethnische Zugehörigkeit, Religion oder anderen Zugehörigkeit zu einer Gruppe sollten demnach nie wieder verhindern, dass jemand Schutz findet.

Ein weiterer Meilenstein war das «Abkommen über die Rechtsstellung der Flüchtlinge» vom 28. Juli 1951.[13] Das Abkommen bildet die Grundlage des internationalen Flüchtlingsrechts. Es definiert, wer ein «Flüchtling» ist und welche Rechte und Hilfen die Unterzeichnerstaaten gewährleisten müssten. 146 Staaten haben das Abkommen bislang unterschrieben. Doch aus der Unterschrift ergibt sich noch nicht, dass die Zuflucht für Schutzsuchende in den betreffenden Staaten auch wirklich gewährleistet ist. Im Gegenteil. In den letzten Jahren zeigt sich vor allem eine neue Konjunktur der Abschottung. Wer glaubte, dass der Fall der Berliner Mauer auch eine Öffnung der Grenzen auf der Welt einleiten würde, wurde eines Besseren belehrt. Inzwischen gibt es fünfmal so viele Grenzbefestigungen wie 1989. Viele davon wurden nach dem Jahr 2000 gebaut, und in Europa gibt es heute mehr Kilometer an Mauern, Zäunen und Barrieren als zum Höhepunkt des Kalten Krieges.[14]

Der Trend zur Abschottung steht im direkten Konflikt zu den Grundidealen Europas. Im Jahr 2012 erhielt die Europäische Union den Friedensnobelpreis. Hier ein Ausschnitt aus der Begründung des Nobelkomitees:

> «Das Norwegische Nobelkomitee hat entschieden, dass der Friedensnobelpreis 2012 an die Europäische Union (EU) vergeben wird. Die Union und ihre Vorgänger haben über sechs Jahrzehnte zur Förderung von Frieden und Versöhnung beigetragen. Seit 1945 ist diese Versöhnung Wirklichkeit geworden.
>
> Das furchtbare Leiden im Zweiten Weltkrieg zeigte die Notwendigkeit eines neuen Europa. Über 70 Jahre hatten Deutschland und Frankreich drei Kriege ausgefochten. Heute ist Krieg zwischen Deutschland und Frankreich undenkbar. Das zeigt, wie historische Feinde durch gut ausgerichtete Anstrengungen und den Aufbau gegenseitigen Vertrauens enge Partner werden können. In den 80er Jahren sind Griechenland, Spanien und Portugal der EU beigetreten. Die Einführung der Demokratie war Voraussetzung für ihre Mitgliedschaft.

Der Fall der Berliner Mauer machte den Beitritt möglich für mehrere zentral- und osteuropäische Staaten. Dadurch wurde eine neue Ära der europäischen Geschichte eingeleitet. Die Teilung zwischen Ost und West ist in weiten Teilen beendet. Die Demokratie wurde gestärkt. Viele ethnisch bedingte Konflikte wurden gelöst. Die Aufnahme von Kroatien als Mitglied im nächsten Jahr, die Einleitung von Aufnahmeverhandlungen mit Montenegro und die Erteilung des Kandidatenstatus an Serbien wird den Prozess der Aussöhnung auf dem Balkan voranbringen.»[15]

Man kann sich trefflich darüber streiten, ob die Europäische Union diesen Preis verdient hat. Es ging dem Nobelpreiskomitee aber wohl nicht nur um die Frage, ob der EU dieser Preis für Leistungen der Vergangenheit zugesprochen werden sollte. Vielmehr wollte es angesichts der kommenden Krisen, die sich schon 2012 andeuteten, der Europäischen Union den Auftrag erteilen, sich der Auszeichnung immer wieder als würdig zu erweisen. Geschichte als Verantwortung, oder wie es das Nobelpreiskomitee formulierte: «Das Norwegische Nobelkomitee wünscht den Blick auf das zu lenken, was es als wichtigste Errungenschaft der EU sieht: den erfolgreichen Kampf für Frieden und Versöhnung und für Demokratie sowie die Menschenrechte; die stabilisierende Rolle der EU bei der Verwandlung Europas von einem Kontinent der Kriege zu einem des Friedens.»

Hinter den Formulierungen des Nobelpreiskomitees steckt die Quintessenz der europäischen Idee. Wenn ich davon spreche, dass Europa sich abschafft, dann will ich damit eine Warnung aussprechen. Denn auch in den eigentlich so robusten und wehrhaften Demokratien der Europäischen Union gibt es einen besorgniserregenden Trend, Grundprinzipien wie Rechtsstaatlichkeit, Menschenrechte und die Achtung der Menschenwürde zu missachten – und zwar ausgerechnet im Umgang mit den Schwächsten. Europa verfügt über ausreichende Ressourcen, um Schutzsuchende deutlich besser zu behandeln, und sollte sich vor dem Hintergrund seiner Geschichte diesen demokratischen Grundprinzipien tief verpflichtet fühlen. Und doch wurde ich in den vergangenen Jahren Zeuge einer rücksichtslosen Machtpolitik, habe Schikanen, offensichtliche Lügen und Verbrechen beobachten müssen. Meine Arbeit in der Politik hat mich gelehrt, wie brüchig das Fundament der Demokratie in Europa ist. Wie wir mit den Schwächsten umgehen, zeigt, wie stark wir sind.

Wenn es nicht einmal in Europa, mit all den eingebrannten Erinnerungen an die schrecklichen Folgen von gelebter Ungleichheit, gelingt, die eigenen Gesetze einzuhalten und dem Anspruch an selbstgewählten Werten gerecht zu werden, betrifft das nicht nur den Schutz derjenigen, die von anderswo hier Zuflucht suchen. Es stellt auch in Frage, ob wir aus den Schrecken der Vergangenheit gelernt haben und ob wir insgesamt in der Lage sind, Rechtsstaat, Frieden und Freiheit zu achten.

Wenn wir für Herausforderungen der Asylpolitik keine humane und rechtsstaatliche Lösung finden, dann können wir bei anderen Fragen – egal ob in Europa oder anderswo – noch so empathische Reden halten oder den Zeigefinger erheben. Wir werden nicht überzeugen, wenn wir uns selbst widersprechen. Denn auch wenn uns das Leid und Unrecht dieser Welt oft fern erscheint: Wenn die Betroffenen vor unserer Tür stehen, dann können wir sie nicht mehr missachten, dann müssen wir reagieren und zeigen, was wir besser machen als die Diktaturen, vor denen Menschen fliehen.

Die Frage der Abschottung ist eine Frage der Moral, der Ethik und des Rechts. Aber mit etwas Abstand zeigt sich im Umgang mit unseren Grenzen und Schutzsuchenden eben auch, wie wir uns unsere Zukunft vorstellen. Wie wollen wir umgehen mit der globalen Ungerechtigkeit, mit der Klimakatastrophe? Wie wollen wir angesichts von Verfolgung, Krieg und Diktatur mit denen umgehen, die nicht das Glück hatten, in Europa geboren worden zu sein? Wie wollen wir dazu beitragen, dass weniger Menschen fliehen müssen?

Die Antwort auf die letzte Frage lässt sich unabhängig von der Weltanschauung fast konsensual beantworten: Fluchtursachen bekämpfen. Doch zur Realität gehört, dass diese Losung einfach schon zu lange genutzt wurde, um sich darauf zu einigen, dass wir morgen alles besser als gestern machen wollen. Fluchtursachen bekämpfen zu wollen ist die Prokrastination der europäischen Asylpolitik, nicht ihr Inhalt. Die Zahl der weltweit Geflüchteten ist in den letzten Jahren immer weiter angestiegen, die Zahl der Menschen, die es nach Europa schaffen, sinkt seit Jahren massiv.[16]

Rüsten wir uns schon dafür, vor all dem Unglück der Welt endgültig die Augen zu verschließen? Zeigen wir mit roher Gewalt und hemmungsloser Härte an den Grenzen, dass wir die Menschenrechte und die Gerechtigkeit in Europa hinter Knüppeln, Stacheldraht und einem Meer aus Leichen verstecken müssen?

Doch was ist die Alternative zur Abschottung? Geschickt wird Gegner:innen einer gewalttätigen und rechtswidrigen Abschottungspolitik vorgeworfen, dass sie eigentlich die seien, die sich für Chaos, Kontrollverlust und gegen Rechtsstaatlichkeit einsetzen. «Abschottung oder Anarchie», das ist die Parole, die sich bei genauerer Betrachtung in vielfältigen Aussprüchen in den Vordergrund drängt und mit der seit 2015 auch die Mitte der Gesellschaft vor einem «Kontrollverlust» gewarnt wird. Angeblich wäre Chaos vorprogrammiert, wenn man nicht mit aller Vehemenz – ganz egal ob legal oder illegal – Schutzsuchende davon abhält, in Europa Asylanträge zu stellen. Stimmt das?

Andere Stimmen behaupten, dass es gar nicht wirklich möglich wäre, Europa abzuschotten. Wenn eine Fluchtroute geschlossen würde, dann entstünde eben eine neue. Aber auch wenn der Einfallsreichtum der Geflüchteten oder ihrer Schlepper von der Regierungspolitik in Europa wohl vielfach massiv unterschätzt wird und sich in der Tat noch einige Optionen bieten, nach Europa zu fliehen, so ist doch offensichtlich, dass die Fluchtrouten nach Europa immer gefährlicher werden. Und Europa ist sehr wohl in der

Lage, sich abzuschotten. Das wurde uns in Ansätzen in den letzten Jahren deutlich vor Augen geführt. Mit Berichten von Gewalt, entsetzlichen Bildern von kenternden Booten und schießenden Soldaten.

Wer auch die letzte Fluchtroute irregulärer Migration nach Europa schließen will, sollte sich aber nicht einbilden, dass das auf Dauer ohne Schießbefehl, das Ertrinken von Menschen im Mittelmeer und die Missachtung von Menschenrechten möglich ist. Es ist eine reale Gefahr, dass Europa diesen Weg wählt, den Schmerz an den Grenzen erträgt, weil alle Alternativen als noch viel schlimmer verkauft werden. Mit der Abschottung würde Europa dann jedoch nicht nur die mühsam erlernten Menschenrechte an den Grenzen wieder durch das Recht des Stärkeren ersetzen, sondern sich auch der Verantwortung für die Konsequenzen des Handelns auf dieser Welt entziehen.

Abschottung ist die Kapitulation vor den komplexen Aufgaben einer globalisierten Welt. Was sie anrichtet, habe ich mit eigenen Augen beobachten können.

2

Einbruch der Wirklichkeit

Die Vorboten von 2015

Dass das Jahr 2015 als eines der prägendsten in die Geschichte eingehen wird, wurde wohl nur von wenigen erwartet. Der Krieg in Syrien ist zu dieser Zeit bereits seit vier Jahren im Gange, hat mehr als 200 000 Todesopfer gefordert, und Millionen Menschen sind auf der Flucht. Die Zahl der Menschen, die nach Europa flüchten, ist im Jahr 2014 deutlich gestiegen, doch eine Dominanz entfaltet das Thema in der Berichterstattung bis zum Sommer des Jahres nicht.

Unter Expert:innen deutete allerdings schon einiges darauf hin. Über 10 Millionen Menschen waren bereits im Irak und Syrien auf der Flucht, mehrere Millionen in den angrenzenden Gebieten. Die internationale Gemeinschaft hatte 2014 nur etwa die Hälfte des Bedarfs für humanitäre Hilfe[1] decken können, und im Dezember 2014 schlug auch das Welternährungsprogramm Alarm[2]. Wegen mangelnder Spenden musste die Essensversorgung für 1,7 Millionen syrische Geflüchtete vor allem im Libanon ausgesetzt werden – und das trotz des nahenden Winters. Länder wie Griechenland, Ungarn oder die Slowakei zahlten keinen einzigen Cent an das Welternährungsprogramm.

Auch die Geberkonferenz im März 2015 konnte nicht genügend Geld mobilisieren. Aus 70 Ländern kamen zwar Hilfszusagen über 3,5 Milliarden Euro, der Bedarf allein für die Krise in und um Syrien wurde für 2015 von den Vereinten Nationen aber auf mehr als das Doppelte beziffert. Kurz vor der Geberkonferenz musste sich das Welternährungsprogramm wegen Geldmangels schon aus Flüchtlingslagern in der Türkei zurückziehen. An schlüssigen Antworten auf die größte Flüchtlingsbewegung seit dem Zweiten Weltkrieg fehlte es. Die humanitäre Krise in und um Syrien spitzte sich zu, und die Hoffnung der Menschen auf eine baldige Möglichkeit zur Rückkehr in ihr syrisches Zuhause schwand.

Wer dachte, dass Deutschland und Europa mit den großen Fluchtbewegungen dieser Welt eigentlich wenig zu tun haben und das Thema ein Randthema bleiben wird, wurde spätestens mit der stetig steigenden Zahl der ankommenden Schlauchboote auf den griechischen Inseln im Sommer 2015 eines Besseren belehrt. Der akute Mangel an humanitärer Versorgung für die Betroffenen von Krieg und Terror ist wohl einer der Hauptgründe, warum sich im Jahr 2015 so viele Menschen auf den Weg nach Europa machen. Doch bis zum Sommer bewegten andere Themen die Debatte: Im April starben bei einem großen Schiffsunglück im zentralen Mittelmeer 70 Kilometer vor Libyen ungefähr 500 Menschen, in der vorangegangenen Woche kam es bereits zu anderen Seenotfällen, insgesamt sind über 1000 Menschen gestorben.

Die Zahl der Geflüchteten war Anfang 2015 bereits angestiegen, und Proteste gegen die Aufnahme von Geflüchteten in deutschen Gemeinden, deren Name man nur durch diese Proteste in den Medien kannte, nahmen zu. Ende Juni 2015 war ich das erste Mal in Freital, wo rechte Anwohnerinnen und Anwohner seit Monaten gegen die Unterbringung von Geflüchteten in ihrem Ort demonstrierten. Es war eine krude Mischung aus Menschen, die ihre rechtsradikalen Ansichten teilweise mit T-Shirts, Tattoos und Fahnen zur Schau stellten, und solchen, die einfach mitliefen oder ihre Ansichten hinter unauffälliger Kleidung versteckten. Auf einem großen Banner stand «Kein Ort zum Flüchten». Der Tag endete mit Flaschenwürfen, Festnahmen und unschönen Szenen. In Freital entstand die «Gruppe Freital», die mehrere Terroranschläge gegen politische Gegner und Geflüchtete verübte und deren Mitglieder später verhaftet und verurteilt wurden. Es ist nur ein Beispiel von vielen, die die dunkle Seite der Republik vor dem Sommer 2015 immer sichtbarer werden lassen.

Eine Woche später flog ich nach Griechenland. Im Juli 2015 zum Höhepunkt der Staatsschuldenkrise war das bestimmende Thema in Europa die Frage, wie es mit Griechenland weitergeht. Kommt es zum Grexit? Kann Griechenland im Euro bleiben? Am 5. Juli wurde in einem Referendum darüber abgestimmt, ob das Land den Reformmaßnahmen der europäischen Institutionen zustimmen oder lieber einen eigenen Weg gehen sollte. Ich war als Fotojournalist in Athen, um die Situation zu dokumentieren. Die Abstimmung ging eindeutig für OXI (Nein) aus, die griechische Bevölkerung lehnte die Reformmaßnahmen ab, war allerdings weiterhin von anderen Staaten abhängig, und eine Woche später wurde den Reformmaßnahmen vom Parlament weitgehend zugestimmt, um den Grexit und damit die noch schlimmeren Konsequenzen abzuwenden.

Während ich vor Ort die Wahlurnen, Plakate und die wütenden oder freudigen Menschenansammlungen fotografierte, war die andere Herausforderung des Jahres in Athen kaum noch zu übersehen: Hunderte Geflüchtete lebten obdachlos auf den Straßen und Plätzen. Die meisten waren erst kurz zuvor über Lesbos oder Kos nach Athen gekommen und waren auf der Durchreise in andere Staaten. In Griechenland gab es für sie außer der Obdachlosigkeit kaum eine Perspektive und dazu noch die Gefahr, in einem der Flüchtlingsgefängnisse zu landen. Schon seit Jahren gab es immer wieder Gerichtsurteile, die den griechischen Umgang mit Geflüchteten nicht als menschenwürdig einstuften.

Beim Anblick des Leids auf den Straßen von Athen beschloss ich, mir den Weg der Geflüchteten von Lesbos nach Westeuropa genauer anzuschauen und damit auch einen Beitrag gegen die immer sichtbarer werdende Verrohung in sozialen Medien zu setzen. Ich hatte das Jahr beruflich bislang vor allem damit verbracht, die Proteste von Rechtsradikalen und ihren besorgten Gehilfen zu fotografieren, war in Bautzen, Clausnitz oder Dresden unterwegs. Die Frage, wie man so wenig Empathie oder Verständnis für das Schicksal der Schwächsten dieser Welt aufbringen konnte, beschäftigte mich, besonders beim Anblick der Situationen, die viele Geflüchtete auf ihrer Suche nach Zuflucht durchleben mussten.

In den Debatten in Deutschland hatte man zunehmend das Gefühl, dass das Schicksal der Geflüchteten in den Hintergrund trat und durch Zahlen und leblose Begriffe ersetzt wurde. Flüchtlingswelle, -flut oder -lawine waren Schlagwörter, mit denen von Rechten vor einer «Invasion» gewarnt wurde, wie sie es nannten. Ich wollte dem etwas entgegensetzen. Ich wusste damals noch nicht, dass die Situation der Geflüchteten und die Zustände, unter denen sie flüchten und leben müssen, mich die nächsten Jahre beschäftigen würde.

Am Morgen des 12. August 2015 stehe ich zusammen mit meinem Fotografenkollegen Björn Kietzmann am Hauptbahnhof in München. Wir wollen nach Lesbos aufbrechen, von dort dann weiter auf der Balkanroute den Weg der Geflüchteten nach Deutschland dokumentieren.

In einer Ecke sitzt ein Mann auf dem Boden, schaut auf sein Telefon, und neben ihm liegt eine Frau, völlig erschöpft, auf dem blanken Boden. «Kommen die beiden daher, wo ich gerade hinwill?», frage ich mich und sehe, wie ein Mann im blau-weißen Karohemd mit Wanderhose und Rucksack für den Tagesausflug recht angestrengt über die Bahnhofsgleise hinwegschaut und versucht, die erschöpften Menschen auf dem Boden nicht zu beachten.

Einige Stunden später landen wir in Athen. Im Anschlussflug von dort nach Lesbos, der weniger als eine Stunde dauert, reisen wir mit einigen, die auf der Urlaubsinsel in der Ägäis ihren Sommerurlaub verbringen wollen, anderen, die in der humanitären Krise auf ebenjener Insel helfen wollen. Ein absurdes Bild. Nach der Landung in der Inselhauptstadt Mytilini fahren wir kurz zur Unterkunft und holen einen Mietwagen, um dann schnell in den Norden der Insel zu fahren. Etwa 60 Kilometer sind es zum nördlichen Ende, wo die überfüllten Schlauchboote ankommen. Pünktlich zum Sonnenuntergang sehen wir vom schönen Strand aus die kleinen Berge an der türkischen Küste auf der gegenüberliegenden Seite des Meeres, die in ein intensives Abendrot getaucht sind. Dieses idyllische, ruhige Meer und das Rauschen der Wellen machen es schwer, zu verstehen, dass dieses Stück Wasser der Ort ist, an dem schon Dutzende Menschen in diesem Jahr ertrunken sind. Dass das hier kein normaler Urlaubsstrand war, konnte man einige hundert Meter weiter auch im schönen Farbenspiel der untergehenden Sonne nicht übersehen. Überall am Strand lagen Schwimmwesten und deuteten mit ihren Signalfarben auch im dunkler werdenden Abend auf die Schicksale der Menschen hin, denen sie gehörten und die jetzt ohne sie weitergezogen waren.

Plötzlich ganz nah

Etwa 150 000 Menschen flohen im Jahr 2015 bis August schon auf die griechischen Inseln, die meisten über den Strandabschnitt, auf dem ich stand. Es sollten in den nächsten Monaten noch deutlich mehr werden. Wir fuhren nach Hause, aßen und schliefen, denn am nächsten Morgen mussten wir früh wieder raus. Die meisten Boote legten nachts ab und kamen früh morgens auf Lesbos an.

Kurz nach 6 Uhr fuhren wir los, wieder in den Norden der Insel. Und schon anderthalb Stunden später sahen wir den ersten kleinen Punkt am Horizont. Mit der Vergrößerung der Teleobjektive unserer Kameras hatten wir schnell Gewissheit: Der kleine Punkt, der immer größer wurde, war ein Schlauchboot. Einige Minuten später war es auch mit bloßem Auge deutlich erkennbar. (Siehe Foto 3 im Bildteil.)

Das Wasser war ruhig, doch das kleine Schlauchboot war so überfüllt, dass man eigentlich nur bunte Schwimmwesten und Köpfe sah. Je näher das Boot kam, desto besser konnte man die Gesichter der Menschen ausmachen. Manche angespannter, manche schon freudiger Erwartung der kommenden Minuten mit festem Boden unter den Füßen.

Dann sprangen fast 50 Menschen nacheinander in das knietiefe Wasser am steinigen Ufer. Männer, Frauen und Kinder, manche jubelten vor Erleichterung. Es waren beeindruckende Szenen, die mit Worten schwer zu greifen sind. Ein vollkommen erschöpftes Kind schrie in den Armen seiner Mutter, Männer fielen sich in die Arme, ein junges Pärchen setzte sich an den Strand, die junge Frau lachte aus vollem Herzen, der Mann neben ihr weinte und schluchzte vor Glück. (Siehe Foto 1 im Bildteil.)

Ein paar Kinder wurden von ihrer Mutter auf einen Tisch gesetzt, der zu einem Restaurant gehörte, das direkt am selben Strand lag. Sie blickten verstört um sich und konnten mit den Emotionen ihrer Eltern wenig anfangen. Sie begriffen nicht, dass dieser kleine Moment eine Weiche für ihr kommendes Leben stellte, denn sie hatten es geschafft. Endlich in Europa. Ein Traum, der greifbar wird, mit dem Sand des Strandes auf Lesbos.

Keine 20 Minuten später kam einige hundert Meter weiter das nächste Boot an. Ein älteres Ehepaar in Badeshorts und Bikini wandert am Strand entlang und schaut sich halbwegs erschrocken um, als sie das Boot bemerken. (Siehe Foto 4 im Bildteil.) Der Rentner entschließt sich, den Bootsflüchtlingen bei der Ankunft zu helfen. Das Boot wurde nach der Landung wie schon bei der ersten Ankunft zerschnitten. Während ein junger Mann nachdenklich am Strand steht und in Richtung Türkei blickt, liegt ein Vater mit seinen beiden Töchtern strahlend auf den Überresten des Schlauchboots. Auch sie haben es geschafft. Ich kann mich nicht erinnern, wann ich das letzte Mal solche Emotionen erlebt habe.

Im Hintergrund demontiert ein Mann den Motor und schleppt ihn an den Strand. Das Glück und Leid der einen ist auch das Geschäft der anderen, lerne ich schnell, ein anderer Journalist erklärt mir, dass die Motoren wohl einige Tage später wieder auf der anderen Seite des Meeres verkauft werden. Es ist 9:45 Uhr, und ich merke, dass der junge Mann, der nachdenklich in Richtung Türkei schaute, eigentlich nur ein weiteres Boot gesichtet hat. Die einen sind gerade ausgestiegen, da kommen die Nächsten schon an.

Es sind viele Menschen, die in diesen Tagen auf Lesbos am Rande Europas ankommen und überwältigt von ihren Gefühlen am Strand nach einer langen Flucht endlich wieder wagen, hoffnungsvoll in die Zukunft zu blicken. Und für mich fühlt es sich seltsam an. Vor 24 Stunden stand ich noch am Münchener Hauptbahnhof, und jetzt sehe ich, wie Menschen, die eben noch ihr Leben auf kleinen Schlauchbooten riskiert haben, ihr Glück nun kaum fassen können. Manche stecken – womöglich zur Selbstvergewisserung – ihre Hände in den Sand, um mit den kleinen Körnern auch zu spüren, dass das alles wirklich real ist und sie endlich in Europa angekommen sind.

Diese Szenen zu sehen ist das eine, sie mit dem Fotoapparat festhalten zu müssen das andere. Es kostet mich einige Überwindung, mich in diesen Momenten auf meine Arbeit als Fotograf zu konzentrieren. Auch wenn einige Geflüchtete mich darum baten, Fotos als Andenken von ihnen zu machen, so war der Zweck meiner Reise ja eigentlich, die Geschehnisse mit meiner Kamera zu dokumentieren, damit die Menschen in Deutschland besser verstehen können, was hier passiert.

Nur zwei Busse fuhren damals zur Registrierungsstelle im Süden. Bei weitem nicht genug, um die ungefähr 2000 Menschen zu transportieren, die täglich auf Lesbos ankamen. Auf unserer Fahrt sehen wir immer wieder Gruppen von Menschen, die den Weg zu Fuß antreten. Manche liegen vollkommen erschöpft am Straßenrand und betteln mit leeren Wasserflaschen um Hilfe. Die Euphorie der Ankunft an den Stränden hatte sich in der heißen Sommerluft aufgelöst.

Wir kannten uns noch nicht aus auf der Insel, wussten nichts von den Registrierungsstellen. Wir wussten nur, dass es strikt verboten war, die Menschen über die Insel zu transportieren.

Wir entschieden uns, erstmal Wasser zu holen und es an Menschen auf dem Weg zu verteilen, denn die Durstigen am Straßenrand waren kein Einzelfall. Hunderte Menschen nahmen den Marsch über 60 Kilometer mitten im Hochsommer auf sich. Einige waren dabei barfuß, denn die Schlepper hatten ihnen die Schuhe abgenommen, damit keine scharfen Kanten das Schlauchboot aufrissen. Der Weg über die Insel zur Registrierung ist länger als ein Marathon, und viele laufen ihn nicht nur allein, sondern tragen noch Kinder und Rucksäcke, die teilweise noch schwer und durchnässt von der Überfahrt sind.

Das lange Warten auf die Registrierung

Auf dem Rückweg fahren wir nach Moria, in diesen kleinen netten Ort ungefähr zehn Minuten entfernt von Mytilini. Doch wir besuchen Moria nicht wegen der idyllischen Dorflandschaft, sondern weil wir in das gleichnamige Flüchtlingslager wollen. Dort mussten viele der Menschen auf die Bestätigung ihrer Registrierung warten, 2015 hatte das Lager noch nicht die Ausmaße, die es in den nächsten Jahren annehmen sollte.

Das Camp lag direkt an der Landstraße neben dem Dorf. Eine große Mauer begrenzte das Lager an der Straße, darüber ein Zaun und Stacheldraht, Moria wirkte wie ein Hochsicherheitstrakt. Zwei Jahre zuvor wurde das Lager als Abschiebegefängnis eröffnet, kurz vorher war daneben auch ein Erstaufnahmelager entstanden. Die Mauer an der Straße war mit Graffiti wie «You are not alone» und «Freedom of Movement» vollgesprayt. (Siehe Foto 5 im Bildteil.)

Wir laufen an einem Hinweisschild vorbei: «Project co-financed by the European Union». Zu 75 Prozent hatte die Europäische Union das Lager finanziert – auch, um das mangelnde Asylsystem Griechenlands zu verbessern. Schon 2007 hatte Pro Asyl die menschenunwürdigen Praktiken des griechischen Grenzschutzes aufgedeckt.[3] Im Jahr 2011 hatten der Europäische Gerichtshof für Menschenrechte EGMR[4] und der Europäische Gerichtshof EuGH[5] die Zustände in Griechenland aufs schärfste bemängelt. Menschen aus anderen Ländern in Europa nach Griechenland zurückzuschicken war seit den Urteilen aufgrund der unwürdigen Behandlung von Asylsuchenden nicht mehr gestattet. Durch diese Urteile geriet das Dublin-System ins Wanken: Staaten im Zentrum Europas konnten nun nicht mehr davon ausgehen, dass sie im Zweifelsfall Geflüchtete in die Außengrenzländer abschieben können, die nach der Dublin-Verordnung für die Asylverfahren zuständig sein sollen. Wer in Griechenland registriert wurde, musste also keine Sorge haben, aus Schweden, Frankreich oder Deutschland wieder nach Griechenland zurückgeschickt zu werden.

Als wir weiter durch das Camp laufen, zeigt uns ein junger Mann einen kleinen Zettel und bittet uns, ein Foto zu machen. Auf dem Zettel steht das Datum, der 10. August 2015, die Buchstaben X und Z und die Zahlenfolge «1311». Das ist seine Registrierung, sagt er. Kein Name, nur eine anonyme Nummer. Irgendwann würde er aufgerufen, und dann könne er weiterreisen. Wir schauen uns noch etwas um, reden mit einigen der Geflüchteten und fahren dann in das zweite Lager auf der Insel, das den Namen Kara Tepe (Schwarzer Berg) trägt. Es wurde auf einem alten Verkehrsübungsplatz für Kinder errichtet. Wir besuchen das Lager während der Essensausgabe. Das Gericht, das uns ein Junge hinhält, riecht scheußlich, wahrscheinlich gab es irgendein Problem in der Kühlkette. Die meisten Menschen essen aber zumindest den Reis, der neben dem Stück Huhn auf den Plastikschalen verteilt wurde. In den sozialen Medien waren kurz vorher empörte Bilder von weggeworfenem Essen veröffentlicht worden, um auf die mangelnde Dankbarkeit der Schutzsuchenden hinzuweisen. Wie es zu den Bildern des weggeworfenen Essens kam, kann man besser nachvollziehen, wenn man mal an den Plastikschalen gerochen hat.

Eine halbe Stunde später sitzen wir in einem idyllischen Restaurant direkt an der Mittelmeerküste, und die kleinen, typischen Holzboote der Fischer schaukeln geruhsam, als wäre nichts passiert. Eine tragikomische Situation. Während einige Kilometer weiter die Menschen kaum genug Essen haben und auf Pappen schlafen, habe ich Schwierigkeiten, mich für eines der vielen Gerichte auf der üppigen Karte zu entscheiden.

Am nächsten Tag fahren wir zum Hafen der Hauptstadt Mytilini, um uns anzuschauen, wie die Registrierung abläuft. Ein einziger Container steht dort mit der Aufschrift «Port Police», und vor ihm drängen sich mehr als 100 Menschen. Hier müssen sich die Geflüchteten registrieren, dann werden sie in die Camps geordert, und einige Tage oder Wochen später bekommen sie dann ihre Registrierungspapiere ausgehändigt. Manche berichten uns, dass sie schon zwei Tage warten, um endlich eine Nummer zu bekommen. Es ist glühend heiß. Vor einem kleinen Transporter werden Menschen medizinisch versorgt. Die Ärztinnen vor dem Transporter berichten, dass sie viele schlimme Verletzungen zu behandeln hätten: «So was habe ich noch nicht gesehen, Menschen, die sich auf dem heißen Asphalt die Füße aufgescheuert haben und immer weitergelaufen sind.» Ich wundere mich, warum das alles nicht besser organisiert ist.

Die Überforderung war überall spürbar, aber so richtig verantwortlich fühlte sich vor Ort auch niemand. Mit teils rabiaten Methoden wurden die Menschen registriert und dann in die Lager auf der Insel gebracht. Am Hafen beobachtete ich, wie ungefähr 20 Menschen in einen Transporter ohne Sitze gedrängt wurden, hinter ihnen wurde die Tür mit einem Vorhängeschloss geschlossen, und der Transporter fuhr los. Auf einem Hafengebäude weht eine griechische Flagge und daneben eine zerrissene Europaflagge im lauen Wind.

Skrupellose Schleuser?

Während unseres Aufenthalts auf Lesbos haben wir überwiegend glückliche Szenen bei ankommenden Flüchtenden beobachtet. Mit einer Ausnahme: Ein Schlauchboot wurde von einem norwegischen Motorboot der EU-Grenzschutzagentur Frontex kontrolliert, die Einsatzkräfte der verschiedenen EU-Staaten an die Außengrenzen entsendet. Das Boot setzte drei Beamte mit einem Beiboot am Strand aus. (Siehe Foto 6 im Bildteil.) Diese gehen zielstrebig auf den Fahrer des Schlauchbootes zu, nehmen ihn beiseite und verhören ihn. Was hier passiert, ist den Umstehenden klar: Der Mann, der das Boot gefahren hat, wird verdächtigt, ein Schleuser zu sein und die Menschen illegal nach Griechenland gebracht zu haben. Ihm droht eine langjährige Haftstrafe.

Vielen – sowohl Betroffenen als auch der Öffentlichkeit in Europa – ist nicht bewusst, dass die Fahrer der Schlauchboote bis heute ein großes Risiko tragen. Sie werden oft zu drakonischen Gefängnisstrafen verurteilt. Dass es sich bei diesen Menschen eigentlich nie um organisierte Kriminelle handelt, wurde uns durch persönliche Gespräche schnell klar. Aber auch gesunder Menschenverstand führt zu diesem Ergebnis: Warum sollte jemand, der die Schleusergeschäfte in der Türkei organisiert, sich persönlich mit der Steuerung eines überfüllten Schlauchbootes gefährden, wenn es Tausende Menschen in Not gibt, die man mit etwas Preisnachlass und kleinen Lügen dazu bringen kann, diese Aufgabe zu übernehmen?

Selbst die EU-Kommission führt in ihrer Migrationsagenda aus dem Frühjahr 2015 aus, dass die Festgenommenen in den Booten nur die letzten Glieder in der Kette seien, aber dass mit den erhöhten Strafen auch erreicht werden soll, dass «irreguläre Migranten», also auch Flüchtlinge, abgeschreckt werden.[6]

Der Kampf gegen Schleuser steht in den europäischen Hauptstädten schon länger ganz oben auf der Agenda, dementsprechend muss man auch Erfolge präsentieren und hart gegen diejenigen vorgehen, die man greifen kann. Das sind dann Menschen wie Ansary N. A., dessen Prozess die Organisation Aegean Migrant Solidarity (AMS) beobachtete:

> «Am 6. September 2016 beobachtete AMS den Prozess von Ansary N. A., einem 17-jährigen Jungen aus Afghanistan. Ansarys Familie konnte es sich nicht leisten, die Überfahrt zu bezahlen, sodass ihm als Gegenleistung angeboten wurde, ein Boot von der Türkei nach Lesbos zu fahren: Er sollte eine Gruppe von Migrant*innen an der griechischen Küste absetzen, dann in die Türkei zurückkehren, seine Familie und eine weitere Gruppe von Migrant*innen abholen und erneut auf die griechische Insel übersetzen. Die Aufgabe, das Boot zu fahren, und das Risiko, das mit der dreimaligen Seeüberquerung verbunden war, galt in dieser Abmachung also als Äquivalent für die Transportkosten für Ansary und seine Familie. Ansary wurde allerdings nicht darüber informiert, dass er die Rolle des Schleusers übernehmen würde oder welche Konsequenzen dies haben konnte. Er wurde von der griechischen Küstenwache bei seinem ersten Versuch, die Seegrenze nach Griechenland zu überqueren, abgefangen. Vor Gericht wurde er als Erwachsener behandelt und wegen Menschenschmuggels angeklagt. Er wurde zu 44 Jahren Gefängnis verurteilt, von denen 25 Jahre als Haftstrafe vollstreckt werden.»[7]

Beinahe lebenslänglich in Haft, für das Steuern eines Schlauchboots, obwohl das für viele Menschen in Not der einzige Weg zu einem Asylantrag in der Europäischen Union ist? Ja, das ist leider eine andauernde Realität an den europäischen Außengrenzen. Durch eines der härtesten Anti-Schleuser-Gesetze möchte Griechenland abschrecken. Insgesamt beobachtete die Organisation bordermonitoring.eu 48 Verfahren. Die durchschnittliche Dauer der Gerichtsverfahren betrug nur 38 Minuten. Die durchschnittliche Strafe 48 Jahre Haft und knapp 396 000 Euro Geldstrafe. Niemand wurde freigesprochen. Bis heute sind solche Schnellverfahren in Griechenland gängig, obwohl sie wenig mit rechtsstaatlichen Prinzipien zu tun haben. Inzwischen sitzen nach Recherchen des SPIEGEL knapp 2000 Menschen in Griechenland wegen Schleuservergehen in Haft.[8]

Womöglich ist auch der junge Mann, den ich im Sommer 2015 beim Verhör durch Frontex-Beamte beobachtete, unter den Häftlingen.

Der schwere Weg nach Westeuropa

Nach einigen Tagen auf Lesbos voller Eindrücke und Gespräche fahren wir weiter nach Thessaloniki, wie so viele damals, die nach erfolgreicher Flucht der Balkanroute nach Westeuropa folgen wollten.

Der Busbahnhof in Thessaloniki war voller Menschen, die ihren Weg nach Zentraleuropa suchten. Kinder liegen völlig erschöpft auf dem Asphalt, während die Eltern versuchen, ein paar Bustickets zu kaufen. (Siehe Foto 9 im Bildteil.) Das gestaltet sich für einige schwieriger als gedacht. Als wir selbst am Schalter anstehen, sehen wir, wie Geflüchtete vor uns weggeschickt wurden. Wir sprechen sie an, aber sie sind nicht allzu enttäuscht. Man müsse sich nur noch über den Preis einigen, sagen sie. Leider gibt es auch auf der Balkanroute nach Europa Korruption, es bereichern sich viele – nicht alle – am Geschäft mit den Geflüchteten. Kaum jemand wird dafür zur Rechenschaft gezogen. Wie so oft werden diejenigen am härtesten bestraft, die keine Lobby und den falschen Pass haben.

Am Grenzübergang in Idomeni – ein Dorf mit etwas mehr als hundert Einwohner:innen, das ein halbes Jahr später in den Fokus der Weltpresse rücken sollte – setzten wir unsere Reise über Gevgelija fort. Dieser nordmazedonische Grenzort war damals voller Leben. Fast alle Menschen auf der Balkanroute benutzten den gleichen Weg. In Gevgelija war auf dem alten Bahnhof erst einmal wieder Warten angesagt. (Siehe Foto 10 im Bildteil.) Denn auch in Nordmazedonien muss man sich wieder neu registrieren und ein Ticket für den Zug an die serbische Grenze kaufen. Einige können sich das Ticket nicht leisten oder haben Angst davor, dass die Züge nicht dort ankommen, wo es ihnen versprochen wurde. Sie laufen die etwa 150 Kilometer durch das Land. Wie gefährlich das ist, wurde klar, als im April 2015 14 Menschen von einem Zug überrollt wurden und starben, weil sie auf den Gleisen wanderten und sich am Streckenverlauf orientierten.[9] Die Angehörigen der Opfer wurden von den Behörden nicht ausfindig gemacht, Überlebende schnell nach Griechenland abgeschoben, wie die ARD später herausgefunden hat.[10] Solche Unglücke sind oft leider nur eine Randnotiz der öffentlichen Berichterstattung. Doch ein Ergebnis dieses schrecklichen Unglücks war, dass das mazedonische Parlament im Juni 2015 ein Gesetz beschloss, das es Geflüchteten ermögliche, legal durch das Land zu reisen. Allerdings war das Unglück nicht der einzige Grund für die Gesetzesänderung. Nordmazedonien hatte schlicht nicht genügend Gefängniskapazitäten, um die Menschen einzusperren, die ohne Genehmigung in Nordmazedonien aufgegriffen wurden. Das Abschiebegefängnis Gazi Baba, in dem es nur Platz für 120 Inhaftierte gab, war schon im Mai 2015 mit 450 Inhaftierten vollkommen überfüllt.[11]

Nach der Gesetzesänderung liefen die meisten Menschen nicht mehr zu Fuß durch das Land oder versuchten es auf Fahrrädern zu durchqueren, sondern fuhren mit dem Zug.

Am Abend richten die Menschen ihre Schlafplätze auf dem Bahnhofsgelände her, die meisten haben nicht einmal eine Decke und suchen teilweise unter den Zügen im Güterbahnhof Schutz, weil der Bahnsteig schon voll ist. Die überwiegende Mehrheit von ihnen schlafen direkt auf dem Boden. Ein Mann hat ein Feldbett organisiert, auf dem vier Kinder schlafen, die drei Väter haben sich daneben auf den Asphalt gelegt. (Siehe Foto 11 im Bildteil.)

Einen Tag später kaufen wir uns auch ein Ticket, um mit dem Zug Richtung Serbien zu fahren. Das kostet damals 10 Euro. Die staatliche Bahn hatte die Preise für den Weg durchs Land kürzlich von 5 auf 10 Euro verdoppelt. Im Spätsommer werden die Preise für das Ticket auf 25 Euro erhöht.[12] Drei Züge fahren täglich Richtung Serbien. Viel zu wenige für die vielen Menschen.

Beim Einstieg bittet der Schaffner mich und andere Journalist:innen, im ersten Waggon Platz zu nehmen. Das sei der Wagen für internationale Gäste. Dort sei es sehr geräumig und sauber. Erst als er uns das anbietet, bemerken wir, dass der erste Wagen komplett leer ist, während sich in den anderen Waggons die Menschen stapeln. Bezahlt haben alle denselben Preis. Ich entgegne, dass es mit Blick auf die Geflüchteten ja momentan recht viele internationale Gäste gebe, die sich auch etwas mehr Platz wünschen würden. Aber in welchen Waggon man einsteigen darf, entscheidet sich nach der Hautfarbe. Das ist die bittere Realität auf der Balkanroute. Alle Journalist:innen lehnen es ab, in den ersten Waggon zu steigen.

Im völlig überfüllten und stickigen Zug suchen wir neue Gesprächspartner:innen. Einer merkt, dass wir Deutsch sprechen, bittet uns, kurz zu warten, und zeigt stolz ein Trikot von Borussia Dortmund. Wir unterhalten uns mit dem Syrer, er erklärt mir, wie die Tabelle in der 1. Fußball-Bundesliga gerade aussieht, wer wie viele Tore schießt und dass er unbedingt nach Dortmund will, um seine Mannschaft endlich mal im Stadion sehen zu können.

Als wir aus dem Zug aussteigen, ist es dunkel. Die Passagiere werden von der Polizei mit Handzeichen in Richtung Serbien geschickt, wo sie zu Fuß die Grüne Grenze erreichen können. Wir entschließen uns, nicht mit ihnen zu laufen, sondern die Grenze regulär zu überqueren. Auch mit einem deutschen Pass kann man belangt werden, wenn man nicht an offiziellen Grenzübergängen in das Land einreist. Und besonders im Dunkeln sieht man bei der Grünen Grenze nicht, wo Nordmazedonien aufhört und Serbien anfängt.

Am nächsten Morgen gehen wir zum Registrierungszentrum in Presevo, das einem geschäftigen Marktplatz gleicht. Die Behörden registrieren die Menschen nach einiger Wartezeit in langen Schlangen, und anschließend kaufen sich die Reisenden ein Busticket für die Weiterfahrt.

Eine Gruppe von Männern fragt uns, ob sie kurz ein Handy von uns benutzen können. Sie berichten, dass ihnen die Grenzpolizisten an der Grünen Grenze zwei Optionen angeboten hätten: entweder sie werden im Gefängnis auf der Wache eingesperrt, weil sie illegal eingereist sind, oder sie geben alle Handys und ihr Bargeld ab. Sie entschieden sich dafür, von der Grenzpolizei ausgeraubt zu werden. Die offensichtliche Normalität der Korruption auf der Fluchtroute erschüttert mich.

In den kommenden Tagen fahren wir auf dem Balkan die Fluchtroute ab. Von Belgrad aus geht es zurück nach Gevgelija, als wir hörten, dass sich die Lage dort zuspitzt. Am 20. August hatte die nordmazedonische Regierung den Notstand ausgerufen und abrupt versucht, die Grenze zu schließen. Mit Tränengas, Blendgranaten und Gummigeschossen gingen sie gegen alle vor, die die Grenze trotzdem überqueren wollten. Mehrere Menschen wurden verletzt.[13]

Drei Tage später, als wir erneut an der Grenze ankommen, ist diese wieder geöffnet. Doch die Konfrontation hat die Stimmung verändert. Wir sehen den ausgelegten Stacheldraht. Grenzsoldaten haben sich postiert und schleppen große Kisten aus Transportern in Militärzelte. Auf den Kisten steht «Crowd control», es sind Gummigeschosse und Tränengas. Nachschub für die nächsten Grenzscharmützel. Auf der anderen Seite des Stacheldrahts stehen Hunderte Männer, Frauen und Kinder in einer riesigen Schlange. In größeren Gruppen werden die Menschen über die Grenze geleitet.

Als wir am Grenzübergang stehen und die Szenerie fotografieren, fällt mir eine größere Menschentraube auf, die sich um einen Mann sammelt. Als ich näher komme, merke ich, dass es Sebastian Kurz ist, der damals noch Außenminister Österreichs ist und Nordmazedonien einen eintägigen Besuch abstattet. Man müsse den Balkanstaaten helfen, sagt er an diesem Tag. Aber Griechenland müsse auch seine Grenzen besser schützen. Ich frage mich, was das genau heißen soll. Grenzen besser schützen? Ein Satz, der leicht dahingesagt ist, aber in der Praxis bedeutet er, dass Menschen, die Schutz suchen, ihn nicht mehr finden. In meinen Ohren und vor allem in den Ohren vieler Menschen auf der Flucht klingt das damals nach Grenzschließungen für Geflüchtete.

Was erhofften sich Kurz und andere davon, dass sie fast täglich forderten, die Grenzen zu schließen, und eine «Politik der offenen Grenzen» beklagten? Glaubten sie wirklich, dass ihre Ankündigungen irgendjemand abschrecken würden? Das Gegenteil war der Fall. Die konservativen Politiker:innen erzeugten den Eindruck, dass es momentan besonders leicht sei, nach Europa zu kommen, aber dass das auch bald wieder vorbei sein müsse. Besser konnte man nicht dafür werben, dass sich Menschen bitte schnell auf den Weg nach Europa machen sollten.

In dieser Zeit häuften sich Grenzschließungsforderungen der europäischen Regierungsvertreter, die durch den Bau des Grenzzauns in Ungarn und die hitzige öffentliche Debatte dafür sorgten, dass sich viele Menschen auf einen wahren Wettlauf gegen die Zeit begaben.

Fluchtentscheidungen sind oft komplex, und ich habe selten Menschen getroffen, die im Gespräch nur einen Grund dafür nannten, warum sie geflohen sind. Und trotzdem konnte man auf der Balkanroute und auf den griechischen Inseln in den nächsten Wochen und Monaten sehr viele treffen, die sich unter Zeitdruck fühlten. Niemand wusste, wann Europa sich endgültig abschottet und die Flucht noch gefährlicher wird, aber alle wussten, dass die Uhr tickte und sie sich beeilen mussten. In den Monaten nach August 2015 stieg die Zahl der Menschen auf der Flucht immer schneller an.[14]

Auch am Grenzübergang in Gevgelija konnte man in Echtzeit verfolgen, wie täglich mehr Menschen auf der Flucht ankamen. Noch vor wenigen Tagen hatte ich mit Hunderten Menschen an dem offiziellen Bahnhof des Ortes gewartet, doch inzwischen war schon ein Behelfsbahnhof direkt an der Grenze errichtet worden, von dem die Menschen Richtung Serbien fuhren. Männer mit Kalaschnikows stehen an den Türen der Züge. Ein Vertreter einer Hilfsorganisation streitet sich mit den Männern und fragt, was dieser Aufzug soll. Das seien doch Menschen auf der Flucht, die von Waffen sicher genug gesehen hätten. Die Soldaten lassen sich nicht beirren. (Siehe Foto 12 im Bildteil.)

Einer der Grenzpolizisten spricht mich an und fragt, wo ich herkomme. «Deutschland», sage ich. «Ach, aus Deutschland. Da wollen die meisten von denen hin. Was verdient man als Polizist in Deutschland?», fragt er mich. Ich frage, warum er das wissen wolle. «Ich überlege auch, ob ich nicht weggehen soll. Hier verdient man kaum Geld als Polizist, und ich will eine bessere Zukunft für meine Kinder», sagt der Grenzpolizist und merkt dabei nicht, wie absurd die Situation ist. Da steht einer, der hier hingeschickt wurde, um die Geflüchteten von einem Weg abzuhalten, den er selbst gern beschreiten würde.

Es ist der 24. August 2015, und während ich mich mit dem Polizisten unterhalte und Sebastian Kurz Interviews gibt, brechen in Belgrad einige Geflüchtete mit Schleppern auf. Sie starten von dem

Park vor dem Bahnhof, in dem ich wenige Tage zuvor selbst stand. Zwei Tage später, am 26. August, werden 71 von ihnen in einem Kühllaster auf der Autobahn sterben. Einen Tag später werden sie in Österreich gefunden.[15]

Belgrad war und ist immer noch nicht nur irgendein Ort auf der Balkanroute. Wer es sich unter den Geflüchteten leisten konnte, fuhr von hier mit Schleppern in LKWs direkt nach Westeuropa. Rund 1600 Euro kostet der Weg in die vermeintliche Sicherheit. Eine unverbindliche Preisempfehlung haben die Schlepperbanden nicht. Besonders der sogenannte Fingerprint, die Registrierung in Ungarn, macht meinen Gesprächspartner:innen Angst. Denn wenn man einmal in Ungarn registriert ist, muss man dort bleiben oder kann nach den geltenden Dublin-Regeln dorthin zurückgeschickt werden, falls man dennoch weiterflieht. So floriert das Schleppergeschäft auch mitten in Europa. Denn viele wollen dieses Risiko nicht eingehen und lassen sich lieber auf eine Wette auf die Schlepperbanden ein.

Auch wir sind wieder nach Belgrad gefahren. In dem Park vor dem Bahnhof sammeln sich immer noch viele Menschen. Andere werden notdürftig in einem Parkhaus in Zelten untergebracht. Ich frage einige Leute, wo sie sich eigentlich über Neuigkeiten informieren und woher sie wissen, wo sie hinmüssen. Aus den Nachrichten und aus Facebook, sagen sie mir. Einer zeigt mir auf seinem Handy eine Facebook-Gruppe mit über 82 000 Mitgliedern und erklärt, dass dort die Menschen von der Fluchtroute berichten und Neuigkeiten miteinander teilen. Aber auch Falschmeldungen können sich in solchen Gruppen schnell verbreiten. Dabei werden diese nicht immer bewusst gestreut, manchmal fehlt es an seriösen Quellen, manchmal führt eine falsche Übersetzung dazu, dass aus der Einführung einer Grenzkontrolle eine Grenzschließung wird.

Grenzerfahrungen zwischen Hoffnung und Diskriminierung

Am nächsten Tag laufen wir den Grenzzaun entlang, den Ungarn an der 175 Kilometer langen Grenze zu Serbien errichtet. Der Zaun war fast fertiggestellt. Vier Meter hoch, davor drei Reihen Stacheldraht und dahinter eine Straße, auf der ungarisches Militär und Polizei patrouillieren. Nach einer Weile sehen wir eine Tür im Grenzzaun. Eine Tür im Grenzzaun? Tatsächlich ist die Tür sogar geöffnet. Als ich kurz überlege, ob ich aus Spaß ein paar Meter nach Ungarn durch den Grenzzaun laufen sollte, nähert sich aus der Ferne ein Auto. Es ist die ungarische Grenzpolizei. Die Beamten steigen aus und sprechen uns unfreundlich an. Erst schreien sie auf Ungarisch, und dann machen sie uns auf Englisch klar, dass wir hier sehr unerwünscht sind und weggehen sollen.

Als wir später in der Nähe eine kleine Gruppe von Männern treffen, die in der Gegend seit zwei Tagen auf Schlepper warten, um über die Grenze geschleust zu werden, finden wir eine Erklärung für die offene Tür. Offenbar arbeiten die Schlepper mit den ungarischen Grenzsoldaten zusammen. Man verständigt sich darauf, ein paar Stunden nicht so genau hinzugucken, damit Menschen illegal über die Grenze transportiert werden können. Später werden 32 Grenzbeamte verhaftet, die an der Grenze weggesehen haben.[16]

Ein paar Kilometer weiter führt eine Bahnstrecke von Serbien ins ungarische Röszke. Dort ist der Grenzzaun noch nicht geschlossen, und viele Geflüchtete nehmen es in Kauf, dort die Grenze zu überqueren und womöglich in Ungarn registriert zu werden. Von einem Aussichtsturm auf der serbischen Seite aus kann man sehen, wie einige Gruppen von Geflüchteten versuchen, sich vor der Polizei zu verstecken. Andere melden sich direkt bei den Beamten hinter dem Grenzübergang. Mit Bussen werden sie weitergebracht. In den nächsten Wochen benutzen immer mehr Menschen diesen Grenzübergang. Als ich zwei Wochen später wieder nach Röszke komme, ist das Gebiet hinter dem Grenzübergang zu einem riesigen Transitlager angewachsen. (Siehe Foto 13 im Bildteil.) Die Berichterstattung über die miserablen Fluchtbedingungen auf der Balkanroute wird immer präsenter.

Seit die Nachrichten über die Balkanroute zugenommen haben, versuchen immer mehr Menschen zu helfen, wo Staaten versagen. Dabei gehören sie oft keinen großen Organisationen an, haben vielleicht über soziale Medien oder im Freundeskreis Geld gesammelt oder investieren ihr eigenes Erspartes, um Zelte, Essen und Schlafsäcke für die Menschen in Not zu kaufen. Und auch, wenn in Röszke und anderen Orten auf der Fluchtroute die Hilfe der Ehrenamtlichen allein nicht ausreicht, so erwächst in dieser Zeit doch auch eine neue Solidaritätsbewegung, die sich der empathielosen Politik von Regierungen wie der Ungarns entgegenstellt.

Aber eine politische Reaktion der EU-Mitgliedsländer auf die humanitäre Situation an den Grenzen bleibt aus.

Auch auf der Fluchtroute sind die Pole zwischen Hilfsbereitschaft und rassistischer Ablehnung immer wieder sichtbar. Im Budapester Bahnhof Keleti gibt es Dutzende Freiwillige, die Essen verteilen und versuchen, Menschen auf der Durchreise zu unterstützen. «All we have here, is given out of love! From the hungarian people, not its government», steht auf einem Plakat. Auch wenn die deutliche Mehrheit in Ungarn hinter der rassistischen Politik von Viktor Orbán steht, gibt es viele, die helfen und ein Zeichen setzen wollen. Als ich auf der Fluchtroute weiterreise und im kleinen ungarischen Ort Györ ankomme, gehe ich zum Imbiss vor dem Bahnhof. Dort gibt es zwei Schlangen. Die eine für weiße Menschen, die andere für die Geflüchteten. Die Geflüchteten dürfen erst bestellen, wenn niemand mehr in der anderen Schlange steht. Solche Diskriminierungen fallen in weiten Teilen der Balkanroute kaum noch auf.

Am Wiener Bahnhof und auch in München zeigt sich Ende August ebenfalls ein freundliches Bild. Viele sind noch schockiert von dem kurz zuvor gefundenen Kühllaster. Viele Menschen bringen Kuscheltiere, Essen und viele weitere Dinge, die vielleicht gebraucht werden könnten, zu den Bahnhöfen und wollen damit auch ein politisches Zeichen setzen. Als ich wieder in Deutschland angekommen bin, hält mich nach der ersten Reise über die europäische Fluchtroute und Hunderten Eindrücken und Erfahrungen wenig in Deutschland. Ich versuche so schnell wie möglich wieder auf die Balkanroute zu fahren, auch weil sich die Ereignisse kurz nach meiner Rückkehr überschlagen.

Anfang September, zwei Tage nachdem Bundeskanzlerin Merkel «Wir schaffen das!» sagte, ging ein Bild um die Welt. Das Bild des ertrunkenen Aylan Kurdi, der zusammen mit seiner Mutter Rehana und seinem Bruder Ghalib bei der versuchten Überfahrt auf die griechische Insel Kos stirbt. Alle Versuche der Tante Fatima Kurdi, die Familie aus dem syrischen Kobane legal nach Kanada zu holen, waren gescheitert, und so musste auch diese Familie wie Hunderttausende andere sich an Schlepper wenden, um über das Meer transportiert zu werden. Diese tragische Geschichte ist kein Einzelfall auf den Fluchtrouten, aber sie löste eine öffentliche Reaktion aus.

Kurz nachdem das Bild des dreijährigen Jungen am Strand in allen Medien Titelseiten füllt, gibt es auch in Ungarn Proteste gegen die unsicheren Fluchtwege und schlechte Behandlung. In Budapest setzt sich der March of Hope in Bewegung, um eine große Gruppe Geflüchteter zur österreichischen Grenze zu transportieren.[17] Österreich und Deutschland stehen vor der Entscheidung, ob sie Zehntausende Menschen mit Gewalt und rechtswidrig abweisen, statt sie zu registrieren, oder ihnen die Möglichkeit geben, Asyl zu beantragen. Österreich und Deutschland entscheiden sich, das geltende Recht nicht zu brechen und die Menschen einreisen zu lassen.

Doch statt sich der Realität zu widmen und ein Scheitern des

Dublin-Systems einzugestehen, beschließt die Große Koalition am 6. September 2016 erneut, dass die Dublin-Regeln weiter gelten müssen.[18] Damit gaukelt man sich und der Öffentlichkeit weiter vor, dass das geltende EU-Asylsystem Antworten auf die sich abzeichnenden Herausforderungen des Jahres 2015 bieten könnte, und versäumt, sich rechtzeitig auf die Realität und die Szenarien für die nächsten Monate einzustellen. Es ist einer der vielen Momente, in denen die Politik Handlungsfähigkeit beweisen könnte und es versäumt. Stattdessen sorgen vor allem Ehrenamtliche und Mitglieder der aufnehmenden Kommunen dafür, dass den Geflüchteten eine menschenwürdige Zuflucht gewährt wird.

Auch wenn das Europäische Asylrecht eigentlich davon ausgeht, dass es in keinem EU-Land ernsthafte Fluchtgründe gibt, ist schon damals äußerst fraglich, ob in Ungarn die Menschenwürde von Geflüchteten geachtet wird. Sogar der Staatschef stachelt zu rassistischen Hetzjagden an, indem er den Untergang Europas beschwört, und einige Tage später werden Bilder veröffentlicht, die zeigen, wie ungarische Behörden Geflüchtete um Essen kämpfen ließen, indem sie die Nahrung einfach in die hungrige Menge warfen, wie bei einer Tierfütterung.[19]

Am 13. September, zwei Tage bevor Ungarn die Grenze schließt, lässt auch Deutschland wieder schärfere Kontrollen durchführen. «Deutschland führt in diesen Minuten vorübergehend wieder Grenzkontrollen an den Binnengrenzen ein. Der Schwerpunkt wird zunächst an der Grenze zu Österreich liegen. Ziel dieser Maßnahme ist es, den derzeitigen Zustrom nach Deutschland zu begrenzen und wieder zu einem geordneten Verfahren bei der Einreise zurückzukehren», schreibt das Bundesinnenministerium in einer Pressemeldung. Die Maßnahme sei auch ein Signal an Europa. «Die mit der großen Zahl von Flüchtlingen verbundenen Lasten müssen innerhalb Europas solidarisch verteilt werden», heißt es weiter.[20]

Ich bin mittlerweile wieder an die ungarische Grenze gereist, und dort verbreitet sich die Nachricht wie ein Lauffeuer. Auch wenn noch niemand genau weiß, was diese Grenzkontrollen in der Praxis bedeuten, haben viele Menschen im ungarischen Flüchtlingslager in Röszke Angst. Immer wieder fragen mich Menschen im Camp, was ihnen nun bevorsteht.

Nach geltendem Recht dürfte Deutschland Asylsuchende nicht einfach an der Grenze abweisen – auch wenn immer wieder das Gegenteil behauptet wird. Deutschland ist zwar für viele Schutzsuchende nach den Dublin-Regeln nicht zuständig, aber um Menschen in die Außengrenzländer zurückschicken zu können, müsste in einem rechtsstaatlichen Verfahren herausgefunden werden, wer zuständig ist und ob es Abschiebehindernisse gibt. Bei vielen Geflüchteten, die über die Balkanroute nach Deutschland kommen, ist formal Griechenland zuständig, aber die Bedingungen dort sind teilweise so unwürdig, dass es rechtlich verboten ist, Menschen auf der Flucht dorthin zurückzuschicken.

Bereits 2015 ist sehr deutlich, dass das Dublin-System nicht funktioniert. Ob sich die Bundesregierung an die geltende Rechtslage halten wird, ist an der serbisch-ungarischen Grenze zu diesem Zeitpunkt aber unklar.

Ein jüngerer Syrer ist völlig aufgelöst und sagt mir, er würde sich lieber umbringen, als in Ungarn zu bleiben. Später wird klar: Deutschland verzichtet auf rechtswidrige Grenzschließungen, und es gibt weiterhin die Möglichkeit, dort Asyl zu beantragen. Gleichzeitig geben sich Staaten auf dem Weg der Balkanroute alle Mühe, den Geflüchteten keine Perspektive auf ein sicheres Verbleiben in Aussicht zu stellen. Übergriffe, Schläge durch Beamte, Diebstahl oder Erpressung sind auf der Fluchtroute an der Tagesordnung.[21]

Auch ich habe persönlich erlebt, dass man sich auf der Balkanroute in aller Regel nicht an die Polizei wenden kann oder sollte, wenn man zu den Menschen gehört, die in Europa um Asyl suchen.

Am Abend des 14. September 2015, in der Nacht, bevor Ungarn die Grenze für Geflüchtete schließen will, bin ich mit dem Fotografen Warren Richardson unterwegs. Er war schon einige Zeit im Grenzgebiet und hatte Menschen auf der Flucht von Serbien nach Ungarn begleitet. Er gewann mit einem seiner Fotos von dieser Reise den renommierten World Press Photo Award.

Wie viele der Fotograf:innen war auch er in erster Linie vor Ort, um die Geschichte einzufangen, aber trotzdem war er der Meinung, dass «das beste Bild dasjenige ist, das ich nicht habe. Das kann Ihnen jeder Fotograf erzählen. Denn dann hat er die Kamera abgesetzt, um jemandem zu helfen.»[22] Wir verstecken uns in ein paar Büschen, um die Szenerie an der Grenze zu beobachten. Am Übergang sammeln sich nicht nur Grenzbeamte, sondern auch Spezialeinheiten des Militärs. Mit Humvees inklusive installierter Maschinengewehre und auch sonst schwer bewaffnet, patrouillieren sie an der Grenze. Wir sehen besetzte Geschütztürme, von denen Waffen auf die andere Seite der Grenze gerichtet sind. Viele Geflüchtete gerieten bei diesem Anblick in Panik, wenn sie entdeckt wurden. Die Schreie drangen in der eigentlich stillen Nacht über Hunderte Meter bis zu unserem Versteck durch.

Auch Hunde waren im Einsatz, die die verängstigten Menschen auf der anderen Seite des Zauns aufspüren und mit fletschenden Zähnen und Bellen abschrecken sollen. Es muss schrecklich sein, vor einem Krieg zu fliehen und mitten in Europa vor Stacheldraht und Soldaten zu stehen, die eine Waffe auf einen richten, obwohl man unbewaffnet ist und sich lediglich in Sicherheit bringen will.

Wahrscheinlich kennen einige der flüchtenden Menschen die Fahrzeuge mit ihren Geschützen schon aus den eigenen Kriegserfahrungen. Denn mit den gleichen Fahrzeugen war Ungarn in anderen Teilen der Welt im Kriegseinsatz – zum Beispiel in Afghanistan. Und mit genau diesen Fahrzeugen hält man nun an den eigenen Außengrenzen diejenigen Menschen ab, die vor den Folgen der Kriege fliehen, an denen man selbst beteiligt ist.

Allen Protesten zum Trotz war die serbisch-ungarische Grenze nun geschlossen. Außerdem wurden im Zuge der Grenzschließung die Gesetze verschärft. Illegaler Grenzübertritt konnte nun in Ungarn mit drei Jahren Haft bestraft werden. Wenn man während des Grenzübertritts noch Sachbeschädigung beging, konnte es bis zu fünf Jahre Haft geben.[23]

Doch bereits kurz nachdem klar ist, dass die serbisch-ungarische Grenze nun geschlossen ist, machen sich 15 000 Menschen auf den Weg Richtung Kroatien und kommen in Grenzorten wie Tovarnik an. Dabei kommt den Schutzsuchenden wohl zum ersten Mal in ihrem Leben ein Krieg zu Hilfe. Es ist eine Ironie des Schicksals, dass das serbisch-kroatische Grenzgebiet noch aus den Jugoslawienkriegen vermint ist und die Grüne Grenze dazu führt, dass viele Menschen versuchen, sich durch das schlecht gekennzeichnete Minengebiet zu schleichen, um nach Kroatien zu kommen. Weil die kroatische Regierung wohl zum einen um die Menschen und zum anderen um ihren Ruf im Falle einer Explosion fürchtet, beschließt der Regierungschef recht schnell, dass die Geflüchteten die offiziellen Straßen nutzen dürfen, um sie nicht auf die Felder zu treiben.

Schon damals war klar, dass eine Grenzschließung mit Gewalt durch Deutschland oder Österreich innerhalb kürzester Zeit eine Kettenreaktion auslösen könnte, die in einer großen humanitären Katastrophe in den Ländern der europäischen Außengrenzen münden würde. Einige Regierungschefs forderten inzwischen recht unverblümt, den Menschen klarzumachen, dass sie in Europa keine Perspektive haben, dass sie schlecht behandelt werden. Und so zeichnete sich schon im Sommer 2015 ab, dass es in der europäischen Asylpolitik eigentlich nur zwei Möglichkeiten gibt: Entweder es kommt zu einer gemeinsamen Kraftanstrengung europäischer Länder, oder es kommt zu einer Politik der Abschreckung und Abschottung. Europa war ohne Zweifel überfordert in diesem Sommer 2015, denn jahrelang ging man davon aus, dass die

EU mit dem Krieg in Syrien nur auf Konferenzen zu tun hat. Doch dann kam das, was Navid Kermani in seinem gleichnamigen Buch treffend den «Einbruch der Wirklichkeit» nannte. Und während sich immer mehr Menschen ehrenamtlich auf Lesbos, der Balkanroute oder auch nach der Ankunft in den westeuropäischen Ländern für die flüchtenden Menschen engagierten, konnte sich die europäische Politik nicht auf gemeinsame Maßnahmen einigen.

3

Der Preis der Flucht

In den nächsten Monaten war ich immer wieder auf der Fluchtroute und hielt in Deutschland Vorträge über das, was ich dort erlebte, um Spenden zu sammeln.
Während ich auf der ersten Reise noch das Gefühl hatte, in völlig fremde Welten einzutauchen, war mir nun der Alltag in Deutschland seltsam fremd. Trotz der großen Hilfsbereitschaft war die Stimmung oftmals geprägt von wütenden Bundesbürger:innen, die sich darüber aufregten, dass fremde Menschen in ihrem Ort untergebracht wurden, obwohl sie sich auch vorher ihre Nachbarn nicht aussuchen konnten. Es gab Eltern, die sich darüber aufregten, dass ihre Kinder schon seit Wochen den Sportunterricht draußen absolvieren mussten, weil in den Turnhallen Geflüchtete untergebracht wurden, obwohl Sport unter freiem Himmel doch offensichtlich ein geringeres Übel ist, als in Syrien unter einem Himmel zu leben, aus dem Fassbomben fallen. Die Diskussionen über Migration und Flucht sind oft impulsgetrieben, uninformiert und anstrengend. Aber leider sind sie notwendiger denn je, wenn am Ende eine rechtsstaatliche, menschenwürdige Politik stehen soll. Doch Ende 2015 war dieses Ergebnis noch nicht in Sicht. Stattdessen standen die Zeichen auf Krise.

Die sogenannte «Europäische Flüchtlingskrise»

Als ich im Oktober 2015 wieder nach Lesbos reiste – die Zahlen der Ankommenden waren immer weiter gestiegen –, hatte sich die Situation gewandelt. Dort, wo zwei Monate zuvor noch Boote an idyllischen Stränden ankamen, wüteten nun die ersten Herbststürme. Immer mehr Privatmenschen und Organisationen unterschiedlichster Nationalitäten waren auf die Insel gekommen, um zu helfen. Sie unterstützten die Geflüchteten bei der Ankunft, sorgten dafür, dass die Boote in den Wellen am Strand nicht auf den letzten Metern umkippten und alle sicher an Land gelangten. Doch das Wetter war schlechter geworden. Zusätzlich zu den Stürmen war es sehr kalt und regnete oft. (Siehe Foto 17 im Bildteil.)

Ich fragte eine Gruppe nach dem Ausstieg aus dem Boot, warum sie während des schlechten Wetters übersetzten, das sei schließlich viel gefährlicher, als ein paar Tage zu warten. Sie sagten, dass die Schlepper ihnen Rabatt angeboten hätten. Sie hätten *nur* 500 Euro pro Person zahlen müssen und wollten möglichst schnell nach Europa, bevor die Grenzen geschlossen wurden. Diese Angst vor Grenzschließungen erhöhte für viele Menschen den Zeitdruck. Und so trug die europäische Abschreckungsrhetorik dazu bei, dass die Zahlen stiegen.

Auch Monate nachdem klar war, dass dieses Jahr auf den Fluchtrouten ein besonderes Jahr werden würde, fehlte es immer noch an europäischen, staatlichen Antworten auf die Krise. Trotz der großen Hilfsbereitschaft der Zivilbevölkerung, die den Arbeitsauftrag des «Wir schaffen das!» annahm, wurde zu Recht die kritische Frage gestellt, warum eine gemeinsame Kraftanstrengung der Regierungen und Behörden ausblieb.

Auch ich stellte mir diese Frage, denn als ich wieder in Moria ankam, standen dort Hunderte vor den Toren. Das Lager war nun ein sogenannter «Hotspot», in dem alles besser werden sollte als vorher. Von dort sollten die Menschen direkt in andere europäische Staaten verteilt werden. Menschen warteten seit einer Woche bei 12 Grad und Regen auf ihre Registrierung. Ich fragte nach ihren Schlafplätzen, und sie zeigten auf den Boden. Eine riesige Menschenmenge, völlig unterkühlt und durchnässt, doch es wurden nicht einmal Zelte und Decken bereitgestellt. In einer Ecke des Lagers standen ein paar ausgemusterte Getränkekühlschränke mit Werbeaufschriften. Ein schauriges Bild, denn in den Kühlschränken schliefen Menschen. (Siehe Foto 18 im Bildteil.) Durch die Isolierung wurde es drinnen schnell warm. Nach ein paar Stunden wurde gewechselt, und die nächste Person stieg in den Kühlschrank.

Es war der Höhepunkt der sogenannten «Europäischen Flüchtlingskrise» des Jahres 2015. Im Oktober kamen laut UNHCR mehr als 220 000 Menschen nach Europa.[1] Doch auch, wenn die Herausforderungen groß waren, so gab es gleichwohl überall auf der Route Möglichkeiten, Probleme besser und würdiger zu lösen. Wie konnte es sein, dass, auch Monate nachdem ich die schlimmen Zustände im Sommer auf Lesbos gesehen hatte, immer noch kaum Wohncontainer oder Zelte bereitgestellt wurden, um die Menschen wenigstens vor Regen und Kälte zu schützen?

In Griechenland konzentrierte man sich vor allem darauf, das Durchwinken der Geflüchteten in andere EU-Staaten zu professionalisieren. Ernsthafte Bemühungen, die Aufnahmebedingungen der Menschen oder die Bedingungen in den Camps zu verbessern, gab es schon damals nicht. Die katastrophalen Zustände wurden mit den hohen Ankunftszahlen entschuldigt.

Kaum jemand dachte angesichts der Zustände darüber nach, in Griechenland zu bleiben. Stattdessen nahmen die Menschen die schlechten Zustände für ein paar Wochen in Kauf, bevor sie zur nächsten Station gebracht wurden. Nach diesem Muster reagierten auch die anderen Staaten auf der Balkanroute. Statt Verantwortung für die Menschen in Not zu übernehmen, war die schnelle Weiterreichung der Geflüchteten oberste Priorität. Mindeststandards für Unterbringung und Versorgung wurden ignoriert, und wo man hinschaute, versuchten Regierungen, die Überforderung zu rechtfertigen, statt sie zu beseitigen. Dass es nicht zum vollständigen Kollaps kam, war das alleinige Verdienst tatkräftiger Helfer:innen, die zeigten, wie es anders gehen kann.

Auch Deutschland wurde durch die große Zahl der Ankommenden angesichts mangelnder Strukturen herausgefordert. Die Bundesländer waren durch die vielen Geflüchteten vor Ort auf finanzielle Unterstützung angewiesen und stimmten im Gegenzug einer Einstufung von Montenegro, Albanien und Kosovo als «sichere Herkunftsländer» zu, wodurch Asylanträge leichter abgelehnt werden konnten. Zusätzlich wurden noch weitere Gesetzesverschärfungen beschlossen: Asylsuchende mussten nun länger in Erstaufnahmeeinrichtungen bleiben, durften in der Zeit keine Beschäftigung aufnehmen, und Sozialleistungen für Geflüchtete konnten einfacher gekürzt werden. Außerdem wurden die Rechte der Geflüchteten bei Abschiebungen beschränkt.

Mit diesen Maßnahmen kam man in Deutschland den «Asylkritikern» entgegen, den prägnanten und empathischen Zitaten der Kanzlerin folgte keine ordnungspolitische Antwort. Im August bei einem Besuch in einer Asylunterkunft sagte Angela Merkel: «Es gibt keine Toleranz gegenüber denen, die nicht bereit sind zu helfen, wo rechtlich und menschlich Hilfe geboten ist.»[2] Noch Mitte September 2015 erklärte sie in einer Pressekonferenz mit dem österreichischen Bundeskanzler: «Ich muss ganz ehrlich sagen, wenn wir jetzt anfangen, uns noch entschuldigen zu müssen dafür, dass wir in Notsituationen ein freundliches Gesicht zeigen, dann ist das nicht mein Land. [...] Ich sage wieder und wieder: Wir können das schaffen, und wir schaffen das.»

Doch auch die Sprache änderte sich zunehmend. Beim CSU-Parteitag im November 2015 erklärte Horst Seehofer: «Es wird an einer Begrenzung und damit einer Obergrenze für die Zuwanderung kein Weg vorbeiführen.»[3] Die Kanzlerin entgegnete in ihrer Rede auf dem Parteitag: «Indem wir die Grenzen schützen, retten wir Leben – und wir werden die Zahl der Flüchtlinge reduzieren. Mit diesem Ansatz schaffen wir es, im Gegensatz zu nationalen Obergrenzen, im Interesse aller zu handeln – im Interesse Europas, der Helfer im Inland und der Flüchtlinge.»[4]

War das nun die Zielvorstellung? Die Menschen mit «Grenzschutz» an den Außengrenzen abhalten, damit man in Deutschland gar keine *Obergrenze* mehr braucht, weil die Menschen es nicht mehr bis Deutschland schaffen?

Es steckt mindestens ein Widerspruch in diesem Gedanken. Denn sowohl internationales als auch europäisches Recht stellen sicher, dass Asylsuchende an den Grenzen nicht einfach abgewiesen werden dürfen. Es ist aber auch mehr als fraglich, ob ein Abweisen der Menschen an den Außengrenzen wirklich dazu beiträgt, dass weniger Menschen leiden und sterben. Schließlich kommen diese Menschen nicht aus Paradiesen über das Mittelmeer nach Europa. Viele meiner Gesprächspartner:innen nahmen keinesfalls leichtfertig die Strapazen der Flucht auf sich, sondern schätzten die Gefahr für Leib und Leben in den Herkunftsorten als wesentlich gefährlicher ein als die auf dem Meer.

Aber die rechte Rhetorik wurde immer lauter. Anfang 2016 wurde in Deutschland vehement über die Silvesternacht und die Verbrechen an Frauen durch vorwiegend Männer mit Migrationshintergrund am Kölner Hauptbahnhof diskutiert. Während manche die Vorfälle bewusst instrumentalisierten und sie als Argument gegen eine humane Asylpolitik darstellten, gab es andere, die zu zögerlich über die Vorfälle berichteten und das Thema lieber vor der Öffentlichkeit versteckt hätten. Während die Verbrechen später umfangreich aufgearbeitet wurden und leider zu wenige der Täter verurteilt wurden, stellte die Silvesternacht 2015 einen maßgeblichen Wendepunkt in der deutschen Debatte dar, und der Umgang mit den Vorfällen stand wohl auch sinnbildlich für eines der größeren Probleme in der Asylpolitik: Migration und Flucht bedeuten Herausforderungen in den Ankunftsländern. Die größten Herausforderungen sind jedoch nicht kriminelle Geflüchtete, sondern die Unterbringung, der Spracherwerb, die Bildung und ein Schaffen von Perspektiven für die Menschen. Kaum ein Geflüchteter ist kriminell. (Siehe Kapitel «Fakten gegen Vorurteile».) Doch da Geflüchteten eben Menschen wie andere auch sind, gibt es auch Kriminelle unter ihnen. Bei der Durchsicht von Kriminalitätsstatistiken ist vor allem auffällig, dass unabhängig von der Herkunft Männer in einer bestimmten Altersgruppe und unter ihnen diejenigen in schwierigen sozialen Lagen vermehrt Straftaten begehen.[5] Dass diejenigen, die schon immer gegen die Aufnahme von Schutzsuchenden waren, in der Debatte um die Kölner Silvesternacht plötzlich ihr Interesse an Frauenrechten entdeckten, ist nicht weiter verwunderlich. Verwunderlich ist eher, dass die Diskussion weniger um die Herausforderung der Migration und mögliche Lösungen kreiste als vielmehr um oberflächliche Problemanalysen. Die Herkunft der Täter – es ging in der Tat eigentlich immer um Männer – spielte zukünftig in Berichterstattungen über Straftaten nun oft eine so übergeordnete Rolle, dass berechtigte Fragen hinsichtlich der Effizienz von Strafverfolgung oder Kriminalitätsprävention leider kaum diskutiert wurden. In der Mehrheitsgesellschaft entstand zunehmend der Eindruck – verstärkt durch Boulevard und gezielte rechtspopulistische Kampagnen –, dass Migration Deutschland immer unsicherer mache. Dieser Stimmung ergaben sich vermehrt auch Vertreter:innen der Regierungsparteien, statt ihr einen konstruktiven und differenzierten Umgang mit der Realität entgegenzusetzen. Die Silvesternacht markierte in Deutschland wohl auch das Ende der vorher dominanten Willkommenskultur.

Dabei wurde einmal mehr klar, dass Politik in der aktuellen Aufmerksamkeitsökonomie nicht wirklich in der Lage ist, langfristig tragfähige Lösungen für Probleme anzubieten, sondern stattdessen lieber kurzfristige Versprechen oder Gesetzesänderungen durchsetzt, die ihrerseits die gesteckten Ziele nicht erfüllen können. Der Konfliktforscher Professor Andreas Zick antwortete auf die Frage: «Kippt da was in der Politik?» im taz-Interview Mitte Januar 2016: «Definitiv. Wir haben in der Spitzenpolitik jetzt den einheitlichen Reflex, dass man im Bereich der Migration sehr harte Zeichen setzen muss, und das in ungeheurer Geschwindigkeit. Es geht nur noch um Sicherheit.»[6]

Die Schlepper in der Türkei

Trotz oder gerade wegen der veränderten öffentlichen Stimmung fuhr ich zu Beginn des Jahres 2016 nach Chios, wo die Lage für flüchtende Menschen ebenso schlecht war wie auf den anderen griechischen Inseln. Die EU-Grenzschutzagentur Frontex hatte sich eine Woche zuvor aus dem Lager auf Chios wegen einer gesundheitsgefährdenden Asbestbelastung auf dem Lagergelände zurückgezogen, die Geflüchteten mussten bleiben. Einer von vielen Skandalen, der wohl mehr Menschen interessiert hätte, wenn er Europäer:innen betroffen hätte. Auch auf Chios war eigentlich die gesamte humanitäre Unterstützung von ehrenamtlichen und zivilgesellschaftlichen Hilfsorganisationen abhängig. EU-Regierungschefs und die EU-Kommission betonten, dass durch die Umsetzung des Hotspot-Konzepts bald alles viel besser werden würde. Die Ziele dieses Konzepts, nämlich schnellere Registrierung, bessere Bedingungen, schnellere Abschiebungen und eine Verteilung der Schutzbedürftigen in die EU-Staaten, sollten schnellstmöglich erreicht werden. Bei den Menschen, die vor Ort auf den Inseln mit der Situation konfrontiert waren, gab es dagegen starke Zweifel an der Umsetzbarkeit der Schreibtischpläne und ob dahinter wirklich der politische Wille steckte, die Situation zu verbessern. Doch zu diesem Zeitpunkt konnten Asylsuchende ihren Weg auf das europäische Festland, wo sie sich eine echte Perspektive erhofften, noch zumeist innerhalb weniger Wochen fortsetzen.

Inzwischen kannte ich die Situation auf den griechischen Inseln und der Balkanroute gut, aber ich wollte noch einen wichtigen Aspekt der Fluchtroute kennenlernen: die Situation von Geflüchteten in der Türkei und die dortigen Schlepperstrukturen.

Ich fuhr mit Murat, einem Fotografen, den ich auf Chios kennengelernt hatte, in den kleinen türkischen Urlaubsort Çeşme. Wir mit unseren europäischen Pässen kamen für 20 Euro in die Türkei. Täglich fuhren Fähren vom türkischen Festland auf die griechischen Inseln und zurück. Die Fähren brauchen kaum eine halbe Stunde von einem Hafen in den anderen und sind natürlich viel sicherer als Schlauchboote. Doch ohne Visum keine Fähre, für die Geflüchteten ist das also keine Option.

In Çeşme lernen wir Ali kennen. Er versorgt mit seiner Hilfsorganisation Imece die Geflüchteten in der Gegend. Es sind Tausende. Ali ist kein Fan davon, dass die Menschen nach Europa fliehen, aber er kann sie auch nicht davon abhalten. Er weiß, dass das Leben für die Menschen in der Türkei schwer ist, versucht aber trotzdem eine Perspektive zu bieten.

Ali nimmt uns mit zu einer Ruinensiedlung am Meer. Es führt nur eine Straße zu dem Dorf, in dem ungefähr 1000 Geflüchtete leben, die vor allem aus dem Iran und Afghanistan gekommen sind. Die Bauruinen sollten eigentlich mal ein Feriendorf werden, doch die Siedlung wurde nie fertig gebaut. Es gibt weder fließendes Wasser noch Strom oder Fenster in den kleinen Hütten. Uns bietet sich ein unwürdiges Bild. Eine fünfköpfige Familie bittet uns in ihre Hütte, dort liegt eine dreckige Matratze, die irgendjemand irgendwann weggeworfen haben muss. Darauf schlafen sie. Ihr gesamter Besitz passt in ein paar Plastiktüten. Der Familienvater zeigt auf meine Kamera und sagt, dass wir nicht zu lange bleiben sollten. Nachts kämen bewaffnete Gruppen und raubten die Menschen aus, an die Polizei könne man sich nicht wenden, die würden nichts machen. Am besten sei es, wenn man nichts besitzt, dann könne man auch nicht ausgeraubt werden, und umbringen würden sie schon hoffentlich niemanden.

Ich organisiere mir mit Murat einen Guide, der uns in Izmir herumführt. Eine kurdische Familie mit fünf Kindern, die in einem kleinen Apartment lebt, zeigt uns ihre Wohnung. Es gibt eine Terrasse und einen Raum, in dem die sieben Menschen leben. Der Vater sagt uns, dass er versucht, Geld zu verdienen, dabei aber immer wieder abgewiesen wird. Er bezahle 150 Euro Miete und könne sich die Wohnung nicht mehr leisten. Auch Geld für Essen sei knapp.

Der Familie bleibt nichts anderes übrig, als in eines der Lager zu gehen, in denen Hunderttausende Geflüchtete leben. Der Familienvater berichtet, dass dort Islamisten herumlaufen und versuchen, andere zu missionieren. Und als kurdische Familie habe man es ohnehin nicht leicht in der Türkei. Ob er nach Europa wollte, frage ich ihn. Dafür fehle ihm das Geld, das koste Tausende Euro.

Ich lasse der Familie ein wenig Geld für die nächste Miete und etwas zu essen da. Mir ist die Situation sehr unangenehm. Da ziehen Mutter und Vater fünf Kinder groß, und dann kommt irgendein halbstarker Journalist vorbei und gibt ihnen Geld. Aber nichts zu geben hätte sich auch falsch angefühlt.

Unser Guide führt uns wieder zurück durch die Altstadt von Izmir. Selbst in den vielen Geschäften der Fußgängerzone war die Flucht überall gegenwärtig. Boutiquen verkaufen nicht nur Jeans oder Shirts, sondern auch Schwimmwesten und Rettungsringe. In Kiosken konnte man wasserdichte Taschen für Handys kaufen, damit sie bei der Überfahrt nicht nass werden. Als wir durch die Straßen laufen, bittet unser Guide uns plötzlich, die Kameras kurz einzupacken, bevor wir weitergehen. Wir befänden uns jetzt in einer der Straßen, in denen die Schlepper ihre Tickets verkauften. Ich hatte mir die Schleppergeschäfte immer verrucht, so wie in Mafiafilmen vorgestellt. Das war naiv. Tatsächlich saßen einfach Menschen in Cafés und unterhielten sich wie in einem alternativen Reisebüro. Viele Menschen in Flüchtlingslagern hatten mir berichtet, welche Versprechungen die Schlepper ihnen in solchen Gesprächen machten: Die Überfahrt sei sicher organisiert, es würden viel weniger Menschen auf die Boote kommen als anderswo, alle Boote seien mit sicheren Schwimmwesten und guten Motoren ausgestattet. Am Ende fanden sich die Menschen dann aber doch alle auf überfüllten Booten in Lebensgefahr wieder. Unser Guide erzählte uns von Fabriken im türkischen Hinterland, in denen die immer gleichen Schlauchboote gebaut wurden. Die Behörden wüssten natürlich über all das Bescheid.

In den nächsten Tagen verbrachte ich dann wieder viel Zeit in den Ruinen am Meer bei Çeşme, in denen viele Geflüchtete lebten. Auf der einzigen Straße, die zu dem Dorf führte, gab es regelmäßig Polizeikontrollen. Die meisten Bewohner:innen des Lagers hatten die Schlepper bereits bezahlt. Eine beklemmende Stimmung. Während die Menschen auf den Beginn der lebensgefährlichen Fahrt über das Wasser warteten, hatten sie ihr Ziel die ganze Zeit vor Augen. Die griechische Insel Chios ist nur 10 Kilometer entfernt und selbst an bewölkten Tagen am Horizont gut erkennbar. Viele saßen stundenlang am Strand oder auf Felsvorsprüngen und schauten über das Meer in die Ferne.

Wir lernen zum Beispiel Faysal kennen, der eigentlich anders heißt, aber mich bat, seinen Namen zu ändern. Er übersetzte in Afghanistan für die Gesellschaft für Internationale Zusammenarbeit (GIZ). Als das Projekt beendet wurde, geriet er ins Visier der Taliban, wie so viele, die für eine internationale Organisation gearbeitet hatten. Aus Sicht der Taliban hatte Faysal für den Feind gearbeitet. Sie fanden heraus, wo er wohnte, bedrohten ihn und kündigten an, ihn und seine Familie umzubringen, wenn er das

Land nicht verlässt. Mangels legaler Fluchtmöglichkeiten musste er Schlepper bezahlen und wartete nun darauf, dass auch er mit seiner Frau und dem kleinen Kind auf einem überfüllten Schlauchboot nach Europa fliehen konnte.

Wann die Schlepper sie abholen würden, wusste niemand so genau. Eines Abends war es dann so weit. Kontaktmänner im Camp signalisierten einer Gruppe von etwa 50 Menschen, dass sie sich fertig machen und die Schwimmwesten anlegen sollten. Der Pick-up-Truck der Schlepper kam über genau die Straße in das Dorf, auf der eigentlich immer scharfe Polizeikontrollen zu erwarten waren.

Zwei Männer transportierten ein großes zusammengefaltetes Schlauchboot auf ihren Rücken zu einem Felsvorsprung am Meer. Ein anderer trug den Motor. Ich fragte einen Afghanen, der sich auf den Weg machte, ob er denn schwimmen könne. «Nein, ich war auch noch nie auf einem Boot», erwiderte er mit Angst in der Stimme. Seine Bedenken waren durchaus berechtigt, denn in den letzten Tagen hatte ich die minderwertigen Schwimmwesten gesehen, die die meisten Menschen sich irgendwo auf dem Weg gekauft hatten. Manche gingen im Wasser einfach unter, waren nur mit alten Kleidern gefüllt. Mit solchen gefälschten Westen verdienten einige Menschen sehr viel Geld und brachten andere in Lebensgefahr.

Am nächsten Tag kam eine andere Schleppergruppe, die sich um unsere Kameras nicht scherten. Es wurde gerade dunkel, und ich schoss einige szenische Fotos von der Präparierung des Bootes. Wie aus dem Nichts rannte ein Mann mit einem Maschinengewehr durch mein Kamerabild. Ich schaute auf und bemerkte das Chaos um mich herum: Flüchtende und Schlepper nahmen vor der Polizei Reißaus, die anscheinend angerückt war, während ich durch mein Objektiv blickte. Sollte ich auch weglaufen? Ich hatte mir nichts vorzuwerfen und blieb stehen. Sie ließen mich gehen. Später erfuhr ich, dass die Polizei die Schlepper gefasst hatte.

Das lukrative Geschäft der Schlepperbande wurde durch so einen Vorfall allerdings nicht wirklich beeinflusst. Bereits am nächsten Tag brachte eine neue Gruppe das große Schlauchbootpaket zum Strand.

Diejenigen, die vor Ort die Abfahrt organisierten, waren oft nur kleine Fische, die nur ihre eigene Flucht finanzieren wollten. Ungefähr 100 Euro bekamen sie pro Person und Einsatz, Peanuts im Vergleich zu den Beträgen, die die Hintermänner erhielten. Ein Boot mit 50 Menschen brachte ihnen etwa 50 000 Euro ein. Die Ausgaben sind im Verhältnis zu den Einkünften sehr überschaubar: ein gebrauchter Motor und das Schlauchboot kosten ein paar tausend Euro. Sicherlich musste man für ein erfolgreiches Geschäft noch einige Bestechungsgelder an die örtlichen Behörden bezahlen, damit man halbwegs sicher schleppen konnte. Dass allein der kurze Weg auf dem überfüllten Schlauchboot von der Türkei Richtung griechische Inseln 1000 Euro kostete, schockierte mich. Die Geflüchteten im Lager berichteten, dass es nicht unüblich war, für den gesamten Fluchtweg 6000 oder 10 000 Euro zu bezahlen. Für Menschen aus kriegsgebeutelten Ländern, wo zudem das Einkommen viel geringer ist als in Deutschland, eine astronomisch hohe Summe. Die, mit denen ich sprach, hatten ihren gesamten Besitz verkauft, oder sie hatten sich Geld bei Verwandten geliehen. Die horrenden Kosten sind neben den Gefahren bei der Flucht einer der Gründe, warum oft nur eine Person aus einer Familie fliehen kann. Oft sind es junge Männer, die hoffen, in Europa eine bessere und sichere Zukunft zu finden und ihre Familie legal nachholen zu können.

Geschlossene Grenzen und der EU-Türkei-Deal

Seit November 2015 kamen an der nordmazedonischen Grenze offiziell nur noch Menschen aus Syrien, dem Irak und Afghanistan weiter. Doch aus diesen drei Ländern stammten mehr als drei Viertel der Schutzsuchenden.[7] Und selbst wenn man nicht aus einem der drei Hauptherkunftsländer kam, hatte man gute Chancen, trotzdem einen Weg nach Westeuropa zu finden, auch wenn sich zunehmend Menschen im kleinen Grenzort Idomeni sammelten.

Doch im Februar 2016 wurde die Grenze immer undurchlässiger. Testweise wurde die nordmazedonische Grenze immer wieder einige Zeit geschlossen und wieder geöffnet. Auch wenn die meisten Geflüchteten ihre Zielorte in Europa noch erreichen konnten, sank die Anzahl der Menschen, die aus der Türkei nach Europa kamen.[8] Allein durch die beschriebene Politik der Abschreckung oder das schlechtere Wetter lässt sich dieser Rückgang nicht erklären. Zur wenig diskutierten Wahrheit gehört auch, dass viele Menschen sich die Flucht nach Europa nicht leisten können und der Zenit der Krise bereits vor den Grenzschließungen und dem EU-Türkei-Deal (dazu später mehr) deutlich überschritten war. Doch der Gedanke, dass deutlich härtere Maßnahmen notwendig waren, um die Menschen von der Flucht in die Europäische Union abzuhalten, war bereits fest in den Köpfen der Regierungsoberhäupter verankert. Und dieser Gedanke sollte fortan auch die gesamte Asylpolitik in Europa dominieren.

Ende Februar wurde es ernst. Die Grenzen zwischen Griechenland und Nordmazedonien wurden geschlossen und sollten nicht mehr öffnen. Die Kritik an Griechenland durch andere EU-Staaten hatte sich schon im Vorfeld zugespitzt. Das Land würde seine Grenzen zur Türkei nicht richtig schützen, hieß es. Dieser Vorwurf wird allein durch die Tatsache ad absurdum geführt, dass der Grenzschutz nach international geltendem Recht Schutzsuchenden die Einreise nicht verwehren darf, ohne ihnen ein rechtsstaatliches Verfahren zu ermöglichen.

Entgegen ihren öffentlichen Äußerungen, die die Rechtspopulisten und ihre Erzählung von ungeschützten offenen Grenzen nährten, war das wohl auch den EU-Chefinnen und -chefs bewusst, denn sie konzentrierten sich fortan auf eine Lösung durch einen Vertrag mit der Türkei.⁹

In Idomeni sammelten sich derweil immer mehr Menschen. Die Grenze konnte kaum noch überwunden werden, und in kurzer Zeit drängten sich nicht nur 15 000 Geflüchtete auf das Feld neben dem kleinen Grenzort, sondern auch viele Hilfsorganisationen. Eine humanitäre Katastrophe zeichnete sich ab. Ich reiste nach Idomeni, um mir selbst ein Bild zu machen und nach Möglichkeit zu helfen. Auch wenn in den Medien die Perspektivlosigkeit, die Not und rabiate Versuche, den Zaun zu überwinden, die Nachrichten zu Idomeni dominierten, war ich beeindruckt von der Hilfsbereitschaft und dem Willen der Menschen, Hoffnung nicht aufzugeben. (Siehe Foto 23 und 24 im Bildteil.) Immer wieder wurde ich zum Essen oder zum Tee eingeladen, obwohl meine Gastgeber:innnen oft nicht genug für sich selbst hatten. Innerhalb kurzer Zeit entstanden selbstorganisierte Friseurläden und Kioske, in denen man sich für wenig Geld versorgen konnte. Geflüchtete versuchten zusammen mit europäischen Hilfsorganisationen, Essensausgaben und Kleiderverteilung zu organisieren. Das Lager in Idomeni und die große Not, die trotz aller Bemühungen überall sichtbar war, wurden zum Sinnbild des Scheiterns einer humanen Asylpolitik. Doch das Lager zeigte auch, dass Hilfsbereitschaft und Hoffnung viele Probleme lösen kann.

Mitte März 2016 trat in Deutschland das Asylpaket II in Kraft.¹⁰ Mit verschiedenen Gesetzesverschärfungen wurden die Rechte von Geflüchteten weiter beschnitten. Unter anderem wurden Familienzusammenführungen für «subsidiär Schutzberechtigte» ausgesetzt. So wurden zum Beispiel syrische Familienväter oder alleinreisende Jugendliche, die die schwere Flucht nach Deutschland geschafft hatten, über Jahre von ihren Familien getrennt.

Auf europäischer Ebene wurde am 18. März nach zähen Verhandlungen der EU-Türkei-Deal beschlossen. Abseits der Öffentlichkeit hatten die Regierungschefs, allen voran Angela Merkel, über Monate ein Abkommen vorbereitet, um zu verhindern, dass Menschen weiterhin aus der Türkei nach Europa fliehen können. Ohne Beteiligung von gewählten Parlamenten entstand ein Papier, das eigentlich kein Abkommen war, sondern nur eine Pressemitteilung, in der man gemeinsame Eckpunkte verkündete. Durch diesen Trick verhinderte man, dass der Deal in den Parlamenten beschlossen werden musste. In der Erklärung heißt es: «Um das Geschäftsmodell der Schleuser zu zerschlagen und den Migranten eine Alternative zu bieten, damit sie nicht ihr Leben aufs Spiel setzen, haben die EU und die Türkei heute beschlossen, die irreguläre Migration aus der Türkei in die EU zu beenden.»[11]

Die Türkei verpflichtete sich demnach, Flüchtende im eigenen Seegebiet aufzuhalten und diejenigen direkt von den griechischen Inseln aufzunehmen, die nach einem Schnellverfahren nicht nachweisen konnten, dass sie in der Türkei verfolgt werden, egal woher sie ursprünglich kamen. Eine Syrerin musste nun also nicht mehr nachweisen, dass sie in Syrien verfolgt wurde, sondern dass ihr Asylantrag in Europa überhaupt zulässig ist, weil sie in der Türkei verfolgt wurde. Im Gegenzug zahlte die EU insgesamt 6 Milliarden Euro für humanitäre Organisationen in der Türkei und an die Bildungs- und Gesundheitsministerien, damit Menschen in der Türkei besser versorgt werden. Außerdem sollten Menschen legal aus der Türkei einreisen können. Auch weitere Versprechen wie Visa-Erleichterungen wurden gemacht. Menschenrechtsorganisationen und Oppositionsparteien kritisierten das Abkommen scharf, weil dadurch die Flucht aus den teils sehr unwürdigen Bedingungen in der Türkei noch stärker verhindert werden sollte. Zudem wurde befürchtet, dass auf den griechischen Inseln unwürdige Massenlager entstehen und man sich mit diesem Deal von Erdoğan abhängig macht. Er konnte sich nun darauf verlassen, dass die Kritik der Menschenrechtsverletzungen in der

Türkei aus Europa leiser wurde und er seine autokratische Politik ungestörter durchsetzen kann.

Doch trotz aller Kritik und Bedenken wurde der Deal besiegelt, und die ohnehin schon stark gesunkenen Ankunftszahlen in der Ägäis gingen weiter zurück. In den folgenden 12 Monaten kamen in Europa weniger Geflüchtete an als allein im Oktober 2015.

In der Folge des Abkommens schottete die Türkei durch Selbstschussanlagen die syrische Grenze ab,[12] sodass es kaum noch Möglichkeiten gab, aus dem syrischen Bürgerkrieg in die Türkei zu fliehen.

Wie sich der EU-Türkei-Deal auf die Situation auf den ägäischen Inseln auswirken würde, wie er umgesetzt wurde und welche Abhängigkeiten dadurch zwischen EU-Staaten und Erdoğan entstanden, sollten die nächsten Monate und Jahre zeigen.

4

Hoffnung, Flucht, Vertreibung

Der EU-Türkei-Deal diente vor allem dazu, Geflüchtete davon abzuhalten, nach Europa zu kommen. Zentrale Aspekte, wie die Umsiedlung von Geflüchteten aus der Türkei nach Europa, wurden zwar im Abkommen festgehalten, doch in der Realität nie ernsthaft umgesetzt.

Stattdessen wurden politische Stimmen lauter, die den Druck auf die bereits in Europa Angekommenen erhöhen wollten. Ein Beispiel für diese Entwicklung sind die Abschiebungen afghanischer Asylbewerber:innen. Seit dem Oktober 2015 setzt sich die Bundesregierung dafür ein, dass Menschen wieder nach Afghanistan abgeschoben werden können, indem ein Abkommen mit der Regierung geschlossen wird.[1] Menschen aus Afghanistan sind die zweitgrößte Gruppe von Geflüchteten nach den Schutzsuchenden aus dem bürgerkriegsgebeutelten Syrien.[2]

Jahrelang wurden Rückführungen nach Afghanistan aufgrund der schlechten Sicherheitslage im Land kaum durchgeführt, denn unabhängig davon, ob das Asylverfahren erfolgreich ist oder nicht, darf man Menschen nicht in Gebiete abschieben, in denen ihnen Gefahr für Leib und Leben oder unmenschliche Behandlung droht. Doch mit den steigenden Zahlen von Geflüchteten des Jahres 2015 forderten Regierungspolitiker:innen vermehrt, dass Menschen nach einem erfolglosen Asylverfahren wieder in das Land zurückgeschickt werden sollen. So stand im Raum, dass 80 000 «ausreisepflichtige» Afghan:innen in Europa schon bald in ihre Heimat zurückgeführt werden könnten und damit dann auch ein Signal nach Afghanistan gesendet werden würde: Kommt nicht nach Europa, es lohnt sich nicht. In der populistisch aufgeladenen Debatte geriet zunehmend außer Acht, dass viele Afghan:innen sehr wohl anerkannte Fluchtgründe haben.

Der damalige Bundesinnenminister Thomas de Maizière machte seinen Standpunkt in dieser Frage unmissverständlich klar: «Deutsche Soldaten und Polizisten tragen dazu bei, Afghanistan sicherer zu machen. Es sind viele, viele Summen von Entwicklungshilfe nach Afghanistan geflossen. Da kann man erwarten, dass die Afghanen in ihrem Land bleiben.»[3] Mit solchen Statements wurde überraschend offen vorgetragen, dass es der Regierung gar nicht um die konkrete Sicherheitslage im Land ging, sondern vielmehr um eine Gegenleistung für getätigte Zahlungen.

Afghanistan ist ein wundervolles Land, doch leider ist die Geschichte des Landes in den letzten Jahrzehnten von Terror und Stellvertretungskriegen geprägt. Wenn man in deutschen Medien von Afghanistan hört, dann geht es eigentlich immer um neue Anschläge und den Bürgerkrieg, der das Land in Atem hält. Umso verwunderlicher, dass im Oktober 2015 nach harten Verhandlungen dann das Rückführungsabkommen zwischen der Europäischen Union und Afghanistan unterzeichnet wird. Die afghanische Regierung hatte sich lange geweigert, solch einem Abkommen zuzustimmen. Doch der Druck wurde zu groß. Die Europäische Union hatte gedroht, dass bei der fast zeitgleich stattfindenden Geberkonferenz für Afghanistan Gelder der Entwicklungszusammenarbeit gekürzt werden, wenn Afghanistan das Rückführungsabkommen nicht unterzeichnet.[4] Um sich vonseiten der EU gegen den Vorwurf von Menschenrechtsverletzungen abzusichern und die Abschiebungen zu legalisieren, musste Afghanistan sich verpflichten, bestimmte Mindeststandards einzuhalten.

Dabei war es für die afghanische Regierung unmöglich, sich

den Forderungen zu verweigern – das Land ist von internationalen Geldern abhängig, 40 Prozent des Staatshaushalts machen die Hilfen aus.[5]

Die Zusagen zu neuen Hilfsgeldern verknüpfte Außenminister Steinmeier unverblümt mit der Migrationspolitik. «Ich hoffe, dass das jetzt gerade unterschriebene Rückübernahmeabkommen mit Afghanistan tatsächlich in die Praxis umgesetzt wird», sagte er, nachdem man sich auf weitere Hilfszahlungen geeinigt hatte, die eigentlich nicht dazu gedacht waren, die afghanische Regierung zu erpressen, sondern die humanitäre Krise durch den Krieg und die Wirtschaftskrise im Land halbwegs in den Griff zu bekommen.[6] Die Abhängigkeit Afghanistans wurde ausgenutzt, um Zusagen über humanitäre Mindeststandards zu erreichen, die in der Realität gar nicht erreicht werden konnten.

Ich beschloss, zusammen mit meinem Freund Michael Bloss nach Afghanistan zu fliegen, um mir vor Ort ein Bild über die Lage zu machen und mehr über das Land zu erfahren. Konnte man tatsächlich mit reinem Gewissen Asylsuchende dorthin zurückschicken?

Afghanistan – ein sicheres Land?

Nach einigen Wochen der Vorbereitung flogen wir über Istanbul nach Kabul. Wir hatten uns im Vorfeld eine sichere Übernachtungsmöglichkeit, einen Übersetzer und einen Fahrer organisiert.[7]

Im Flugzeug sprach ich mit einem Mitarbeiter der deutschen Botschaft in Kabul. Ich fragte ihn, ob wir uns in der Stadt treffen könnten. Er entgegnete, dass die Botschaftsmitarbeiter:innen das Botschaftsgelände nicht verlassen dürften. Die Sicherheitslage sei zu schlecht. Nach der Landung stiegen er und einige Kollegen direkt in einen wartenden Hubschrauber um, denn auch mit Autos durch die Stadt zu fahren war für die Beamten zu gefährlich.

Wir trafen unseren Fahrer am Flughafen. In einem unauffälligen Toyota Corolla fuhr er uns zur Unterkunft, wobei er uns immer wieder zur Vorsicht mahnte. Auf keinen Fall sollten wir länger als 15 Minuten an einem Ort bleiben, und außerdem würde er versuchen, immer verschiedene Routen zu fahren, damit wir nicht verfolgt werden. In Kabul sei es nicht mehr so sicher wie noch vor einiger Zeit.

Die Angst vor Anschlägen war überall greifbar, und auch beim Blick in die Statistiken zeigte sich, dass die Zahl der zivilen Opfer seit 2012 jährlich immer neue Höchststände erreichte.[8] Allein in Kabul stieg die Zahl der Opfer durch Anschläge 2016 um 34 Prozent.[9]

Diese erschreckenden Zahlen sind sicher auch dadurch bedingt, dass weniger als die Hälfte des Landes überhaupt noch von der Zentralregierung in Kabul kontrolliert wird. Die übrigen Gebiete sind entweder umkämpft oder in den Händen der Taliban.

Auf dem Weg durch die Stadt waren viele Gebäude von hohen Mauern umgeben, sogenannten «Blast Walls», um sich vor Bombenanschlägen zu schützen. Wir hielten vor unserer Unterkunft. Auch das Gebäude einer großen christlichen Hilfsorganisation war schwer bewacht. Ein netter Mann stieg aus seinem Wachturm und öffnete uns das große Metalltor, um den Körper trug er eine Kalaschnikow. Unser Gastgeber führte uns durch das Haus, zeigte uns die Zimmer und den Safe-Room im Keller. Wenn etwas passiert, sollten wir uns schnellstmöglich in diesen Raum retten. In einem Schrank lagen Burkas, die wir im Falle einer Evakuierung schnell anziehen sollten, um unauffällig zum Flughafen gefahren zu werden.

In den nächsten Tagen versuchten wir, das Leben in Kabul kennenzulernen. (Siehe Foto 26 im Bildteil.) Trotz der schwierigen Wirtschafts- und Sicherheitslage versuchten die Menschen, das Beste aus der Situation zu machen. Kinder bastelten Drachen und ließen sie hoch in die Lüfte steigen. Ein Symbol der Freiheit, war doch das Spiel mit den Drachen unter den Taliban verboten. Die Märkte pulsierten vor Leben. «Dort drüben hat sich jemand letztes Jahr in die Luft gesprengt. 12 Menschen sind gestorben, und viele wurden verletzt», sagte unser Guide auf einem Platz, der zu diesem Zeitpunkt nicht gefährlich wirkte. (Siehe Foto 27 im Bildteil.) Doch auch an einigen Menschen auf dem Markt ist der Krieg nicht spurlos vorübergegangen. Immer wieder begegneten uns Menschen mit Kriegsverletzungen.

Auf dem Weg durch die Stadt konnte uns unser Guide berichten, an welchen Orten überall schon Anschläge verübt wurden. Das Stadtbild war neben den vielen militärischen Fahrzeugen geprägt von hohen Mauern, die vor Anschlägen schützen sollten.

Wir fuhren an zwei Männern vorbei, die sich anschrien, weil sie sich nach einem Autounfall nicht einig werden konnten, wer nun Schuld hatte. Ich fragte unseren Fahrer, ob man nicht einfach die Polizei rufen könnte. Er lachte und gab uns zu verstehen, dass die Polizei sich ihre Arbeit von den Menschen teuer bezahlen lässt.

Afghanistan ist eines der korruptesten Länder der Welt.[10] Das macht auch die Umsetzung vieler Hilfsprojekte schwer, und es sorgt für eine große Ungerechtigkeit. Wer Geld hat, kann sich auf die anderen verlassen, wer kein Geld hat, ist verlassen.

Das Stadtbild ist geprägt von Kindern, die arbeiten. Einige verkaufen Zigaretten, andere bieten ihre Dienste als Schuhputzerinnen an, und viele laufen mit großen Säcken durch die Straßen. Wir fragen eine Familie, ob es keine Möglichkeit gäbe, ihre Kinder zur Schule zu schicken. «Wir würden uns nichts sehnlicher wünschen», sagen sie. Doch das könnten sie sich nicht leisten. Wohnung, Strom, Essen, das Einkommen der Eltern allein reicht nicht, um alle zu versorgen. Ich frage, wie viel man denn so im Monat verdient.

Der Familienvater versucht, sich als Tagelöhner durchzuschlagen. Wenn er einen Job findet, würde er ungefähr 50 Cent am Tag verdienen, sagt er. Wenn nicht, dann nicht. Ein soziales Sicherungssystem abseits der Familie gibt es nicht. Also sammeln die Kinder in großen Säcken Müll, um etwas dazuzuverdienen. Das sind keine Einzelschicksale. Eigentlich hatte sich die Bildungssituation nach dem Sturz der Taliban verbessert, besonders weil Mädchen endlich zur Schule gehen durften. Aber inzwischen gehen wieder fast 50 Prozent der Kinder nicht zur Schule. In einigen Provinzen haben 85 Prozent der Mädchen keinen Zugang zu Bildung. Gründe für die schlechte Entwicklung sind vor allem die stärkeren Kriegshandlungen.[11] Roger Willemsen schrieb in seinem Buch *Afghanische Reise* sehr treffend: «In Afghanistan gibt es viele Kinder, aber wenig Kindheit.»

Der anhaltende Bürgerkrieg sorgt neben der Gewalt nicht nur für eine große Arbeitslosigkeit und prekäre Beschäftigung, auch die Mietpreise in Kabul steigen immer weiter, viele können sich keine Unterkunft mehr leisten. Wir fuhren an einem Friedhof vorbei, auf dem es lebendiger zugeht als üblich. Viele Menschen hatten auf ihren Familiengrüften kleine Hütten errichtet und lebten dort auf den Gräbern ihrer Angehörigen. Die wirtschaftliche Not ist abseits der hochgesicherten Shoppingcenter oder teuren Restaurants, die es auch in Kabul gibt, allgegenwärtig. Und die Wirtschaftskrise hat sich in den letzten Jahren noch verschärft. Einer der Gründe dafür ist sicher auch der Abzug der internationalen Truppen, denn diese hatten – unabhängig davon, was man von dem Kampfeinsatz hält – dafür gesorgt, dass viele gutbezahlte Jobs geschaffen wurden.[12] Als die Soldat:innen dann ohne wirkliche Exit-Strategie das Land verließen, entstand nicht nur ein militärisches, sondern auch ein wirtschaftliches Vakuum. Die Leidtragenden waren die Menschen vor Ort.

Eine weitere Herausforderung für das Land sind Drogen. Der Konsum von Drogen ist in Afghanistan eigentlich verboten. Selbst Alkoholverkauf ist nicht erlaubt, auch wenn man nach ein paar

Tagen in Kabul erfährt, dass man in den meisten Läden durchaus Schnaps von unter der Ladentheke erwerben kann. Auch Cannabis ist weit verbreitet und unglaublich billig. Doch das Hauptproblem im Lande ist eine andere Droge: Opium. Immer wieder sieht man in Kabul Gruppen von Männern, die auf dem Boden sitzend ihre Opiumpfeifen rauchen. (Siehe Foto 30 im Bildteil.) Viele von ihnen sind obdachlos, die leeren Gesichter sind von der Sucht gezeichnet. Doch auch, wenn der Mangel an gesundheitlicher Versorgung, Aufklärung und Ausstiegsprogrammen erschreckend ist – ungefähr 10 Prozent der afghanischen Bevölkerung sollen drogenabhängig sein[13] –, so hat doch ein strukturelles Problem noch tiefgreifendere Auswirkungen auf das Land: die Abhängigkeit vom Opiumanbau. Afghanistan ist der weltgrößte Opiumproduzent, es produziert über 80 Prozent der Exportmasse.[14] Opium wird aus Schlafmohn gewonnen und ist Grundlage für andere Drogen, zum Beispiel Heroin. Ein Milliardengeschäft, das Hunderttausende Jobs sichert. Viele Bauern können nur durch den Anbau von Opium ihre Familien ernähren. Die großen Gewinne des Drogenhandels machen jedoch am Ende nicht die Bauern, sondern andere – darunter auch die radikalislamischen Taliban. Man kann ohne Übertreibung behaupten, dass der Drogenanbau den Taliban erlaubt, ihren Krieg fortzusetzen. Sie können nicht nur Waffen kaufen, sondern der Bevölkerung – vor allem auf dem Land – eine lukrative wirtschaftliche Perspektive bieten. Ein normaler Polizist verdient in Afghanistan umgerechnet circa 200 Euro. Die Taliban zahlen fast das Dreifache an ihre Milizen.[15] Für viele Menschen in den Städten ist die Arbeit bei Polizei, Milizen oder der Armee alternativlos, um die eigene Familie zu ernähren. Wenn in den deutschen Medien immer nur von zivilen Opfern berichtet wird, verschleiert das eine traurige Realität: Täglich sterben in Afghanistan im Durchschnitt 30 Sicherheitskräfte in einem Krieg, der niemals zu enden scheint.[16]

Flucht in und aus Afghanistan

Allen Bemühungen zum Trotz weiten die Taliban ihre Einflussgebiete in Afghanistan immer mehr aus, errichten einen Staat im Staat. Währenddessen ertragen die Menschen im Land seit 1979 fast ununterbrochen einen Kriegszustand. Nach 20 Jahren internationalem Kriegseinsatz hätten die Menschen in Afghanistan es mehr als verdient, sich eine Zukunft in ihrem Land aufbauen zu können. Doch für viele ist das unmöglich, sie haben berechtigte Angst vor Terror, Krankheit und bitterer Armut – sie haben Angst vor der Zukunft in Afghanistan. Sie wollen ihren Kindern mehr Chancen und Perspektiven ermöglichen, als sie selbst hatten. Deshalb fliehen sie.

Dabei ist die Vorstellung, dass die meisten Menschen aus Kriegsregionen wie Afghanistan nach Europa fliehen, falsch. Wie überall auf der Welt fliehen die meisten Menschen auch in Afghanistan entweder innerhalb des eigenen Landes, oder sie fliehen in angrenzende Länder. Dass diese Art von Migration auch Afghanistan unmittelbar betrifft, wurde in einem Gespräch mit der Staatssekretärin des afghanischen Migrationsministers deutlich. Wir trafen Dr. Alema Alema in ihrem Büro, allerdings nicht ohne vorher zwei Sicherheitsschleusen zu durchlaufen, bevor wir den von hohen Mauern umschlossenen Gebäudekomplex betreten durften. «Wir haben zugesagt, dass wir 50 Personen pro Flugzeug nehmen können», sagte uns Alema Alema über das Rückführungsabkommen. Informell hatte man sich wohl auf maximal ein Flugzeug pro Woche geeinigt. In Europa rede man vor allem darüber, wie man Menschen nach Afghanistan zurückschicken könne, aber kaum jemand habe Verständnis für die schwierige Lage und dafür, dass Afghanistan selbst Hunderttausende Geflüchtete versorgen müsste.

Ich musste ihr zustimmen. Auch beim Blick in die Statistiken ergibt sich ein eindeutiges Bild. Im Jahr 2016 und auch in den folgenden Jahren hat Afghanistan mehr Geflüchtete aufgenommen als alle EU-Staaten zusammen. Was zunächst seltsam klingt, lässt sich in Zahlen sehr einfach darlegen: Im Jahr 2016 sind 500 000 Menschen innerhalb des Landes geflohen, sie müssen versorgt werden. Außerdem gab es sogenannte «Returnees», also Rückkehrer:innen, aus dem Iran und Pakistan, wo über 5 Millionen Menschen aus Afghanistan Zuflucht fanden.[17] Doch durch politische Spannungen und andere Gründe wurden vor allem im Iran Aufenthaltserlaubnisse nicht mehr verlängert, und die Menschen mussten nach Afghanistan «zurückkehren», obwohl viele Familien seit Jahrzehnten in den Nachbarländern lebten. Allein im Jahr 2016, in dem die Abschiebungen aus Europa begannen, kamen 248 000 Menschen aus Pakistan, 443 000 aus dem Iran. Zusammengenommen sind das über eine Million Menschen, die innerhalb dieses Jahres in Afghanistan versorgt werden mussten.[18]

In allen EU-Staaten zusammen kamen im Jahr 2016 derweil nach UNHCR-Angaben 373 000 Menschen irregulär an.[19] In Afghanistan waren also mehr als doppelt so viele Neuankömmlinge auf humanitäre Hilfe angewiesen wie in allen EU-Staaten zusammengenommen. Dass die Versorgung so vieler Menschen in Not eine Herausforderung für eines der ärmsten Länder der Welt ist, überrascht nicht.

In welch prekären Verhältnissen diese Menschen in Afghanistan leben, konnte man auch in Kabul beobachten. An einem großen Kreisverkehr hielten wir an, um eines der Lager zu besuchen, in denen sich Returnees und andere Geflüchtete sammelten. Der Mann, der uns herumführte, erzählte uns, dass er schon zwei Jahre hier sei. Leider fehle es eigentlich an allem. Heizung, Essen, Medikamente. Eine Hilfsorganisation sei zum letzten Mal vor sechs Wochen ins Lager gekommen. Er wüsste nicht, was die Menschen ohne weitere Hilfe in den nächsten Tagen essen sollten. Und ohne Kontakte gebe es auch keine Möglichkeit zu arbeiten.

Die notdürftig zusammengehämmerten Hütten, kaum Heizmöglichkeiten. Kinder, die barfuß herumlaufen mussten, obwohl der Boden gefroren war. Wenn es schon in Kabul, mit Straßen und Infrastruktur, Regierungskontrolle und vielen ansässigen Organisationen, nicht möglich ist, die basale Versorgung dieser Menschen sicherzustellen, wie muss es dann wohl in anderen Gebieten Afghanistans aussehen?

Wir machten uns auf den Weg nach Masar-e Scharif, wo wir die Militärbasis Marmal und das deutsche Generalkonsulat besuchen wollten.

Masar-e Scharif galt als eine der sichersten Städte im Land. Im Hotel wurde uns trotzdem geraten, ein Zimmer weit oben neben einem Safe-Room mit Stahltür zu buchen. Wenn es zu einem Überfall kommen würde, hatten wir oben am meisten Zeit, uns einzuschließen. Im November, also nur sechs Wochen vor unserer Ankunft, wurde ein Anschlag auf das deutsche Generalkonsulat in der Stadt verübt. Vor der hohen Schutzmauer um das Gelände, die bereits repariert worden war, konnte man noch das Loch im Boden auf der Straße sehen, das die Explosion hinterlassen hatte.

Auf der anderen Straßenseite waren viele kleine Geschäfte vollkommen zerstört. Im Gespräch mit einem der Besitzer, der mit dem Wiederaufbau seines Ladens beschäftigt war, klagte er darüber, keinerlei Förderung zu erhalten. Er war wütend. Natürlich hätten die Taliban Schuld, die diese Anschläge verübten. Aber der Anschlag galt dem internationalen Militäreinsatz, und nun musste er allein mit den Folgen klarkommen.

Die afghanischen Sicherheitskräfte, die das Generalkonsulat, beziehungsweise die Überbleibsel davon, bewachten, berichteten von andauernden Drohanrufen. Die Taliban forderten sie auf, das Konsulat nicht mehr zu schützen, ansonsten würden auch sie beim nächsten Angriff getötet werden.

Und so war es auch gekommen. Am Abend des 10. November wurde ein Selbstmordattentäter mit einem großen LKW durch die Zahlung geringer Bestechungsgelder zum Gelände des Generalkonsulates vorgelassen, gegen 23 Uhr Ortszeit sprengte er sich in die Luft, um ein Loch in die Sicherheitsmauer zu reißen. Anschließend versuchten Attentäter, das Gebäude zu stürmen. Die Sicherheitskräfte gaben an, dass mehrere ihrer Landsleute bei dem Angriff ums Leben gekommen seien. Über internationale Opfer ist nichts bekannt. Wie bei vielen dieser Anschläge müssen vor allem Ortskräfte den höchsten Preis zahlen. Zehntausende Afghan:innen arbeiteten als Sicherheitskräfte, Dolmetscher:innen oder in der Logistik, um den internationalen Einsatz abzusichern und zu ermöglichen. Der Umgang mit diesen Menschen, die sich dafür größter Gefahr aussetzen, wirft auch ein Licht auf die deutschen Prioritäten in Afghanistan. Eigentlich gibt es seit 2013 ein Programm zur Aufnahme von Ortskräften in Deutschland, die aufgrund ihrer Tätigkeit in Gefahr sind. Doch dieses Programm lief nie wirklich an, insgesamt wurden etwas über 800 Ortskräfte aufgenommen, doch für viele war die dahinterstehende Bürokratie zu langwierig, oder sie konnten keine konkrete Gefährdung nachweisen. Akut Gefährdete müssen sofort fliehen, wenn es Anzeichen dafür gibt, dass sie von den Taliban verfolgt werden, und können nicht mehrere Wochen auf eine Entscheidung in einem Verfahren warten. Auch die Sicherheitskräfte vor dem zerstörten Konsulat fragten uns, ob es keine legale Möglichkeit gäbe, zu fliehen. Sie hatten Angst. Wir vermittelten ihnen ein paar Kontakte, doch dass sie einen legalen Weg nach Europa fanden, ist höchst unwahrscheinlich.

Das Generalkonsulat in der Stadt wurde in der Folge des Anschlags aufgegeben und in das schwer gesicherte Camp Marmal verlegt. Das riesige Camp dient als zentraler Stützpunkt für die Bundeswehr im Norden Afghanistans. Auch Soldat:innen aus anderen Ländern sind dort stationiert. Eine Soldatin berichtete bei unserem Besuch dort, dass sie seit sechs Monaten hier sei und das Camp bislang nicht verlassen habe. Einsätze würden aufgrund der angespannten Sicherheitslage im Land möglichst vermieden.

Seit dem Ende des NATO-Einsatzes ISAF 2014 soll die Bundeswehr im Rahmen der neuen Mission «Resolute Support» nicht mehr selbst in Kampfhandlungen verwickelt werden, sondern vor allem an der Ausbildung der örtlichen Behörden mitwirken.[20] Insofern war es reichlich absurd, als Jens Spahn im März 2017 in der Debatte um Abschiebungen nach Afghanistan anmerkte: «Wie erkläre ich einer deutschen Mutter, deren Sohn oder Tochter im Norden Afghanistans dient, dass wir dorthin keine jungen Afghanen abschieben?» Der Einsatz wird ja eben damit begründet, dass er für eine Stabilisierung des Landes unerlässlich sei, und zudem werden die «jungen Afghanen» nicht in das hochgradig gesicherte Camp Marmal abgeschoben, sondern in ein zunehmend unsicheres Land, in dem sie keine Perspektive haben.

Wir erkundeten am nächsten Tag die Stadt und besuchten das Ali-Mausoleum, auch die Blaue Moschee genannt. (Siehe Foto 32 im Bildteil.) Die Schönheit der Moschee stand im krassen Gegensatz zu den Zuständen in der Umgebung. Davor bettelte ein junges Mädchen. Wir gaben ihr etwas Geld und kamen ins Gespräch. Sie war 12 Jahre alt und erzählte uns stolz, dass sie zur Schule geht. Immer morgens geht sie zum Unterricht, danach setzt sie sich vor die Moschee, um zu betteln. Wenn es zu kalt wird, liefert sie zu Hause das Geld ab, es gibt etwas zu essen, und dann geht sie schlafen. Schule, Betteln, Essen, Schlafen, Schule, Betteln, Essen, Schlafen, immer wieder. Eine traurige Kindheit. Vor der Moschee stand ein Soldat mit Kalaschnikow.

Als wir ein weiteres Camp in der Nähe von Masar-e-Sharif besuchen, in dem etwas mehr als tausend Menschen leben, die aus einer anderen afghanischen Provinz vor den Taliban geflohen sind, hören wir weitere erschütternde Geschichten. Ein Großvater spricht uns an und fragt, ob wir nicht eine medizinische Behandlung für seinen dreijährigen Enkelsohn organisieren können. Das Kind habe ein Loch im Herz und müsste eigentlich dringend operiert werden. Doch in den Krankenhäusern gibt es lange Wartelisten für solche Operationen. (Siehe Foto 31 im Bildteil.)

Immer wieder fordern Politiker:innen, dass eine stärkere Unterscheidung gemacht werden müsse zwischen Menschen, die aus «wirtschaftlichen Gründen» ihr Land verlassen, und jenen, die politisch verfolgt werden oder vor Krieg fliehen. Auch Bundespräsident Steinmeier schloss sich später dieser Forderung an: «Vor allem um den politisch Verfolgten auch in Zukunft gerecht werden zu können, müssen wir diese Unterscheidung wieder ernst nehmen.»[21] Doch warum fordern Politiker:innen das, was doch im deutschen Asylsystem eine Selbstverständlichkeit und tägliche Praxis ist?

In langwierigen Verfahren wird in jedem Einzelfall geprüft, welche Gründe zur Flucht bestehen und welche Gründe dabei anerkannt werden und welche nicht. Die Unterscheidung ist also rechtlich eindeutig und in den laufenden Verfahren etabliert. Solche politischen Vorstöße suggerieren aber das genaue Gegenteil. Das ist Wasser auf die Mühlen der Rechtspopulist:innen, die schon seit Jahren behaupten, dass vor allem «Wirtschaftsmigranten» vom deutschen Asylrecht hofiert würden. Doch mit solchen Debatten wird auch der Gedanke gestärkt, dass es nicht nur rechtlich unzulässig, sondern moralisch verwerflich sei, aus wirtschaftlichen Gründen zu fliehen. Aber wenn man vor einem Großvater mit einem lebensbedrohlich kranken Kind in Afghanistan steht, wie könnte man es ihnen verübeln, wenn sie alles versuchen, damit das Kind gerettet wird? Formal sind diese Menschen wohl aus europäischer Sicht keine «Kriegsflüchtlinge» mehr, sie haben «inländische Fluchtmöglichkeiten». Der Mangel an medizinischer oder humanitärer Versorgung ist ein wirtschaftlicher Grund. Dabei ist es offensichtlich, dass eine klare Trennung zwischen wirtschaftlichen und anderen Gründen der Flucht in der Realität schwer zu ziehen ist. Dem Großvater ist es wohl herzlich egal, ob das Kind an der Krankheit stirbt oder von einem Taliban gejagt wird. Für ihn ist einfach ein Familienmitglied in Lebensgefahr. Wenn Afghanistan keine internationale Unterstützung bei der Schaffung von wirtschaftlichen Perspektiven, der humanitären Aufnahme und der Förderung von medizinischer Infrastruktur und Bildung erhält, kann vielleicht irgendwann trotzdem der Krieg enden. Doch die Flucht wird nicht enden, auch wenn deutsche Politiker:innen das immer wieder einfordern.

Was tatsächlich hinter den Abschiebungsforderungen steckt

Mein Besuch in Afghanistan machte mir einmal mehr deutlich, dass es in den politischen Machtzentren Europas nicht wirklich um die ernsthafte Bekämpfung der Fluchtursachen, sondern um die Bekämpfung der Geflüchteten geht. Zweimal im Jahr veröffentlicht die UN-Mission in Afghanistan, die UNAMA, Zahlen zu zivilen Opfern des Krieges. Bis zur Entscheidung, wieder nach Afghanistan abzuschieben, war die Zahl der zivilen Opfer des Konflikts jedes Jahr weiter gestiegen.[22] Es gab also keinen Anlass, davon auszugehen, dass Afghanistan nun sicher genug war, um dorthin abschieben zu können. Dieses Umstandes waren sich natürlich auch die Regierungspolitiker:innen bewusst. Sie versuchten, alternative Argumentationen zu finden, um nicht offenlegen zu müssen, dass der Hauptgrund der Abschiebungen nicht in Afghanistan lag, sondern in der deutschen und europäischen Innenpolitik. Denn vor Ort gab es keinerlei Anzeichen dafür, dass sich die Situation im Lande verbesserte. Dass die Lage in Afghanistan eher schlechter als besser wurde, zeigt das Scheitern der internationalen Staatengemeinschaft bei der Unterstützung des Landes. Nun konzentrierte man sich politisch auf die Bekämpfung der Symptome dieses Scheiterns. Dabei ist die reine Zahl der Abschiebungen politisch fast irrelevant. Auch wenn das im Einzelfall harte Folgen für die Abgeschobenen hat und man selbst dem Anspruch der Versorgung für die Abgeschobenen nicht gerecht wurde,[23] geht es dabei – wie so oft – nicht um die Individuen. In den letzten fünf Jahren wurden insgesamt nur 1015 Personen, also ca. 200 im Jahr, abgeschoben.[24] Mit den Abschiebungen wollen die europäischen Regierungen zwei Signale senden: Zum einen sollen Menschen davon abgeschreckt werden, eine Flucht nach Europa überhaupt zu versuchen. Über die realen Anerkennungswahrscheinlichkeiten, die eigentlich sehr hoch sind, wird dabei kaum ein Wort verloren. Zum anderen macht man mit diesem Schritt auch klar, dass man keine Skrupel hat, schutzsuchende Menschen in eines der gefährlichsten Länder der Welt zurückzuschicken. Ein klares Zeichen an alle Wähler:innen, dass sie sich gar nicht mehr die Mühe machen müssen, dezidierte Rechtspopulisten zu wählen, weil inzwischen genug davon in den Regierungen sitzen.

2014 waren in Europa nur 43 Prozent der Asylanträge positiv beschieden worden, dieser Wert stieg an auf zwischenzeitlich 60 Prozent im Jahr 2015. Noch im März 2016 bezeichneten die EU-Länder diesen Trend in internen Dokumenten wohlwollend als positiv, denn die Staaten seien sich angesichts der Zahl sehr wohl bewusst, dass sich die Sicherheitslage in den Fluchtländern stetig verschlechterte. Doch im selben Dokument führen sie auch aus, dass schon in naher Zukunft 80 000 Afghan:innen zurückgeführt werden müssten. Außerdem müsse man sich auf eine gemeinsame Definition von sicheren Gebieten in Afghanistan einigen, denn diese seien durch die angespannte Lage im Land «nicht offensichtlich» zu erkennen.[25] In der Tat fanden zu dieser Zeit in 31 von 34 Regionen Afghanistans Kampfhandlungen statt,[26] und das UN-Flüchtlingshilfswerk warnte davor, dass eine Benennung sicherer Gebiete angesichts des fortschreitenden Bürgerkrieges schlicht nicht möglich wäre, weil sich die Situation in den einzelnen Regionen ständig ändere. Doch anscheinend ist es für die europäische Politik keine Priorität, dass Menschen nicht in Gebiete abgeschoben werden, in denen ihnen Gefahr für Leib und Leben droht.

Auf dem Rückweg zum Flughafen fuhren wir an einem Graffito in Kabul vorbei. Auf ihm ist ein kleiner Junge mit einer Schwimmweste zu sehen. Ich fragte unseren Übersetzer, was neben dem Jungen steht. «Sollen eigentlich alle Kinder so enden wie dieses Kind?», antwortete er. Das Bild erinnerte mich an die Szenen, die ich in der Türkei gesehen hatte. Mein Afghanistanbesuch führte mir ganz klar vor Augen: Solange diese traurige Vorstellung von Kindern in Schwimmwesten für die Menschen hier noch mehr Perspektive verspricht als ihr eigenes Land, wenn die Schlepper mehr Möglichkeiten bieten als der Staat, dann kann Europa zwar abschieben, aber es löst damit keine Probleme, sondern schafft eher neue.

Doch wie soll Afghanistan seinen Bürger:innen Perspektiven bieten? Die Zentralregierung in Afghanistan hat nicht nur immer weiter an Einfluss im Land verloren – 60 Prozent des Landes waren vor drei Jahren noch unter Kontrolle der Regierung, inzwischen sind es nur noch 40 Prozent.[27] Sie hatte auch nie eine wirkliche Möglichkeit, sich gegen die mächtigen Warlords in vielen Regionen durchzusetzen. Viele der Beschlüsse in Europa werden in vollkommener Unkenntnis des Landes, der Kultur oder der Folgen dieser Entscheidungen getroffen.[28]

Doch die unsichere Situation im Land lässt sich nicht leugnen. Ende Mai 2017 wurde ein schwerer Anschlag auf die deutsche Botschaft in Kabul verübt. Im Vorfeld hatten Geheimdienste Informationen über ein bevorstehendes Attentat erhalten. Ein Teil der Botschaft wurde deswegen geräumt, sodass kein Botschaftspersonal zu Schaden kam.[29] Insgesamt starben bei dem Anschlag 150 Menschen, über 400 wurden verletzt. Den Preis zahlt einmal mehr die afghanische Bevölkerung.

Die Bundesregierung zog nach dem Anschlag viele Kräfte aus der Botschaft ab und stoppte die Abschiebungen nach Afghanistan. Das tat sie jedoch nicht aufgrund der Erkenntnis, dass Afghanistan zu unsicher sei, sondern weil die Verwaltungsabläufe ohne die Botschaftsmitarbeiter:innen nicht funktionierten. Alle Rufe nach einem generellen Abschiebestopp verhallten, obwohl nun auch Organisationen wie die Deutsche Gesellschaft für Internationale Zusammenarbeit (GIZ) fast ihr komplettes internationales Personal aus Afghanistan abzog. Sogar die Bundespolizei versuchte zu verhindern, dass das Bundesinnenministerium wieder Beamte nach Kabul in die Botschaft schickte.[30]

Afghanistan ist 2020 das zweite Jahr in Folge Schlusslicht auf dem Global Peace Index und damit noch nach Syrien, dem Irak, Südsudan oder dem Jemen das unfriedlichste Land der Welt.[31] Es ist völlig unklar, ob die begonnenen Friedensgespräche im Land erfolgreich sein werden. Die immer stärker werdenden Gefechte und der eilige internationale Truppenabzug lassen daran Zweifel aufkommen. Und es ist noch unklarer, ob im Falle eines Friedensvertrags die hart erkämpften Freiheiten – zum Beispiel für Frauen und Mädchen – weiter bestehen werden. Afghanistan droht weiter im Krieg zu versinken. Der Herbst 2020 war der blutigste seit Beginn der Aufzeichnungen.[32]

2021 hat sich die Lage noch mal verschlechtert, die humanitäre Krise hat ein Rekordhoch erreicht. 865 000 Menschen ohne Papiere wurden 2020 aus dem Iran und Pakistan nach Afghanistan zurückgeschickt oder sind zurückgekehrt, 400 000 Menschen wurden im Jahr der Pandemie intern vertrieben. Über 16 Millionen Menschen sind von akuter Ernährungsunsicherheit betroffen, 18,4 Millionen sind Anfang 2021 auf humanitäre Hilfe angewiesen, Anfang 2020 waren es noch 9,4 Millionen. Erschreckende Zahlen, die der Afghanistan-Experte Thomas Ruttig auf seinem Blog aus dem Bericht der Vereinten Nationen zusammenfasst.[33] Doch ich kann es nicht oft genug sagen: um die Lage in Afghanistan geht es nicht. Im Februar 2021, während die Vereinten Nationen ihren Jahresbericht zur verschlimmerten Lage in Afghanistan verfassen, unterschreiben die europäischen Staaten, darunter auch Deutschland, ein weiteres Rückführungsabkommen mit Afghanistan. Im Koalitionsvertrag der Großen Koalition von 2018 steht «Wir wollen Fluchtursachen bekämpfen, nicht die Flüchtlinge». 500 Menschen will man nun monatlich nach Afghanistan zurückschicken. In ein Land, für das es einen Abschiebestopp gab, als die Lage dort noch besser war als heute. Es ist eine absurde Politik.

5

Die Not auf See und die Verhinderung der Rettung

Die gefährlichste Fluchtroute der Welt ist die Fluchtroute über Nordafrika nach Italien und Malta. Über 20 000 Menschen verloren nach offiziellen Zahlen dort seit 2014 ihr Leben, wobei die Dunkelziffer wohl deutlich höher liegt – vermutlich starben mehr als doppelt so viele Menschen.[1] Trotz dieser unfassbaren humanitären Katastrophe versuchen die europäischen Regierungen zunehmend, die Seenotrettung auf dieser Fluchtroute einzuschränken oder sogar zu verhindern. Statt Konzepte zur Rettung der Flüchtenden zu entwickeln und so weitere Tragödien zu verhindern, wird eher die Schließung der Fluchtwege aus Libyen und anderen nordafrikanischen Ländern forciert. Doch werfen wir zunächst einen Blick in die Vergangenheit der Seenotrettung.

Eine kleine Geschichte der Seenotrettung

Die zivile Seenotrettung – also Seenotrettung durch nichtstaatliche Akteure – hat in Deutschland eine lange Geschichte. Seit 1865 ist für die Rettung auf hoher See die Deutsche Gesellschaft zur Rettung Schiffbrüchiger (DGzRS) verantwortlich, die als nichtstaatliche Organisation unter Aufsicht des Bundesverkehrsministeriums 60 Seenotrettungsschiffe betreibt. Außerdem verantwortet der Verein mit seinen 180 Vollzeitangestellten und 800 Ehrenamtlichen auch die Seenotrettungsleitstelle in Bremen, die für die gesamte Nord- und Ostsee zuständig ist. Obwohl die Seenotrettung in Deutschland nichtstaatlich organisiert ist, werden in den letzten Jahren immer wieder auch Stimmen aus Deutschland laut, die fordern, dass die Seenotrettung im zentralen Mittelmeer nicht von Vereinen organisiert werden soll. Sogar die FDP – bekanntermaßen sonst eher zurückhaltend, was staatliche Eingriffe angeht – bekräftigt immer wieder, dass die Seenotrettung staatliche Aufgabe sei, und bestätigt damit ihre Skepsis gegenüber zivilen Organisationen.[2]

Doch nicht nur die Rettung auf See durch die DGzRS, sondern auch die ehrenamtliche Seenotrettung auf Fluchtrouten hat eine längere Geschichte. Im Jahr 1979 versuchten 1,6 Millionen Menschen aus Vietnam über das Südchinesische Meer in seeuntauglichen Booten zu fliehen. Tausende verloren ihr Leben. Um bei dieser humanitären Katastrophe nicht tatenlos zusehen zu müssen, charterten Rupert und Christel Neudeck ein Schiff, um Menschen auf der Flucht aus Seenot zu retten. Später gründeten sie einen Verein zur Seenotrettung, der nach dem Schiff benannt wurde: Cap Anamur. Über 10 000 «Boat People» konnten mit den Missionen gerettet werden, über 35 000 wurden medizinisch versorgt.[3] Die Regierung der Bundesrepublik sagte erst nach heftigen Diskussionen zu, dass Deutschland die Aufnahme der Geretteten garantieren würde.[4]

Die Mission des Vereins Cap Anamur Deutsche Not-Ärzte ging weiter. Im Jahr 2004 rettete ein Schiff der Organisation 37 Menschen aus Seenot. Inzwischen war die Organisation auf der Fluchtroute von Libyen nach Europa im Einsatz. Nach der Rettung war der nächste sichere Hafen der italienische Porto Empedocle auf Sizilien. Doch die Einfahrt wurde dem Schiff unter Androhung militärischer Gewalt verboten.[5] Zwölf Tage lang harrte das Schiff mit den Geretteten aus – auf See ein unendlich langer Zeitraum, wie ich später auf einem schaukelnden Seenotrettungsschiff selbst feststellen sollte. Als sich die Lage auf der Cap Anamur zuspitzte, entschied sich der Kapitän des Schiffes, Stefan Schmidt, dazu, die Warnung zu ignorieren und Porto Empedocle als Nothafen anzulaufen. Wenn das Schiff selbst oder die Menschen an Bord in Gefahr sind, darf der Kapitän ohne Genehmigung einen Hafen anlaufen. Trotzdem wurde Schmidt gemeinsam mit seinem Ersten Offizier und dem Vorsitzenden des Cap-Anamur-Vereins fünf Tage inhaftiert. In einem langjährigen Verfahren wurden alle drei wegen Verdachts auf Schlepperei angeklagt und erst 2009 freigesprochen.[6] Trotz des Freispruchs sendete der gesamte Vorgang ein klares Signal: Wer Flüchtende aus Seenot rettet, sollte sich nicht sicher sein, das Richtige zu tun. Dieses Signal sollte in Zukunft noch öfter gesendet werden.

Bis zum Arabischen Frühling im Jahr 2011 spielte die Fluchtroute über das zentrale Mittelmeer nur eine untergeordnete Rolle. Der libysche Diktator Gaddafi wurde trotz massiver Menschenrechtsverletzungen von europäischen Regierungen jahrelang militärisch und politisch hofiert, damit er die Fluchtroute geschlossen hielt.[7] Gaddafi, der auch Verbindungen zum internationalen Terrorismus hielt, stellte sein Atomprogramm ein und wurde im Gegenzug mit Waffenlieferungen aus Europa belohnt. Zusätzlich versprach er, Europa vor einer «Flüchtlingswelle» zu bewahren und Menschen von der Flucht durch Libyen oder aus anderen ostafrikanischen Ländern Richtung Europa abzuhalten. Er ließ unzählige Menschen unter unwürdigen Lebensbedingungen in Lagern inhaftieren und hinderte sie so an der Flucht. Libyen war aber nicht nur Durchgangsstation, sondern auch ein Zielland für viele Menschen aus anderen Ländern, die dort bessere Verdienstaussichten hatten. Nach dem Sturz Gaddafis im Jahr 2011 verbesserte sich die Lage für Einwanderer in Libyen nicht. Im Gegenteil: Weil Schwarze Söldner für Gaddafi gekämpft hatten, wurden Schwarze Menschen pauschal und massenhaft aufgrund ihrer Hautfarbe inhaftiert.[8] Durch die schlechte Wirtschaftslage und den Bürgerkrieg gab es eine große Anzahl von Menschen in Libyen, die keine Perspektive hatten und auf Booten entkommen wollten. Ihre Fluchtversuche wurden oftmals von der italienischen Marine oder der italienischen Küstenwache gestoppt, und das libysche Militär eskortierte die Boote zurück nach Libyen.

Im Jahr 2012 entschied der Europäische Gerichtshof für Menschenrechte dann in einem wichtigen, richtungsweisenden Urteil, dass diese Praxis rechtswidrig ist. Niemand dürfe durch das Handeln europäischer Staaten Folter oder unmenschlicher Strafe ausgesetzt werden, außerdem verstoße das Zurückbringen ohne Verfahren gegen das Verbot der Kollektivausweisung, und es gebe auch keine Möglichkeit, gegen die Rückführungsentscheidung Beschwerde einzureichen. Kurzum: Europäische Schiffe durften Menschen, die sie aus Seenot im Mittelmeer retten, nicht mehr nach Libyen zurückbringen.[9] Obwohl immer mehr Menschen auf seeuntauglichen Booten vor dem Bürgerkrieg in Libyen flohen, gab es zu diesem Zeitpunkt keine Seenotrettungsmissionen.

Um den öffentlichen Blick auf die Zustände der zentralen Mittelmeerroute zu wenden, mussten sich erst einige große, tragische Schiffsunglücke ereignen.

Am 3. Oktober 2013 verunglückte ein 20 Meter langer Kutter vor der italienischen Mittelmeerinsel Lampedusa. Er war nur wenige hundert Meter von der Insel entfernt, als es zum Motorschaden kam und durch einen Unfall ein Feuer ausbrach. 545 Menschen waren an Bord, 366 von ihnen starben. Das Unglück schockierte Europa, doch wenige Tage später, am 11. Oktober, kam es zu einer weiteren Schiffskatastrophe, die zu einem öffentlichen Skandal avancierte.[10] Ungefähr eine Stunde nach Mitternacht startete ein mit mehr als 400 Menschen beladenes Fischerboot aus dem libyschen Hafen Zuwarah. Nach dem Ablegen wurde es von einem libyschen Schnellboot verfolgt und beschossen, um es zur Umkehr zu zwingen. Dabei wurden einige Passagiere verletzt und Teile des Bootes beschädigt. Aber das Fischerboot setzte die Flucht fort.

Der weitere Verlauf wurde unter anderem durch die Initiative WatchTheMed minutiös aufgearbeitet.[11] Ohne investigative Journalist:innen und die Zivilgesellschaft wäre die Wahrheit wohl nie ans Licht gekommen, und die Verantwortlichen für den Tod von schätzungsweise über 200 Menschen wären nie angeklagt worden. Hier folgt die zusammengefasste Version der Geschehnisse:

Nachdem um 10 Uhr morgens einige Passagiere bemerken, dass viel Wasser in das Boot eindringt, wird verzweifelt jemand gesucht, der Englisch spricht und die italienische Seenotrettungsleitstelle anrufen kann. Mohanad Jammo, ein syrischer Arzt, meldet sich und ruft nach eigenen Angaben um 11 Uhr die italienische Nummer an. Eine Frau nahm den Anruf entgegen und fragte nach der genauen Position. Jammo gab ihr die Koordinaten und flehte sie an: «Bitte, wir sind auf einem Boot mitten auf dem Meer, wir sind alle Syrer, viele von uns sind Ärzte, wir sind in einer gefährlichen Situation, das Boot wird untergehen, weil das Wasser hereinkommt. Wir gehen dem Tod entgegen, es sind mehr als hundert Kinder bei uns. Bitte, bitte, helfen Sie uns, bitte.» Die Seenotrettungsleitstelle, das MRCC (Maritime Rescue Coordination Centre) Rom, bestätigte den ersten Anruf nie, wohl aber den zweiten Anruf um 12:26 Uhr und den dritten um 12:39 Uhr. Der letzte Anruf erfolgte um 12:56 Uhr. Mohanad Jammo erinnerte sich an die Anrufe folgendermaßen: «Ich rief sie zurück, sie sagte: ‹OK, OK, OK.› Ich verstand, dass sie zu uns kommen würden.» Als nichts passierte, rief er erneut an: «Die Frau stellte mich in die Warteschleife, und ein Mann nahm den Hörer ab. Er sagte: ‹Hören Sie, Sie befinden sich in einem Gebiet, das den maltesischen Streitkräften gehört, nicht uns. Sie müssen die maltesische Marine anrufen.› Ich flehte ihn an: ‹Bitte, wir liegen im Sterben!› Er antwortete: ‹Bitte rufen Sie jetzt die maltesischen Streitkräfte an. Ich gebe Ihnen die Nummer. 00356...›»

MRCC Rom hat der italienischen Zeitschrift Espresso bestätigt, dass den maltesischen Streitkräften um 13:00 Uhr, also mindestens eine halbe Stunde nach dem ersten Notruf, die Koordination der Rettung übertragen wurde, weil sich das Boot in der maltesischen Seenotrettungszone befände. Um 13:34 Uhr sendet das MRCC eine Nachricht an alle Schiffe im Mittelmeer: «ÖSTLICHES

MEDITERRANES MEER. SCHIFF, 250 PERSONEN AN BORD, BITTET UM HILFE IN 34-20-18N 012-42-05E. SCHIFFE IN DER UMGEBUNG WERDEN GEBETEN, SCHARF AUSSCHAU ZU HALTEN UND WENN MÖGLICH ZU HELFEN. MELDUNGEN AN MRCC ROM.» Bewegungsdaten zeigen, dass zu dieser Zeit mehrere Schiffe im Umfeld sind. Unter anderem einige Küstenwachenschiffe vor Lampedusa und Handelsschiffe, die weniger als 50 Kilometer von dem Unglücksort entfernt sind. Das italienische Schiff «ITS Libra» befindet sich beispielsweise 48 Kilometer entfernt, könnte also in unter zwei Stunden vor Ort sein. Doch keines dieser Schiffe bewegt sich nach der Notrufmeldung in Richtung der Unglücksstelle. Auch nachdem die Schiffbrüchigen zwischen 13 und 15 Uhr die Kommunikation mit Malta aufgenommen hatten, passierte nichts.

Gegen 16 Uhr setzt Dr. Jammo zu einem erneuten Hilferuf an. Ihm wird gesagt, dass die Rettung in 70 Minuten eintreffen würde. Zu dieser Zeit sind bereits beide Wasserpumpen im Schiff ausgefallen, das Wasser im Boot steigt rapide an. Jammo kontaktiert die Seenotrettungsleitstelle auf Malta erneut und bittet die Besatzung eines Aufklärungsflugzeugs, das über ihnen kreist, Rettungswesten und Rettungsinseln abzuwerfen, um das Schiff evakuieren zu können.

Gegen 17 Uhr sinkt das Schiff nach Angaben von Dr. Jammo. Einige Menschen schaffen es nicht, das Boot zu verlassen, weil sie unter Deck in kleinen Kabinen eingesperrt sind.

Laut MRCC Rom kontaktiert die maltesische Armee um 17:07 Uhr die Italiener und informiert sie über das Sinken des Schiffes. Malta fordert Unterstützung durch die Italiener an. Um 17:14 Uhr wird das italienische Marineschiff ITS Libra zum Unglücksort beordert. Das maltesische Aufklärungsflugzeug lässt Rettungswesten und eine Rettungsinsel zu Wasser. Um 17:49 Uhr laufen die italienischen Küstenwachenboote CP 301 und 302 aus Lampedusa aus, um 17:51 Uhr erreicht das maltesische Patrouillenboot P61 den Einsatzort und beginnt mit der Rettung. Gegen

18 Uhr trifft die ITS Libra vor Ort ein, außerdem steuern kurz darauf zwei große italienische Fischereischiffe Richtung Unglücksort. Kurz nach 20 Uhr kommt die italienische Küstenwache mit der CP 301 und 302 vor Ort an.

Während der Aktion retten maltesische Einsatzkräfte 147 Personen, italienische 65 Personen. 26 Leichen werden geborgen. Die genaue Anzahl der Menschen an Bord wird nie bekannt, man geht von über 200 Opfern aus, darunter 60 Kinder. Viele Leichen werden nie geborgen. Wäre die Rettung durch europäische Behörden nicht stundenlang verzögert worden, hätten diese Menschen wohl alle überleben können. Auch der UN-Menschenrechtsausschuss kommt zu dem Schluss, dass Italien die Verantwortung für den Tod der Menschen trägt und internationales Recht gebrochen hat.[12] Die juristische Aufarbeitung des Falls dauert bis heute an.

Ähnliche Fälle von verzögerten oder unterlassenen Rettungen hatte es schon vorher gegeben, wie die niederländische Abgeordnete und Jura-Professorin Tineke Strik (inzwischen ist auch sie Abgeordnete im Europaparlament) in ihrem Bericht für den Europarat darlegte.[13]

Trotz aller Empörung wurden auch danach Rettungen verzögert, unterlassen und behindert. Doch kurzfristig schien die öffentliche Bestürzung über die beiden Schiffsunglücke im Oktober 2013 zu einem politischen Umdenken zu führen. Italien richtete die Seenotrettungsmission «Mare Nostrum» ein. Durch diesen Einsatz konnten innerhalb eines Jahres Zehntausende Menschen gerettet werden. Der lebensgefährliche und unmenschliche Fluchtweg aus dem bürgerkriegsgeplagten Libyen wurde etwas sicherer, auch wenn nicht alle Unglücke verhindert werden konnten. So starben beispielsweise einen Monat vor dem Ende von Mare Nostrum bei mehreren Unglücken an einem Wochenende über 700 Menschen. 500 von ihnen sollen durch das vorsätzliche Versenken eines Bootes durch libysche Milizen ums Leben gekommen sein.[14] Trotz der anhaltenden humanitären Krise auf dem Mittelmeer wurde die Rettungsaktion Ende Oktober 2014 eingestellt.

Öffentlich wurde das Ende der Mission vor allem damit begründet, dass die anderen europäischen Staaten sich nicht an den Kosten der Mission in Höhe von ca. neun Millionen Euro beteiligen wollten. Doch im Hintergrund forderte Italien von anderen europäischen Staaten auch eine Zusage, dass die flüchtenden Menschen in Europa gerecht verteilt werden. Diese Zusagen wurden nie gemacht.[15] Es wurde der Vorwurf laut, dass die Operation dazu beitrage, dass sich die Menschen überhaupt erst auf den Weg machten.

Auch nach dem Ende von Mare Nostrum konnten sich die europäischen Staaten und die EU-Kommission nicht auf eine Seenotrettungsmission einigen, und so wurden die Mittelmeertoten vorerst mehr oder weniger schulterzuckend hingenommen. Die Frontex-Marine-Operation Triton wurde eingerichtet, doch statt sie in die Gebiete zu schicken, in denen am meisten Menschen ertranken, endete das Einsatzgebiet 30 Meilen vor der italienischen Küste. Da im Winter aufgrund der schlechten Wetterbedingungen zumeist weniger Menschen die Flucht über das Mittelmeer versuchen, wurden die Folgen der Einstellung von Mare Nostrum nicht sofort sichtbar. Das sollte sich im nächsten Frühjahr ändern. Am ersten Februarwochenende 2015 stachen mehrere Schlauchboote aus Libyen in See. Auf einem Boot mit etwa 100 Menschen erfroren 29 Menschen, bis sie kurz vor Lampedusa gerettet wurden. Auf zwei anderen Booten überlebten von etwa 220 Flüchtenden nur neun Menschen. Die Überlebenden berichteten von einem vierten Boot, das jedoch vollständig verschwunden ist, sodass man davon ausgehen muss, dass an diesem Wochenende über 300 Menschen im Mittelmeer gestorben sind.[16] Innerhalb weniger Tage Anfang April 2015 flohen mehr als 8500 Menschen aus Libyen über die zentrale Mittelmeerroute nach Europa – deutlich mehr als im Vorjahr.[17] Am 9. April ertranken vermutlich über 400 Menschen bei einem Schiffsunglück,[18] und zehn Tage später, am 19. April, kam es zu einem weiteren Unglück. Ein Fischerboot kenterte, nachdem es mit einem Frachter zusammenstieß, 28 Menschen konnten gerettet werden, und ungefähr 845 Menschen starben.[19] Allein diese Zahlen hätten Seenotrettungskritiker eigentlich nötigen müssen, ihre Theorien über den Zusammenhang von Rettungsmissionen und einem erhöhten Fluchtaufkommen kritisch zu hinterfragen. Aber der Gedanke hatte sich bereits festgesetzt.

Unter dem Eindruck des erneuten Massensterbens stieg jedoch der politische Druck, eine Seenotrettungsmission einzurichten. Außerdem wurden zunehmend Hilfsorganisationen und private Initiativen aktiv, die nicht weiter zuzuschauen konnten, wie Europa im Mittelmeer versagt: Ärzte ohne Grenzen richtete eine eigene Rettungsmission ein, und auch Initiativen wie Sea-Watch planten zivile Seenotrettungseinsätze auf dem Mittelmeer.

In den politischen Diskussionen auf europäischer Ebene wurde hingegen versucht, die Verantwortung für die lebensgefährlichen Fluchtbedingungen und die resultierenden Schiffsunglücke vor allem den libyschen Schlepperbanden anzulasten – Seenotrettungsorganisationen spielten noch keine relevante Rolle. In einer außerordentlichen Sitzung des Europäischen Rates am 23. April 2015 erklärten die Staats- und Regierungschefinnen und -chefs: «Daher haben wir beschlossen, unsere Präsenz auf See zu verstärken, gegen die Schlepper vorzugehen, irreguläre Migrationsströme zu unterbinden und die interne Solidarität und Verantwortung zu stärken. Da die instabile Lage in Libyen ein ideales Umfeld für die kriminellen Machenschaften von Schleppern schafft, werden wir alle unter Leitung der Vereinten Nationen unternommenen Bemühungen zur Wiederherstellung der Autorität der Regierung in Libyen aktiv unterstützen.»[20] Die «Wiederherstellung der Autorität der Regierung in Libyen» dient also offenbar vor allem dazu, gegen irreguläre Migration vorzugehen.

Die Fokussierung auf Schlepperbanden war ein kluger Schachzug aus Sicht der europäischen Regierungen. Denn so konnte man

Verantwortung für die vielen Toten von sich weisen. Schuld am Leid seien einzig und allein die Schlepper. Die Fluchtursachen in Libyen werden mit keinem Wort erwähnt. Natürlich sind Schlepper hauptsächlich für die lebensgefährlichen Bedingungen auf den Booten verantwortlich. Aber ohne die Schaffung sicherer Fluchtwege sind sie eben die einzige Möglichkeit, aus dem Bürgerkrieg zu fliehen.

Die beschlossene Mission der European Union Naval Force Mediterranean (Eunavfor Med) unter dem Kennnamen Sophia hatte keinen expliziten Auftrag zur Seenotrettung. Stattdessen hatte sie den Auftrag, beim Aufbau der libyschen Küstenwache zu helfen und Schleppernetzwerke zu zerstören. Durch die völkerrechtliche Verpflichtung zur Seenotrettung retteten die Schiffe der Mission zunehmend jedoch auch Menschen aus Seenot. Das war in dem Umfang eigentlich nicht beabsichtigt.

In der Öffentlichkeit war seit Herbst 2015 inzwischen ohnehin eine andere Fluchtroute ins Zentrum der Debatte gerückt: die Fluchtroute von der Türkei nach Westeuropa. Doch die Geschichte der Flucht über das Meer ist seit jeher geprägt von einer sehr unterschiedlichen Konjunktur. Monatelang denkt Europa nicht an die fortdauernde Katastrophe und stellt dann ab und zu erschrocken fest, dass wieder eine dreistellige Zahl an Menschen ertrunken ist. Eine ein- oder zweistellige Anzahl ertrunkener Geflüchteter reicht oft nicht, um den europäischen Blick auf die Tragödie zu lenken. Die meisten Unglücke sind schnell vergessen. Schwerer zu vergessen ist das Schicksal der Menschen auf den Booten, wenn man selbst auf Seenotrettungsmissionen war und mit eigenen Augen gesehen hat, was an Europas Grenzen passiert.

Die Krise als Alltag – Seenotrettung auf dem Mittelmeer

Es ist irgendwann im April 2017, als mich mein Freund Gorden Isler anruft. Es sei ein Platz auf dem Seenotrettungsschiff Sea-Eye frei, ich könnte im Mai und Juni zwei Missionen mitfahren. Ich überlegte nicht lange und sagte zu. Bislang hatte ich die Situation auf dem zentralen Mittelmeer zwar aufmerksam verfolgt, doch ich wollte in meinen Fotovorträgen von dieser Fluchtroute aus erster Hand berichten können und hatte mir schon lange vorgenommen, bei den Seenotrettungseinsätzen zu helfen.

Zu dieser Zeit operieren mehrere zivile Organisationen wie Jugend Rettet, Sea-Watch und auch Sea-Eye von Malta aus. Auf Malta angekommen, lernte ich unsere Crew kennen, und wir übernahmen das Schiff von der letzten Besatzung. Das Schiff, die Sea-Eye, ist ein 26 Meter langer Kahn, der schon 60 Jahre auf dem Buckel hat und in der DDR als Fischereischiff genutzt wurde. Die Sea-Eye wurde 2015 leicht umgebaut, um für den Einsatz zumindest halbwegs gerüstet zu sein. Ein Schnellboot war an Bord, genügend Schwimmwesten und einige Rettungsinseln, um im Notfall Menschen darauf stabilisieren zu können. (Siehe Foto 33 im Bildteil.) Außerdem gab es ein kleines Bordhospital, um medizinische Notfälle betreuen zu können. Der Maschinist an Bord – auf Namen verzichte ich an dieser Stelle – ist das einzige Crewmitglied, das bezahlt wird. Er kannte das Schiff in- und auswendig, war damit schon zu DDR-Zeiten gefahren und hatte zu ihm wohl eine engere Beziehung als zu dem humanitären Anliegen, für das das Schiff nun eingesetzt wurde.

Ich kannte mich nicht wirklich mit der alten Technik aus, merkte aber schnell, dass auf dem Schiff immer etwas zu tun war. Wenn man an der einen Seite mit der Arbeit fertig war, gab es an einer anderen Ecke schon wieder eine neue Aufgabe. Putzen, Rost abklopfen oder irgendetwas reparieren, das mal wieder kaputtgegangen war. Das Schiff war eine Dauerbaustelle, aber es hatte 60 Jahre durchgehalten und so einigen Stürmen getrotzt. Die meisten Crewmitglieder gingen davon aus, dass es auch noch die nächsten paar Jahre ohne ernsthafte Probleme durchhalten würde.

Das Ziel der Mission war die Erste Hilfe, für den Transport von Menschen in Not war das Schiff nicht vorgesehen. Auch wenn diverse politisch rechtsorientierte Menschen in sozialen Medien zunehmend mit dem Begriff «Menschenschlepper» gegen solche zivilen Missionen hetzten – Fakt ist, dass die Seenotrettungsorganisationen mit ihren kleinen Booten so gut wie möglich zu vermeiden versuchen, dass Menschen an Bord genommen werden. Der Fokus lag und liegt auch heute noch eher darauf, Menschen in Seenot aufzuspüren, sie mit Schwimmwesten zu versorgen und medizinische Notfälle zu betreuen. Mit den Behörden arbeitete man zu dieser Zeit noch recht gut zusammen. Auch wenn einige Politiker:innen mit immer steileren Thesen zur Asylpolitik auf Stimmenfang gingen, hatte das im Sommer 2017 noch keine wirklichen Auswirkungen auf die zivilen Seenotrettungsmissionen. Obwohl es sich im sonnigen Hafenbecken auf Malta eher nach einem Mittelmeerurlaub anfühlte, wussten wir, dass es nun schon bald um Leben und Tod gehen könnte. Wir übten bestimmte Einsatzszenarien.

Zwei Tage später ging es schließlich los. Die erste Bewährungsprobe auf einer Seenotrettungsmission ist die Seekrankheit. Sobald man das schützende Hafenbecken verlassen hat, beginnt die Schaukelei. Schaukeln meint dabei nicht das leichte Wanken, das man von Booten auf Seen kennt. Je nach Wellengang stampfte und rollte die Sea-Eye so stark, dass jeder Schritt an Bord zu einer recht gefährlichen Aktion wurde. Falls man Gegenstände nicht fest verzurrt hatte, flogen sie durch die Gegend. Stehen, ohne sich festzuhalten, war auf Dauer nicht möglich. Je nach Kurs kam es sogar vor, dass die Sea-Eye bis zu 30 Grad in die eine und dann wieder in die andere Richtung rollte – über Stunden. Ich hatte Glück, und mir wurde nicht übel, aber die Hälfte der Crew fiel erstmal aus und «fütterte die Fische», wie man offenbar sagt. Von Malta aus fuhren wir ungefähr einen Tag, bis wir in internationalen Gewässern im Seenotrettungsgebiet ankamen. Wir wurden in drei Schichten à vier Stunden eingeteilt, man musste also zwei Mal am Tag Wache halten, hatte dann wieder acht Stunden Pause, wobei in der «freien» Zeit andere Aufgaben zu erledigen waren. Die Brücke musste Tag und Nacht betreut werden, man musste den Funkverkehr mithören, den Kurs anpassen und tagsüber den Horizont mit Ferngläsern absuchen. In der ersten Nachtschicht funkte uns ein Kriegsschiff an, wir sollten unseren Kurs ändern, um ihnen nicht zu nahe zu kommen. Ich bestätigte die Kursänderung, und wir umfuhren das Gebiet mit dem Kriegsschiff.

Regelmäßig gaben wir unsere Position den Seenotrettungsleitstellen in Rom und Malta durch, damit die Leitstellen wussten, wo sich das Boot befindet, und uns im Ernstfall alarmieren oder unterstützen konnten. Entgegen der oft völlig realitätsfernen Kritik an Seenotrettungsorganisationen funktionierte die Zusammenarbeit mit den Behörden und anderen Schiffen sehr gut.

Viel Schlaf gibt es an Bord auch ohne Einsätze nicht, merkte ich schon am ersten Tag. Selbst wenn man im Bett lag, musste man sich erstmal daran gewöhnen, während des Schlafens hin und her zu rutschen. Ich kam trotzdem irgendwann in den Schlaf, und als ich am nächsten Morgen aufwachte, war die See ruhig. Ich ging zur Brücke und schaute raus – überall nur Wasser. Angesichts der Tatsache, dass wir uns mitten auf dem Meer befanden, war das zwar keine sonderlich überraschende Neuigkeit, aber es fühlte sich trotzdem komisch an, auf diesem kleinen Schiff inmitten der schier endlosen Wassermassen förmlich zu verschwinden. Kein Land, kein anderes Schiff, nur wir und das Meer. Das sollte sich den Tag über nicht ändern. Einige Crewmitglieder erholten sich langsam von der Seekrankheit – nach einer gewissen Zeit hört die Übelkeit auf. Und das Wetter wurde auch besser. Wir absolvierten einige Trainings auf hoher See und hielten nach Booten in Seenot Ausschau. Das ist anspruchsvoller, als man es sich vorstellt, denn wenn man ein Boot erkennt, ist es meistens schon sehr nah. Mit etwas Training, Glück und einem guten Fernglas kann man von hohen Punkten auf dem Schiff 10 oder 15 Kilometer weit entfernte Boote sehen. Bei den flachen Booten der fliehenden Menschen ist es jedoch nicht leicht, sie zu erspähen, da sie oft hinter Wellen versteckt sind und immer nur kurz auftauchen. Doch am ersten Tag entdeckten wir nichts, und bei mir machte sich ein mulmiges Gefühl im Bauch breit, denn schließlich kann man nie sicher sein, ob man ein Boot übersehen hatte oder ob alles gut ist und niemand in Lebensgefahr auf dem Wasser unterwegs ist. Außerdem war das Seenotrettungsgebiet, also das Gebiet, in dem die meisten Unglücke zu verzeichnen waren, Zehntausende Quadratkilometer groß, und mit der Sea-Eye konnten wir nur einen kleinen Bruchteil des Gebietes überwachen.

In der Diskussion um die Seenotrettung wird oft missachtet, dass auch ohne Seenotrettungsorganisationen oder staatliche Schiffe im Mittelmeer jederzeit Dutzende Handelsschiffe unterwegs sind. Auch sie sind natürlich zur Seenotrettung verpflichtet, wenn sie auf überfüllte Boote mit Flüchtenden treffen. Doch gerade war es ruhiger auf der Fluchtroute, obwohl es schon Ende Mai war. Einige der Missionen im Frühjahr 2017 waren zwei Wochen unterwegs gewesen und hatten keinen einzigen Einsatz erlebt. Zwischenzeitlich wurde bei den Seenotrettungsorganisationen schon diskutiert, ob man die Suchgebiete verändern sollte, weil sich eventuell die Fluchtrouten geändert hätten.

Doch dass sich die Fluchtrouten nicht geändert hatten, konnten wir bereits am nächsten Tag aus unmittelbarer Nähe beobachten. Frühmorgens rief uns die Seenotrettungsleitstelle. Ein 75 Meter langer Off-shore-Versorger mit italienischer Flagge hatte mehrere Schlauchboote gesichtet, die gemeinsam aus Libyen aufgebrochen waren. Über 400 Menschen befanden sich auf den Booten, und die Seenotrettungsleitstelle bat uns, den Menschen zu helfen. Wir änderten den Kurs. Auf dem Weg entdeckten wir ein weiteres Schlauchboot. Sofort machten wir uns fertig, die Brücke meldete den Seenotfall der italienischen Seenotrettungsleitstelle MRCC Rom. Die Sea-Eye hielt ungefähr eine Meile entfernt von dem Schlauchboot, und wir ließen das Beiboot zu Wasser. Das Mutterschiff hält bei solchen Einsätzen immer einen sicheren Abstand zum Einsatzort. Denn wenn man sich den Booten der Flüchtenden mit großen Schiffen nähert, geraten die Menschen auf den Schlauchbooten manchmal in Panik und versuchen, das große Schiff schwimmend zu erreichen – selbst, wenn sie gar nicht schwimmen können. Das musste unbedingt vermieden werden. Mit dem Beiboot fuhren wir zu dem Schlauchboot, auf dem sich über 100 Menschen zusammendrängten. Nur vereinzelt hatten die Flüchtenden Schwimmwesten an, sie saßen so eng beieinander, dass man kaum mehr etwas vom Boot sah. (Siehe Foto 34 im Bildteil.) Wir meldeten der Brücke die Anzahl der Menschen an Bord und dass es einzelne Verletzte gab. Dann begannen wir Schwimmwesten zu verteilen und erklärten, wie man sie anlegt und sicher verschließt. Als alle mit Schwimmwesten ausgestattet waren, begannen wir Wasser zu verteilen. (Siehe Foto 35 im Bildteil.) Einige Menschen an Bord waren sehr geschwächt, es befanden sich auch einige schwangere Frauen an Bord. Wir erkundigten uns bei der Leitstelle in Rom, die uns erlaubte, die medizinischen Notfälle und Kleinkinder an Bord der Sea-Eye zu nehmen und dort zu versorgen. Als wir etwas mehr als ein Dutzend Menschen in Sicherheit gebracht hatten, fuhren wir zu den ein paar Kilometer entfernten weiteren Schlauchbooten. Zwei von ihnen verloren langsam, aber stetig Luft. Wir halfen auch den Menschen auf den anderen Booten mit Schwimmwesten und Wasser. Insgesamt mussten über 500 Personen versorgt werden. Mit so einem großen Einsatz hatten wir nicht gerechnet. Die Leitstelle sicherte uns bereits mittags zu, dass ein größeres Militärschiff auf dem Weg sei und innerhalb kurzer Zeit vor Ort die Menschen retten würde. Doch das Schiff kam nicht. Auf einem der Boote verlor eine Person in der prallen Sonne das Gleichgewicht und ging über Bord. In einem Dominoeffekt fielen über 20 Menschen ins Wasser, zum

Glück waren alle schon mit Schwimmwesten ausgerüstet und konnten wieder ins Boot gezogen werden. Stundenlang warteten wir auf das Militärschiff und versuchten, die Menschen auf den Schlauchbooten zu beruhigen.

Gegen 20:30 Uhr kam endlich das lang ersehnte Militärschiff. Es wurde bereits langsam dunkel. Wir halfen ihnen beim Transport der Menschen von den Schlauchbooten auf die Fregatte und transportierten auch die Frauen und Kinder von der Sea-Eye auf das Militärschiff. Dann war unser 13-stündiger Einsatz beendet, alle haben überlebt.

Für einen vergleichbaren Einsatz hatten wir anschließend nicht mehr genügend Schwimmwesten an Bord, und außerdem erlitt die Sea-Eye einen kleinen Maschinenschaden, den wir auf Malta reparieren mussten, und so fuhren wir zurück und beendeten unsere Mission bereits nach vier Tagen.

Bei einem späteren Einsatz meldete sich die Seenotrettungsleitstelle bei uns. Mehrere Boote seien zusammen in Libyen aufgebrochen und befänden sich nun in Seenot. Andere Schiffe seien bereits auf dem Weg, und wir sollten die Position ebenfalls ansteuern und bei der Rettung helfen. Wir gaben die Koordinaten ein und studierten die Seekarte. Die Position war gefährlich nah an der Grenze zu den libyschen Hoheitsgewässern, die 12 nautische Meilen vor der Küste beginnt. Das machte uns Sorgen. Zwar ist es in Absprache mit der Seenotrettungsleitstelle vollkommen in Ordnung, auch in den Hoheitsgewässern vor Libyen zu retten, schließlich geht Seenotrettung vor. Aber es war dort gefährlich. Mehrfach war es zu Kontakten mit den Milizen von der libyschen Küstenwache gekommen, die regelmäßig Rettungsorganisationen bedrohten, Warnschüsse abgaben und auch schon Seenotretter gekidnappt hatten.[21] Neuerdings wurden die Milizen auch von der Europäischen Union finanziert, bekamen bessere Ausrüstung und waren deutlich präsenter auf dem Wasser. Bei unserem Einsatz assistierten wir ein paar anderen Seenotrettungsorganisationen mit unseren Beibooten und halfen bei der Evakuierung der flüchtenden Menschen. Wie befürchtet, näherte sich ein Schnellboot aus libyscher Richtung. Drei Männer in Armeeuniformen waren auf dem Boot zu sehen, auf der Seite stand «Libyan Coastguard». Zum Glück für uns interessierten sich die Küstenwächter nicht für die Rettungsoperation, denn es war schon öfter zu gefährlichen Situationen gekommen, wenn die Milizen Rettungen behinderten oder selbst retten wollten. Das Interesse der Miliz galt an diesem Tag vor allem einer Sache: den Motoren der Boote. Sie betätigten sich als sogenannte «Engine Fisher». Die Motorenfischer sind Gruppen, die mit den Schleppern zusammenarbeiten. Sie montieren, teilweise noch bevor die Rettung abgeschlossen ist, die Motoren von den Booten ab und verkaufen sie dann für die nächsten Schleppertouren an der libyschen Küste. Manchmal versuchen sie auch, die Boote selbst auf diese Weise zu recyclen. Um dies zu verhindern, werden die Boote der Geflüchteten nach einer erfolgreichen Rettung auch zerstört.

Die libysche Küstenwache war also recht offensichtlich selbst in die Schlepperaktivitäten verwickelt. Diese Beobachtung wurde später auch von den Vereinten Nationen bestätigt, die darauf hinwiesen, dass libysche Behörden den Menschenschmuggel mitorganisierten.[22]

Als ich ein Jahr später wieder an Bord der Seefuchs war, wurden wir einmal zu einem Einsatz gerufen. 138 Menschen waren in Seenot. Doch dieses Mal kam uns kein Schiff zu Hilfe. Die Seenotrettungsleitstelle behauptete, dass im gesamten Mittelmeer kein anderes Schiff in der Lage sei, uns zu unterstützen. Dass das gelogen war, konnte uns ein Kontakt auf Lampedusa schnell bestätigen. Dort lagen mehrere geeignete Küstenwachenschiffe im Hafen. Doch auch mehrfaches Bitten in Rom half uns nicht, und so machten wir uns mit der heillos überladenen Seefuchs auf den Weg Richtung Italien. (Siehe Foto 38 im Bildteil.) Die Fahrt dauerte etwas über 48 Stunden. An Schlaf war in dieser Zeit nicht zu denken. Wir hatten zwar Overalls und mehrere tausend Flaschen Wasser an Bord, aber die Seefuchs war nicht für den Transport von so vielen Menschen über einen längeren Zeitraum ausgelegt. Wir legten allen Gästen an Bord wieder Schwimmwesten an. Das einzige Lebensmittel, das wir den erschöpften und teilweise dehydrierten Menschen an Bord anbieten konnten, war Couscous. In der kleinen Schiffsküche war der Wasserkocher im Dauerbetrieb, und wir versuchten, alle Menschen gut zu versorgen. An Bord mussten einige medizinische Notfälle behandelt und überwacht werden. Auf dem Schiff war kaum ein Zentimeter nicht mit Menschen belegt, viele waren seekrank und drohten durch den resultierenden Wasserverlust weiter zu dehydrieren. Zwischendurch kam ich mit unseren Gästen ins Gespräch. Mich interessierte vor allem, wie die Situation in Libyen war. Ein junger Mann zeigte mir seine Narben, er wurde als Sklave gehalten. Fast alle, mit denen ich auf dem Achterdeck redete, konnten mir ähnliche Narben zeigen und schlimme Geschichten erzählen. Sie berichteten von willkürlichen Erschießungen, von Sklaverei, Vergewaltigungen, Zwangsrekrutierungen und Kidnapping. Bounty, ein junger Mann aus dem Sudan, erzählte, wie er von ein paar Libyern gekidnappt worden war. Sie zwangen ihn, seine Familie anzurufen, und dann mussten sie zuhören, wie er gefoltert wurde. Sie drohten der Familie, dass er getötet werden würde, wenn sie nicht das Lösegeld von umgerechnet 8000 Euro bezahlten – im Sudan eine astronomisch hohe Summe. Die Familie entschied sich, das Haus zu verkaufen, in dem die achtköpfige Familie wohnte, um schnell an Geld zu kommen und es über einen Mittelsmann nach Libyen zu schicken. Von den zwölf Menschen, die wie er verschleppt worden waren, wurden zehn durch ihre Familien ausgelöst, zwei wurden erschossen. Grausame Geschichten, die auch von offiziellen Berichten bestätigt werden.[23]

Zwei Tage später durften wir die Menschen dann im Hafen auf Sizilien an Land lassen. Der Zielhafen wird bei der Seenotrettung im Mittelmeer stets von den italienischen Behörden festgelegt.

Beim Blick in meine Social-Media-Accounts, auf denen ich von den Einsätzen berichtete, entdeckte ich Dutzende Hasskommentare. Wir sollten die Menschen nicht nach Europa schleppen, was das für eine Rettung sei, wenn man die Menschen nicht nach Libyen zurückbringe, fragten die rechten Accounts und machten Stimmung gegen Seenotrettung und Migration.

Diese Hetzer interessierten sich nicht für geltendes Recht, nach dem man die Menschen bei der Seenotrettung in einen sicheren Hafen bringen muss. Ebenso waren sie vollkommen ignorant gegenüber der Tatsache, dass der Hafen von den italienischen Behörden und nicht von den Seenotrettungsorganisationen ausgewählt wurde. Längst hatten sich absurde Verschwörungstheorien verbreitet, dass die Seenotrettung in Wahrheit eine kriminelle Mafia sei, die mit den Schleppern zusammenarbeiten würde. Wir fuhren völlig erschöpft nach Malta zurück, legten an, und ich musste direkt auf die Sea-Watch wechseln.

Als ich im Anschluss daran auf der Sea Watch 3 mit auf eine weitere Mission fuhr, konnten wir bereits in den ersten Tagen über 200 Menschen das Leben retten. Ich merkte, wie der Druck auf die zivile Seenotrettung größer wurde. Der Ton der Behörden wurde rauer. Das Schiff wurde von diversen Polizisten inspiziert, sie suchten nach irgendwelchen Fehlern wie abgelaufenen Medikamenten. Ich hörte, wie sich einer der Inspektoren ärgerte und sagte: «Wir müssen etwas finden», nachdem er festgestellt hatte, dass das Bordhospital einwandfrei bestückt war. Bereits ein Jahr zuvor wurde die Iuventa der Seerettungsorganisation Jugend Rettet unter fadenscheinigen Gründen beschlagnahmt. Es schien so, als würden immer neue Gründe gesucht, um die Seenotrettung zu behindern. Die Ermittler fanden nichts, was ihnen einen Grund gegeben hätte, uns festzusetzen. Sie verhörten anschließend die Journalisten an Bord und versuchten, sie unter Druck zu setzen, damit sie ihr Film- und Videomaterial herausrückten. Ein klarer Verstoß gegen die Pressefreiheit.

Im Seenotrettungsgebiet hörten wir am 10. Juni über Funk, wie das Handelsschiff Leon Hermes versuchte, das US-amerikanische Kriegsschiff USNS Trenton anzufunken. Die Seenotrettungsleitstelle in Rom hatte das Handelsschiff telefonisch beauftragt, den Kontakt zwischen Leitstelle und Kriegsschiff herzustellen. In Sichtweite des Kriegsschiffes war ein Schlauchboot in Seenot geraten. Die Trenton sagte zu, sich mit der Seenotrettungsleitstelle in Verbindung zu setzen. Eine halbe Stunde später muss die Leon Hermes das Kriegsschiff erneut anfunken, denn die USNS Trenton hatte sich nicht bei der Leitstelle gemeldet. Dieses Mal wird die Brücke des Kriegsschiffes deutlicher und lässt ausrichten, dass sie andere Aufgaben zu erfüllen hätte und nicht bei der Seenotrettung helfen könne. Als das Boot Stunden später von dem Handelsschiff gerettet wird, ist eine Person an Bord bereits tot.

Zwei Tage später wurden wir auf der Sea-Watch von der USNS Trenton kontaktiert. Die US Navy hatte bereits eine Pressemitteilung herausgegeben, in der sie berichtete, dass das Kriegsschiff 41 Menschen aus Seenot gerettet hätte. Über Funk fragten sie an, ob wir die 41 Menschen übernehmen können. Wir diskutierten kurz und meldeten zurück, dass wir das gerne machen können, wenn die Seenotrettungsleitstelle in Rom uns einen sicheren Hafen zuweist, in den wir die Menschen bringen können. Die Trenton fragte, ob wir auch zwölf Leichen an Bord nehmen könnten, die sie geborgen hatten. Zwölf Leichen? Davon war in der Pressemitteilung nichts zu lesen. Auf den Fotos von der US Navy, die online zu sehen waren, war ein kollabiertes Schlauchboot zu sehen, und ich hatte mich gewundert, denn üblicherweise befinden sich über 100 Menschen auf solchen Schlauchbooten. Dass insgesamt nur 53 Personen auf dem Boot gewesen sein sollten, hielten wir für ausgeschlossen.

Die Besatzung der Trenton konnte, trotz intensiver Überzeugungsversuche und der Unterstützung der US Navy, in Italien nicht erreichen, dass uns ein Hafen zugewiesen wurde. Und so konnten wir die Menschen nicht an Bord nehmen. Ein paar Tage später übernahm ein italienisches Küstenwachenschiff die Menschen von dem Kriegsschiff.

Später sollte sich herausstellen, dass die USNS Trenton nicht nur versucht hatte, in der Pressemitteilung die 12 Leichen zu verschleiern. Überlebende berichteten, dass sie über Stunden in Seenot waren und die USNS Trenton nicht reagierte, obwohl sie in Sichtweite war. Erst nachdem das Schlauchboot völlig kollabierte und viele Menschen im Wasser um ihr Leben kämpften, entschied sich die Trenton zu retten. Insgesamt waren nicht 53 Menschen an Bord, sondern 117. Statt der zwölf Menschen starben an diesem Tag also 76 Menschen.[24]

Nach dem Ende unserer Missionszeit fuhren wir zurück nach Malta. In den sozialen Medien konnte man zunehmend nachvollziehen, wie sich die Stimmung gegen die Seenotrettung verschlechterte. Inzwischen wurde rechte Stimmungsmache auch von demokratischen Politiker:innen übernommen. Noch während wir auf dem Rückweg waren, twitterte der bayerische Ministerpräsident Markus Söder mit Blick auf das Mittelmeer: «Der Asyltourismus muss beendet werden.» Wir hatten auf der Sea-Watch nach zwei Wochen Einsatz so gar nicht das Gefühl, dass die tödliche Situation auf dem Mittelmeer irgendetwas Touristisches hatte. Doch die realitätsferne Stimmungsmache war längst zum politischen Mittel der Konservativen im Wahlkampf geworden, und die Entscheidung der CSU, den Rechtspopulisten durch Rechtspopulismus das Wasser abzugraben, schien längst getroffen. Doch nicht nur in Deutschland verschärfte sich die Rhetorik gegen die Seenotrettung.

Schon wenige Wochen nach seinem Amtsantritt im Juni 2018 verschärfte Salvini die Konfrontation in der Frage der Seenotrettung deutlich. Durch die angekündigte Hafenblockade in Italien trat der kleine Inselstaat Malta ins Zentrum der Aufmerksamkeit. Bislang war Malta vor allem die Basis der Seenotrettungsschiffe, Gerettete wurden in Italien an Land gebracht. Der kleine Inselstaat zeigte binnen weniger Tage, dass er nicht bereit war, die entstandene Lücke zu füllen und als sicherer Hafen für die Seenotrettung im Mittelmeer zu dienen.

Ein paar Tage nach unserer Mission rettete die Lifeline 234 Menschen aus zwei Booten. Auch in diesem Fall wurde von den Behörden kein Schiff geschickt, um die Geretteten zu unterstützen. Stattdessen wurden Zweifel an der Registrierung der Seenotrettungsschiffe verkündet. In einer offenbar mit den niederländischen Behörden abgesprochenen Aktion behaupteten die Niederlande und Italien nun, dass die niederländische Schiffsregistrierung eigentlich keine richtige Registrierung sei und die Flagge nicht für die Seenotrettung ausreiche. Mit einem juristischen Trick sollten die Schiffe an der Rettung von Menschenleben gehindert werden.

Als nach einer tagelangen Odyssee die Lifeline endlich im Hafen auf Malta einlaufen durfte, forderte Bundesinnenminister Seehofer öffentlich, dass das Schiff festgesetzt werden müsse und die Crew zur Rechenschaft gezogen werden solle. Warum genau er die Crew nun bestraft sehen wollte, sagte er nicht. Eine rechtsstaatliche Grundlage gab es für die Anschuldigungen nicht. Dass die Alternative zu der Rettung im Ertrinkungstod von 234 Menschen im Mittelmeer bestanden hätte, wurde ebenso wenig erwähnt.

Rettung als Verbrechen: Die Politik des Ertrinkenlassens

Die Staatsanwaltschaft auf Malta begann erst mit den Ermittlungen, nachdem die öffentlichen Forderungen nach Strafverfolgung laut wurden. Über Nacht schrieb sie ein Papier mit teilweise abwegigen Vorwürfen gegen den Kapitän der Lifeline, Claus-Peter Reisch. Darin wurde ihm beispielsweise Beihilfe zur Schlepperei vorgeworfen, obwohl die Rettung von der offiziellen Seenotrettungsleitstelle angeordnet wurde und Malta das Einlaufen in den Hafen nach der Verzögerung befohlen hatte. Da das offenbar selbst der Staatsanwaltschaft kurze Zeit später zu absurd vorkam, ging es in einer überarbeiteten Fassung nur noch um die mangelhafte Registrierung des Schiffes. So wurden nicht nur die Lifeline, sondern auch die Schiffe von Sea-Eye und Sea-Watch mit unterschiedlichen Begründungen in Malta festgesetzt. Claus-Peter Reisch wurde zwei Jahre später freigesprochen, die Lifeline während des gesamten Verfahrens jedoch im Hafen festgehalten.

Mit der Bekanntgabe, Gerettete künftig nicht mehr in Italien an Land zu lassen, kündigte die italienische Regierung auch einseitig einen Verhaltenskodex für die zivile Seenotrettung auf,[25] der erst kurze Zeit vorher etabliert worden war. Die Seenotrettungsorganisationen hatten sich an die Vereinbarung gehalten.

In den Monaten nach der Festsetzung wurden jedoch nicht nur die Sea-Watch 3, Sea-Eye und die Lifeline auf Malta festgehalten, auch bei anderen Organisationen wurden immer neue Wege gesucht, um die Schiffe zu blockieren und die Organisationen zu diffamieren. So wurde beispielsweise das Schiff Aquarius an der Seenotrettung gehindert, indem die italienische Regierung ihnen vorwarf, Teil einer Müll-Mafia zu sein, die ihre Abfälle nicht richtig entsorge. Drei Monate später entschied ein Gericht zwar, dass diese Vorwürfe haltlos waren, aber in der Zwischenzeit konnte die Aquarius nicht retten.[26]

Es wurde zunehmend schwierig, überhaupt noch zivile Seenotrettung auf dem Mittelmeer durchzuführen. Der Juni im Jahr 2018, in dem die Schiffe auf Malta festgesetzt wurden und in dem Salvini das Amt als italienischer Innenminister antrat, war mit 629 Toten der schlimmste Juni auf dem Mittelmeer seit fünf Jahren. Und das, obwohl die Zahl der Überfahrten im Vergleich zu den Vorjahren deutlich geringer war.[27]

Zu dem neuen Kurs in der Asylpolitik gehörte, neben der Weigerung, Gerettete in italienischen Häfen aufzunehmen, dass die Europäische Union libysche Milizen unterstützte. Es wurde eine eigene libysche Seenotrettungszone ausgerufen, und es kam vermehrt zu tödlichen Zwischenfällen. Italien hatte den libyschen

Milizen Patrouillenboote geschenkt, und die EU-Kommission finanzierte die sogenannte Küstenwache nun. Diese Söldner Europas sorgten aktiv dafür, dass die Flucht aus Libyen immer schwieriger wurde. Wenn die Milizen Menschen auf dem Wasser von der Flucht abhalten, bringen sie sie zurück nach Libyen. Dort werden sie dann in menschenunwürdigen Lagern eingesperrt. Bereits im Januar 2017 kam ein interner Bericht des Auswärtigen Amts an die Öffentlichkeit, bei dem von «KZ-ähnlichen Verhältnissen» in Libyen die Rede war.[28] Zuvor gab es Berichte von Übergriffen der libyschen Küstenwache auf Flüchtlingsboote, bei denen Menschen erschossen wurden.[29]

Schon im November 2017 kam es bei einem Einsatz der Sea-Watch zu dem bislang am besten dokumentierten Zwischenfall. Die libysche Küstenwache hatte die Rettung behindert und die Seenotretter:innen mit Kartoffeln beworfen.[30] 50 Menschen ertranken bei der Tragödie. Der Internationale Strafgerichtshof ermittelt seit dem Vorfall gegen die libysche Küstenwache. Die Milizen hatten nicht einmal Schwimmwesten dabei, um Menschen zu retten, obwohl sie unter diesem Vorwand von Europa finanziert werden. Bei einer Recherche des Vice-Magazins kam heraus, dass die Crew der Küstenwache unter anderem aus Fans des sogenannten Islamischen Staats besteht.[31] Die Unfähigkeit dieser Milizen, sich wirklich mit der Seenotrettung zu beschäftigen und ihre Geräte zu bedienen, konnte bei mehreren Recherchen reputabler deutscher Medienhäuser nachgewiesen werden.[32] Offenbar bedrohten sie regelmäßig Geflüchtete mit Waffengewalt, gaben Warnschüsse ab und führten sich eher auf wie Piraten und nicht wie eine staatliche Behörde.[33] Geflüchtete, die aus Angst vor Folter oder Vergewaltigung in Libyen nicht freiwillig auf die Boote der Küstenwache wollten, wurden auf dem Wasser zurückgelassen. Damit wird der Tod von Menschen billigend in Kauf genommen, wie der Fall der Geretteten Josefa zeigt, die 2018 zusammen mit anderen auf ein paar Holzplanken zurückgelassen wurde. Sie überlebte als Einzige und wurde nur durch Zufall von einem

Rettungsschiff gefunden.[34] In den Jahren 2017 und 2018 hielt die libysche Küstenwache über 30 000 Menschen davon ab, aus Libyen fliehen zu können.[35] Doch die Zusammenarbeit zwischen EU-Staaten, der EU-Kommission und den Milizen sollte noch intensiviert werden. Das EU-Parlament wurde bei den Entscheidungen bewusst nicht eingebunden. Dass es bei der Finanzierung der libyschen Küstenwache eigentlich nicht hauptsächlich um die Rettung von Menschen ging, konnte man daran sehen, dass die teuren und schnellen Patrouillenboote, auch mehrere Jahre nachdem sie in den Dienst genommen wurden, nicht einmal eine Grundausstattung wie Schwimmwesten für die Seenotrettung an Bord hatten und die Besatzungen wesentliche Grundprinzipien der Seenotrettung missachteten.[36] Und auch das Ziel, die Schlepperstrukturen aufzudecken und die Verantwortlichen dingfest zu machen, stand offenbar nicht im Vordergrund, denn Teile der libyschen Küstenwache waren ja selbst in Schlepperaktivitäten verwickelt und wurden trotzdem weiter finanziert.[37] Es ging vor allem darum, die Flucht nach Europa zu verhindern, koste es, was es wolle.

Die vielen Toten auf dem Mittelmeer thematisierte man in der Bundesregierung nur, wenn es sich nicht vermeiden ließ, also zum Beispiel nach großen Unglücken. Die Umstände der Politik, möglichst viele Menschen davon abzuhalten, in Europa Asylanträge zu stellen, sollen kein Aufsehen und keine öffentliche Diskussion erzeugen. Dass die Regierungspolitik eher auf gefühlte Stimmungen reagiert, als auf die Einhaltung grundlegender Menschenrechte zu drängen, lässt sich exemplarisch an Zitaten von konservativen Bundesinnenministern wie Thomas de Maizière und Horst Seehofer ablesen, die mehrfach vollkommen widersprüchliche Aussagen zur Seenotrettung im Mittelmeer tätigten. Im Februar 2014 hob Innenminister de Maizière noch den «wertvollen Beitrag» des Grenzschutzes zur Seenotrettung hervor.[38] Im Oktober befürwortete der damalige Innenminister dann den

Stopp der italienischen Seenotrettungsmission: «Mare Nostrum war als Nothilfe gedacht und hat sich als Brücke nach Europa erwiesen.» Im Januar 2015 bezeichnete er die Seenotrettungsmission gar als «Beihilfe zum Schlepperwesen» und brachte damit zumindest rhetorisch die Seenotrettung auch in die Nähe von kriminellen Machenschaften. Als der politische Druck Anfang 2015 nach tragischen und öffentlichkeitswirksamen Bootsunglücken immer weiter steigt und klar wird, dass die Zahlen der Menschen, die ablegen, trotz der Einstellung von Mare Nostrum nicht geringer werden, sagt de Maizière bei einem EU-Sondergipfel: «Die Seenotrettung muss erheblich verbessert werden, sie muss schnell organisiert und europäisch finanziert werden.»[39] Doch wer glaubte, dass diese Erkenntnis von Dauer sein würde, täuschte sich. Bereits ein Jahr später, die Eunavfor-Med-Mission Sophia ist bereits eingerichtet, erhebt der italienische Staatsanwalt Carmelo Zuccaro schwere Anschuldigungen gegen Hilfsorganisationen. Er behauptete, Beweise dafür zu haben, dass Rettungsschiffe durch Schlepper finanziert seien, dass sie ihre Position verschleiern und Lichtsignale an die Schlepper geben würden, um sie zur Abfahrt zu motivieren. Manche Organisationen würden gezielt Menschen nach Italien bringen, um die italienische Wirtschaft zu schwächen. Zwei Jahre später musste er einräumen, dass das eher eine Arbeitshypothese sei und es keine Belege dafür gebe.[40] Doch die Anschuldigungen stießen in Medien auf fruchtbaren Boden und wurden in ganz Europa aufgenommen. Auch vom Bundesinnenminister Thomas de Maizière, der nach zwischenzeitlicher Unterstützung der Seenotrettung im Bundestagswahljahr wieder in die Stimmungsmache gegen die Seenotrettung einstieg. Ebenfalls ohne Beweise vorzulegen, bezog er sich auf die italienischen Quellen, die später als Fake News enttarnt wurden, und kritisierte die scheinbar kriminellen Machenschaften bei der Seenotrettung.[41]

Sein Nachfolger Horst Seehofer setzte den wirren Kurs zur Seenotrettung fort, indem er 2018 willkürlich das Festsetzen von Seenotrettungsschiffen forderte und in der Migration eigentlich «die Mutter aller Probleme» sah. Im Sommer 2019 kam es erneut zu einer breiten Diskussion über die Seenotrettung, zu der die Sea-Watch-Mission von Carola Rackete beitrug. Angesichts der erheblichen öffentlichen Solidarisierung mit den Seerettungsorganisationen änderten die Unionsparteien und das Bundesinnenministerium wieder ihre Meinung. Seehofer erklärte: «Es ist unglaublich, dass man sich als Bundesinnenminister für die Rettung von Menschen vor dem Ertrinken rechtfertigen muss.» Plötzlich setzte er sich für einen Verteilmechanismus von aus Seenot Geretteten ein.

Auch im Europawahlkampf 2019, in dem ich mich als Kandidat selbst für die Seenotrettung starkmachte, wurde deutlich, dass man mit der Forderung nach einer humanen Asylpolitik durchaus auch Stimmen gewinnen kann. Das wollten sich CDU und CSU natürlich nicht entgehen lassen. Ein paar Tage vor der Wahl verkündete der Spitzenkandidat der CDU, Manfred Weber, auf Twitter, dass er sich nach der Wahl für ein EU-Seenotrettungsprogramm einsetzen würde, um das Sterben auf dem Mittelmeer zu beenden. Direkt nach der Wahl löschte die CDU den Tweet wieder.[42] Im Parlament stimmte seine Fraktion dann gegen eine Seenotrettungsresolution, und etwas später änderte auch Seehofer seine Meinung zur Seenotrettung wieder und versuchte durch Tricks, Seenotrettungsschiffe festzusetzen. Doch dazu später mehr.

Auch in Österreich versuchte der Spitzenkandidat der ÖVP, Sebastian Kurz, bereits 2017, im Wahlkampf mit rechtspopulistischen Sprüchen sein Wahlergebnis zu verbessern. Zwei Monate vor der Nationalratswahl sprang er auf die Kampagne der Rechtsradikalen gegen die Seenotrettung auf. «Der NGO-Wahnsinn» müsse gestoppt werden, sagte er. Und weiter: «Es gibt NGOs, die gute Arbeit machen, aber auch viele, die Partner der Schlepper sind.» Wie er darauf kommt, den Hilfsorganisationen das vorzuwerfen, begründete er ebenso wenig, wie er Beweise für diese steile These vorlegte. Dass NGOs in der Realität mitnichten die wichtigsten

Akteure beim Aufspüren von Seenotrettungsfällen waren, schien ihn ebenfalls nicht zu interessieren.

Im Jahresbericht der italienischen Küstenwache von 2017 ist aufgeführt, welche Rolle die Seenotrettungsorganisationen im Mittelmeer spielten. Während durch Politiker wie Kurz zunehmend der Eindruck verbreitet wurde, dass die Seenotrettung vor allem durch NGOs durchgeführt werde, belegen die Zahlen das Gegenteil. 37 Prozent der Fälle meldeten sich mit einem Satellitentelefon selbst bei der Seenotrettungsleitstelle. 63 Prozent wurden von Schiffen oder Flugzeugen gesichtet. Von den 63 Prozent wurden wiederum nur 41 Prozent von Nichtregierungsorganisationen (NGOs) gefunden. Also wurde nur etwa jedes vierte Boot von einer NGO gesichtet, drei Viertel der Seenotrettungsfälle wurden von anderen – vor allem staatlichen – Stellen ausgelöst. Auch von den konkreten Rettungen wurde nur eine deutliche Minderheit von Hilfsorganisationen durchgeführt.

Dass die Hilfsorganisationen trotzdem zum Gegner der Rechten und ihrer Unterstützer wurden, hat verschiedene Gründe. Der Rechtspopulismus braucht ein Feindbild. Komplexe Zusammenhänge werden gezielt verkürzt, sodass eine scheinbar einfache Lösung für große Herausforderungen wie Migration in Aussicht gestellt werden kann.

Seenotrettungsorganisationen sind für diejenigen, die den Zugang zu Asylverfahren in Europa auch mit Gewalt verhindern wollen und dafür Tote in Kauf nehmen, allerdings nicht nur wegen ihrer Seenotrettungsaktivitäten ein Dorn im Auge. Es geht auch um die Tatsache, dass diese Organisationen das staatliche Verhalten im Mittelmeer vor Ort beobachten, darüber berichten und damit die schöne Idylle der europäischen Politik stören. Sie legen den Finger in die Wunde und nutzen Kontakte zu Geretteten, damit diese Klagemöglichkeiten gegen Menschenrechtsverstöße bekommen, die sonst nie verhandelt werden würden.

Berichte von dem menschenfeindlichen Umgang mit Booten in Seenot sind unangenehm, schließlich ist eine solche Politik in der europäischen Öffentlichkeit, wo man sich in Reden für Menschenrechte starkmacht, schwer zu vermitteln. Deswegen muss die Glaubwürdigkeit der Organisationen untergraben werden. Ihnen kriminelle Machenschaften vorzuwerfen und ein wirtschaftliches Interesse an den Rettungen zu unterstellen passt dabei gut ins Bild. Um Seenotrettung oder Menschenleben – das muss man leider so hart sagen – ging es bei der Politik im zentralen Mittelmeer in den Chefetagen europäischer Regierungen zu dieser Zeit nicht mehr. Es ging darum, der gefühlten öffentlichen Stimmung in Europa zu entsprechen und die eigene Schuld am Massensterben im Mittelmeer zu verschleiern. Doch auch in anderen Themen entschieden sich Regierungspolitiker wie Sebastian Kurz, auf eine gefühlte öffentliche Stimmung zu reagieren, statt konkrete Herausforderungen zu bewältigen.

Besonders anschaulich wurde das in der Diskussion um den «Globalen Pakt für Migration». In diesem Dokument wollte man sich mit möglichst vielen Staaten weltweit auf gemeinsame Grundsätze für Migration verständigen. Gemeinsame Grundsätze zum Umgang mit Flucht sollten in einem weiteren «Pakt für Flüchtlinge» festgelegt werden.[43] Rechtsradikale und -populisten erklärten in abenteuerlichen Argumentationen, dass mit dem Pakt eine große Verschwörung verbunden sei. Donald Trump, Viktor Orbán und auch Sebastian Kurz schlossen sich der rechten Verschwörungstheorie an. Trump erklärte beispielsweise, dass in diesem Pakt Migration und Asyl vermischt werden würden. Dass das eine falsche Behauptung ist, kann man eigentlich schon in der Präambel lesen:

> «Flüchtlinge und Migranten haben Anspruch auf dieselben allgemeinen Menschenrechte und Grundfreiheiten, die stets geachtet, geschützt und gewährleistet werden müssen. Dennoch handelt es sich bei ihnen um verschiedene Gruppen, die separaten Rechtsrahmen unterliegen. Lediglich Flüchtlinge haben ein Anrecht auf den spezifischen internationalen Schutz, den das inter-

nationale Flüchtlingsrecht vorsieht. Der vorliegende Globale Pakt bezieht sich auf Migranten und stellt einen Kooperationsrahmen zur Migration in allen ihren Dimensionen dar.»[44]

Doch um die Realität von Migration und Flucht ging es in der öffentlichen Debatte schon länger nicht mehr.

Die rechtspopulistische Kampagne behauptete zudem, dass der Pakt Massenmigration auslösen würde und damit ein globales Recht auf Niederlassungsfreiheit im Raum stünde, das das nationale Recht aushebeln würde. Auf Twitter erklärt Kurz dazu «Wichtig ist und bleibt für uns, dass #Österreich weiterhin seine Gesetze eigenständig gestaltet. Deshalb wird Österreich den #Migrationspakt nicht unterzeichnen. Dieser entfaltet somit für Österreich auch keinerlei Wirkung.»[45] Kurz hatte inzwischen offenbar mehr Gefallen daran gefunden, sich rechter Propaganda zu öffnen, als sich der Realität zu widmen. Denn im Pakt selbst war niedergeschrieben, dass aus ihm keine neue Rechtsverbindlichkeit entsteht:

«Der Globale Pakt bekräftigt das souveräne Recht der Staaten, ihre nationale Migrationspolitik selbst zu bestimmen, sowie ihr Vorrecht, die Migration innerhalb ihres Hoheitsbereichs in Übereinstimmung mit dem Völkerrecht selbst zu regeln.»[46]

Allerdings wurde diese politische Strategie besonders von der deutschen Zivilgesellschaft nicht einfach hingenommen. Nachdem die Lifeline 2018 festgesetzt wurde, bildete sich in Deutschland eine neue Bewegung: die Seebrücke.[47]
Über die App «Matrix» organisierten sich schnell verschiedene Gruppen, die zusammen die Seebrücke ergeben. In den nächsten Wochen und Monaten bilden sich zunehmend Strukturen heraus, Ortsgruppen gründeten sich, und Demonstrationen fanden statt. Das Ziel der Bewegung: die Seenotrettung sollte ermöglicht und

die Aufnahmebereitschaft in Deutschland genutzt werden. Endlich gab es in Deutschland nach der «Willkommenskultur» im Sommer 2015 wieder eine öffentliche wahrnehmbare Bewegung, die sich für die Menschenrechte von Geflüchteten einsetzte. Bereits ein Jahr später konnten die Seebrücke und andere Organisationen erste Erfolge verbuchen. Im Sommer 2018 sprach sich infolge der Diffamierungskampagnen noch eine Mehrheit in Deutschland gegen die zivile Seenotrettung aus.[48] Ein Jahr später, im Sommer 2019, sind jedoch fast drei Viertel der Bevölkerung für eine zivile Seenotrettung.[49]

Der öffentliche Diskurs veränderte sich. Unwahrheiten und Falschdarstellungen der Rettungsgegner wurden öffentlichkeitswirksam diskutiert, und die Öffentlichkeitsarbeit der Seenotrettungsorganisationen konnte den Verschwörungstheorien der Rechtspopulisten mit Daten und Fakten begegnen. Mit teils recht absurden Argumentationen enttarnten sich die Gegner:innen der Seenotrettung immer öfter selbst, wie an einer breit geführten Debatte um die Überschrift «Oder soll man es lassen?» in einem Artikel mit dem Thema «Pro und Contra Seenotrettung» sichtbar wurde.[50] Selbst in der CSU war nach einem verkorksten Rechtsaußenwahlkampf in der Asylpolitik bei der Bayernwahl klar, dass man beim Fischen am rechten Rand wohl doch eher ein Köder für diejenigen ist, die noch weiter rechts stehen. Die AfD in Bayern plakatierte zwischenzeitlich im Wahlkampf sogar «Wir halten, was die CSU verspricht».[51]

Auch wenn die Haltung der Unionsparteien in der Asylpolitik sich nach einem verkorksten Bayernwahlkampf wieder etwas mäßigte, war das Unheil durch den praktischen und rhetorischen Rechtsruck bereits angerichtet. Die Situation auf dem Mittelmeer war schlimmer denn je. Salvini, der sich im Juli 2019 zum Geburtstag von Mussolini stolz mit dem faschistischen Diktator verglich,[52] setzte seine Lügenkampagne gegen die Seenotrettung fort. Inzwischen versuchte Salvini, sogar der eigenen Küstenwache die Einfahrt mit Geretteten in die italienischen Häfen zu verbieten.[53]

1 Eine Frau freut sich mit ihrem Mann über die erfolgreiche Überfahrt von der Türkei nach Griechenland. Griechenland, Lesbos, August 2015

2 Ein Junge zieht nach der Ankunft auf Lesbos seine Schuhe an. Griechenland, Lesbos, August 2015

3 Ein Flüchtlingsboot kommt an der Küste auf Lesbos an. Griechenland, Lesbos, August 2015

4 Zwei Urlauber sehen ein Flüchtlingsboot bei der Ankunft auf Lesbos. Griechenland, Lesbos, August 2015

5 Auf den Mauern vor dem Lager Moria auf Lesbos wurden Graffiti mit Solidaritätsbotschaften hinterlassen. Griechenland, Lesbos, August 2015

6 Ein Frontex-Team befragt einen Geflüchteten, den sie für den Fahrer eines Bootes halten. Griechenland, Lesbos, August 2015

7 Geflüchtete freuen sich nach der Ankunft auf Lesbos und spielen im Wasser. Griechenland, Lesbos, August 2015

8 Ein Vater kümmert sich kurz nach der Ankunft auf Lesbos um sein Kind, das erst vor wenigen Tagen geboren wurde. **Griechenland, Lesbos, August 2015**

9 Geflüchtete diskutieren am Busbahnhof in Thessaloniki. **Griechenland, Thessaloniki, August 2015**

10 Grenzbeamte halten Geflüchtete am Bahnhof von Gevgelija auf.
Nordmazedonien, Gevgelija, August 2015

11 Vier Kinder schlafen auf einem Feldbett am Bahnhof in Gevgelija, die Eltern schlafen auf Beton. Nordmazedonien, Gevgelija, August 2015

12 Ein Grenzsoldat steht mit einem Mitarbeiter einer Hilfsorganisation an der nordmazedonisch-griechischen Grenze. Nordmazedonien, Gevgelija, August 2015

13 Am Grenzübergang in Röszke ist ein großes provisorisches Lager entstanden. Ungarn, Röszke, September 2015

14 Humvees mit M60-Geschützen patrouillieren an der ungarischen Grenze zu Serbien, um Geflüchtete am Tag der Grenzschließung abzuhalten.
Ungarn, Röszke, September 2015

15 Geflüchtete wandern durch ein Feld an der ungarisch-serbischen Grenze. Ungarn, Röszke, September 2015

16 Ungarische Grenzsoldaten bewachen mit einem Hund den Grenzzaun zu Serbien. **Ungarn, Röszke, September 2015**

17 Ein Schlauchboot mit vielen Geflüchteten ist bei schlechtem Wetter kurz vor der Küste von Lesbos. **Griechenland, Lesbos, Oktober 2015**

18 Im Lager Moria auf Lesbos wärmt sich ein Geflüchteter in einem ausgemusterten Kühlschrank. Griechenland, Lesbos, Oktober 2015

19 Ein Flüchtlingsboot vor der Küste von Lesbos. Im Hintergrund ist die türkische Küste sichtbar. Griechenland, Lesbos, November 2015

20 Geflüchtete sitzen an der türkischen Küste und blicken in Richtung der griechischen Insel Chios. Türkei, Çeşme, Januar 2016

21 Schlepper schieben ein Boot ins Wasser, das von der Türkei Richtung Griechenland aufbricht. Türkei, Çeşme, Januar 2016

22 Schlepper bereiten ein Schlauchboot für die Überfahrt nach Griechenland vor. Türkei, Çeşme, Januar 2016

23 Im Flüchtlingslager Idomeni wird ein Kind mit einer Decke in die Luft geworfen. Griechenland, Idomeni, März 2016

24 Geflüchtete feiern und bilden eine menschliche Pyramide. Griechenland, Idomeni, März 2016

25 In Idomeni entsteht ein großes Flüchtlingslager, da die nordmazedonische Grenze geschlossen ist. Griechenland, Idomeni, März 2016

26 Die Stadt Kabul am Fuße des Hindukusch. Afghanistan, Kabul, Januar 2017

27 Ein Markt in Kabul, auf dem ein Jahr zuvor ein Selbstmordattentat verübt wurde. Afghanistan, Kabul, Dezember 2016

28 Eine Gruppe von Kindern posiert auf der Suche nach Arbeit für ein Foto.
Afghanistan, Kabul, Januar 2017

29 Kinder sammeln Müll in großen Plastiksäcken, um ihn zu verkaufen.
Afghanistan, Kabul, Dezember 2016

30 Zwei Männer rauchen am Straßenrand in Kabul Opium. Afghanistan, Kabul, Januar 2017

31 Ein Großvater bittet um Unterstützung für seinen dreijährigen Enkel, der eine Herzoperation benötigt. Afghanistan, Masar-e Sharif, Januar 2017

32 Der Eingang zur Blauen Moschee in Masar-e Sharif. Afghanistan, Masar-e Sharif, Januar 2017

33 Das Seenotrettungsschiff *Sea-Eye* auf dem zentralen Mittelmeer.
Zentrales Mittelmeer, Mai 2017

34 Auf einem überfüllten Schlauchboot sitzen Geflüchtete eng aneinandergedrängt ohne Schwimmwesten. Zentrales Mittelmeer, Mai 2017

35 Geflüchtete verteilen Wasser auf einem Schlauchboot.
Zentrales Mittelmeer, Mai 2017

36 Milizen der libyschen Küstenwache demontieren den Motor eines Flüchtlingsbootes, um ihn nach Libyen zu bringen. Zentrales Mittelmeer, Mai 2017

37 Eine Mutter wird mit ihrem Kind vom Schlauchboot zum Seenotrettungsschiff gebracht. **Zentrales Mittelmeer, Mai 2017**

38 Geflüchtete sitzen dicht gedrängt auf dem Achterdeck des Seenotrettungsschiffes *Seefuchs*. Zentrales Mittelmeer, Mai 2018

39 Das Seenotrettungsschiff *Lifeline* ist auf dem Weg ins Seenotrettungsgebiet zu seinem letzten Einsatz, bevor es beschlagnahmt wird.
Zentrales Mittelmeer, Juni 2018

40 Geflüchtete stehen in einer Schlange an, um Essen zu bekommen.
Bosnien-Herzegowina, Flüchtlingslager Vučjak, August 2019

41 Ein Mann hat Wunden an den Beinen von einem gewaltsamen Pushback durch kroatische Grenzbeamte.
Bosnien-Herzegowina, Flüchtlingslager Vučjak, August 2019

42 Das deutsche Generalkonsulat in Masar-e Sharif ist nach einem Anschlag im November 2016 völlig zerstört. Nur die Mauer davor wurde zügig wieder errichtet. Afghanistan, Kabul, Januar 2017

43 Eine Demonstration gegen den Neubau eines Internierungslagers für Geflüchtete auf Lesbos wird mit Tränengas aufgelöst. Griechenland, Lesbos, Februar 2020

Peinlich für seine Propaganda war dabei, dass inzwischen 90 Prozent der Ankünfte in Italien ohne fremde Hilfe stattfanden, viele Geflüchtete also nachweislich auch ohne Seenotrettung Italien erreichten. Doch solche Nachrichten drangen kaum zu den Anhängern von Salvini und anderen Populisten durch, zu gefestigt war inzwischen das Feindbild der «kriminellen NGOs», und zu stark entfernte sich der politische Diskurs von der Realität.

Im Jahr 2019 änderten nach zunehmendem Druck viele Handelsschiffe ihre Routen und umfuhren das Seenotrettungsgebiet im Mittelmeer.[54] Vorher war es immer wieder dazu gekommen, dass Handelsschiffe viele Tage lang mit Geretteten vor europäischen Häfen strandeten. Der drohende wirtschaftliche Schaden trug sicherlich dazu bei, dass die Handelsflotten in der Folge Abstand von der Seenotrettung nahmen.[55]

Bereits im März 2019 hatte Salvini mit dem italienischen Oberkommando dafür gesorgt, dass die EU-Mission Sophia im Mittelmeer mit ihren Schiffen nicht mehr im Seenotrettungsgebiet patrouillierte.[56] So bitter es klingt: Ein Jahr später wurde die Mission komplett eingestellt, weil Sophia im Seenotrettungsgebiet aus Sicht von EU-Regierungen zu viele Menschen in Seenot gefunden und gerettet hatte. Die Nachfolgemission «Irini» rettete in einem Jahr Einsatz im Mittelmeer keinen einzigen Menschen aus Seenot. Gezielt gefördert wurde auf dem Mittelmeer inzwischen ausschließlich die libysche Küstenwache. Dabei konnte sie auch auf Hilfe der EU-Grenzschutzagentur Frontex zurückgreifen. Während in früheren Jahren noch Schiffe im Umfeld von Seenotfällen alarmiert wurden, damit eine Rettung schnellstmöglich sichergestellt werden konnte, wurden die Informationen zu Seenotfällen durch die Luftaufklärung von Frontex nun gezielt an die libyschen Behörden weitergegeben. So wusste zunächst nur die libysche Küstenwache über Flüchtende in Not Bescheid, und eine Rettung durch europäische Schiffe wurde oft verzögert oder verhindert. Zivile Aufklärungsflugzeuge von Organisationen wie Sea-Watch, die Seenotrettungsfälle aufspüren sollten, wurden unter fadenscheinigen Vorwänden ebenso blockiert wie die Seenotrettungsschiffe.[57]

Diese Politik der Abschottung wird von Seenotrettungsgegnern häufig mit dem Argument gerechtfertigt, dass eine Schließung der Fluchtrouten über das Mittelmeer das Leben von Geflüchteten schützen würde. Doch dabei wird völlig außer Acht gelassen, dass diese Menschen ja allzu oft vor einer direkten Lebensgefahr fliehen. Wie viele Menschen genau in Libyen sterben oder misshandelt werden, ist unklar. Ein Bericht der Vereinten Nationen geht davon aus, dass 2018 und 2019 1750 Menschen zusätzlich zu denen auf dem Mittelmeer umgekommen sind.[58] Die Verhinderung von Seenotrettung führt eben nicht dazu, dass weniger Menschen fliehen, sondern dass die Wege noch gefährlicher werden und die Todesraten steigen. Das wurde immer wieder auch in Studien nachgewiesen.[59]

Nach meiner Wahl ins Europaparlament 2019 konnte ich, ausgestattet mit meinem neuen Mandat, erste politische Initiativen starten, setzte mich für eine Resolution zur Seenotrettung ein und verhandelte sie für meine Fraktion.

Eigentlich hatte die EVP-Fraktion, in der auch die CDU- und CSU-Abgeordneten sind, noch im Wahlkampf für die Seenotrettung geworben und auch in den Verhandlungsrunden Zustimmung zu der Resolution signalisiert. Doch an einem scheinbaren Detail störte man sich. Es ging um die Frage, ob Frontex-Flugzeuge im Falle einer Sichtung von Booten in Seenot alle umliegenden Schiffe informieren sollten oder nicht. Die Abgeordneten der Europäischen Volkspartei (EVP) hielten das für Beihilfe zur Schlepperei. Doch wenn Frontex nicht die Schiffe direkt, sondern nur die Seenotrettungsleitstellen informierte, wird am Ende nur die libysche Küstenwache zu den Seenotrettungsfällen geschickt. Diese Praxis hatte in der Vergangenheit mehrfach zu tödlicher unterlassener Hilfeleistung geführt. Eine «Seenotrettung», bei der statt der Rettung aus Seenot die Verhinderung von Fluchtmöglichkeiten im Vordergrund stand, war aus meiner Sicht nicht zustimmungsfähig.

Wenn es schon keine staatliche Seenotrettung gibt, sollten wenigstens die Koordinaten von Seenotrettungsfällen weitergeleitet werden, damit nichtstaatliche Organisationen und Handelsschiffe den Menschen helfen können. Das war mir besonders wichtig. Zusammen mit anderen Fraktionen stellten wir die Forderung, dass Frontex alle Schiffe informieren sollte, wenn sie Seenotrettungsfälle finden.

Doch zusammen mit rechten Fraktionen, in denen neben Parteien wie der PiS-Partei aus Polen, der AfD auch einige andere Rechtsradikale wie die italienische Lega vertreten sind, stimmte die konservative EVP-Fraktion schlussendlich gegen die Resolution. Einige Abgeordnete aus den rechten Fraktionen jubelten, nachdem das Abstimmungsergebnis verkündet wurde. In der Schlussabstimmung fehlten uns drei Stimmen für eine Mehrheit.[60] Die praktischen Auswirkungen der Resolution wären nicht sonderlich groß gewesen, aber die symbolische Wirkung war enorm. In der Entscheidung wurde deutlich, dass die EVP-Fraktion im Zweifelsfalle auch auf eine Mehrheit mit Rechtsradikalen zurückgreifen würde und das neugewählte Europaparlament in der Asylpolitik wohl auch in den nächsten Jahren keine konstruktive Mehrheit mehr sicher hat.

Die Erfahrungen der letzten Jahre zeigten aber auch, wie schnell sich die öffentliche Meinung und damit auch die Mehrheiten im Parlament ändern können. Ich wusste inzwischen, dass viele Politiker:innen ihre Meinung nicht maßgeblich aus einer inhaltlichen Überzeugung bilden, sondern vor allem darauf achten, welche Haltung in ihren Zielgruppen momentan auf Zustimmung stieß. Was aus meiner Sicht eines der grundlegenden Probleme in der parlamentarischen Demokratie ist, kann man sich auch zunutze machen, wenn man in der Öffentlichkeit überzeugender auftritt und Aufmerksamkeit auf bestimmte Probleme lenkt. Persönlich zog ich aus dieser gescheiterten Initiative den Schluss, so oft wie möglich an die europäischen Außengrenzen zu fahren, um mich und andere über die Situationen vor Ort zu informieren und meine Social-Media-Arbeit auszubauen. Denn ohne eine veränderte öffentliche Stimmung und eine Mehrheit in der Gesellschaft, die sich für eine humane Asylpolitik ausspricht, würde es auf Dauer in Europa auch keine humane Asylpolitik und keine europäische Seenotrettung im Mittelmeer geben.

6

Das Schengenspiel

Anfang August 2019 plante ich eine Reise nach Kroatien, denn ich hatte schon im Juni und Juli immer wieder Berichte von schlimmen Zuständen im Nachbarland Bosnien-Herzegowina gehört, die ich persönlich einschätzen wollte. Mit Krsto Lazarevic aus meinem Europaparlamentsteam fuhr ich in die bosnische Stadt Bihać.

Schon im März 2016 erklärte der EU-Rat die Balkanroute für geschlossen, doch eigentlich war sie das nicht. Es wurde nur immer schwieriger für die Schutzsuchenden, über diese Balkan-Route nach Zentraleuropa zu kommen, und die Routen änderten ihren Verlauf. Als 2015 und 2016 Hunderttausende Menschen über diesen Weg nach Europa kamen, wählten nur sehr wenige die Option über Bosnien-Herzegowina, die meisten flohen durch Serbien oder Ungarn. Erst durch die Errichtung von Zäunen und versperrten Wegen etablierte sich ab 2017 die Fluchtroute über Bosnien.

Für viele war Bihać eine Sackgasse, die ihre Reise unterbrach. Immer mehr Menschen kamen in der Stadt an, ohne weiterziehen zu können, weil Menschen an der kroatischen Grenze systematisch zurückgewiesen werden, ohne einen Asylantrag stellen zu dürfen. Die Stimmung in der Bevölkerung war gekippt, die meisten Menschen in Bihać hatten genug von den Geflüchteten, und die meisten Geflüchteten hatten genug von den Menschen in Bihać. Fast alle Geflüchteten befanden sich im Transit, kaum jemand hat eine Perspektive, in Bosnien-Herzegowina zu bleiben.

Wir besuchten das Flüchtlingslager Bira, das in Bihać lag und von der Internationalen Organisation für Migration betrieben wurde. Dort war Platz für etwas über 2000 Menschen. In einer großen Fabrikhalle standen Container und Zelte, es gab medizinische Versorgung und Essen, niemand musste nachts frieren. Unter diesen Umständen ging es den Menschen, die dort lebten, besser als vielen anderen Geflüchteten in Bihać. Sie lebten auf der Straße und sahen sich der ständigen Gefahr ausgesetzt, drangsaliert und vertrieben zu werden. Seit Mitte Juni 2019 hatte der Bürgermeister von Bihać als Reaktion auf die anhaltenden rechten Proteste ein Lager mitten im Nirgendwo, in Vučjak nah an der kroatischen Grenze, errichten lassen. Die Menschen wurden, teilweise gewaltsam, von der Straße in das Camp getrieben. In Bihać waren sie unerwünscht, wer keinen Platz im Lager Bira gefunden hatte, wurde aus der Stadt nach Vučjak vetrieben. Das neue Lager – wenn man es überhaupt so nennen will – wurde auf einer alten Müllkippe errichtet. In viel zu kleinen Zelten wurden viel zu viele Menschen zusammengepfercht. Das Rote Kreuz verteilte einmal täglich Lunchpakete, doch es fehlte an beinahe allen basalen Lebensnotwendigkeiten. Als wir Vučjak besuchten, gab es dort keine medizinische Versorgung. Eine Gruppe von Freiwilligen um den Deutschen Dirk Planert hatte in den letzten Wochen versucht, den Menschen zu helfen, doch nun wurde ihnen der Zutritt zum Lager verwährt. Der Grund: Sie konnten keine Arbeitserlaubnis vorweisen. Doch weil das Lager offiziell gar kein Flüchtlingslager war, konnte man eine solche Arbeitserlaubnis auch nicht beantragen. Das ist nur ein Beispiel dafür, wie die Flüchtlingshilfe in Bosnien zunehmend behindert und kriminalisiert wurde. Hier sollte eine klare Botschaft an die Geflüchteten gesendet werden: In Bosnien-Herzegowina wird euch nicht geholfen – bleibt nur so lange im Land wie unbedingt nötig.

Die Bedingungen im Lager Vučjak waren so katastrophal, dass große internationale Organisationen wie IOM und UNHCR nicht tätig werden wollten, weil das Camp auf der Müllkippe selbst mit humanitärer Hilfe keinerlei Mindeststandards erfüllen konnte. (Siehe Foto 40 im Bildteil.) Dirk Planert hat immer wieder auf die schlimmen Bedingungen aufmerksam gemacht.[1]

Im Gespräch mit einigen Geflüchteten fielen mir sofort die vielen Verletzten auf. Ich fragte einen humpelnden jungen Mann aus Pakistan, was ihm passiert sei. Seine Antwort sollte ich noch öfter zu hören bekommen: Das wäre beim «Game» passiert. Mit «Game» meinten die Geflüchteten den Versuch, nach Kroatien zu kommen. Nur mit dem nötigsten Proviant und einem Schlafsack sei er in einer kleinen Gruppe aufgebrochen, um sich über das bergige Gelände nach Kroatien durchzuschlagen. Dort seien sie von kroatischen Grenzbeamten entdeckt worden. Die Beamten hätten die Schutzsuchenden verprügelt, ihnen alles Bargeld gestohlen, ihre Mobiltelefone zerstört, ihre Kleidung verbrannt und sie anschließend wieder zurück nach Bosnien gebracht. Der Junge zeigte sein kaputtes Smartphone und stellte die Vermutung an, dass die Beamten es zerstört hatten, damit keine Beweise der Gewalt dokumentiert werden könnten. Ich war schockiert. Mit dem «Game» wurde die Rechtsstaatlichkeit in Europa zu einem Katz-und-Maus-Spiel. Berichte von illegalen Zurückweisungen durch kroatische Behörden wurden zwar bereits seit 2016 immer wieder dokumentiert,[2] und 2018 wurden der ARD heimlich aufgenommene Videos von illegalen Zurückweisungen zugespielt,[3] aber die Folgen dieser Praxis mit eigenen Augen zu sehen hatte noch eine ganz andere Intensität. (Siehe Foto 41 im Bildteil.)

Ich wurde zu anderen Verletzten geführt. Manchen klafften offene Wunden an den Beinen, einer hatte einen gebrochenen Finger. Die meisten Geflüchteten waren schon Monate oder Jahre unterwegs. Der jüngste Bewohner des Lagers, ein elfjähriger Junge, war mit seinem Vater auf der Flucht. Auch er berichtete in überraschend gutem Englisch, dass sie es schon mehrmals nach Kroatien geschafft hatten, aber dort nie Asyl beantragen durften. Immer wieder wurde er zurückgeschickt.

Nach den internationalen Regeln darf man Menschen an der

Grenze unter bestimmten Bedingungen zwar abweisen, doch für Menschen, die um Asyl bitten, gilt die Regelung nicht. Die Berichte der Menschen im Camp schockierten mich nicht nur wegen der erniedrigenden Behandlung, sondern auch, weil hier der Kern des Europäischen Asylrechts missachtet wurde: Man darf Asylsuchende erst nach einem erfolglosen Asylverfahren zurückschicken, und selbst das nur unter gewissen Voraussetzungen.

Die Situation in Bosnien-Herzegowina und Kroatien war erschreckend, und es gab nur wenig Zeit, um an der desolaten Lage etwas zu ändern. Denn schon bald würde das Wetter umschlagen, im Winter herrschten in der Region oft zweistellige Minusgrade. Im Lager Vučjak würden die Menschen der Kälte schutzlos ausgeliefert sein.

Ich traf den Bürgermeister von Bihać, Šuhret Fazlić. Er gab recht freimütig zu, dass die Situation im Lager Vučjak schlimm sei, doch genau diese katastrophalen Zustände würden zumindest dafür sorgen, dass die Öffentlichkeit aufmerksam würde. Zwar war ich auch nach Bihać gereist, weil ich diese Berichte gehört hatte – aber der Mann vor mir war doch schließlich mit verantwortlich dafür, dass es den Menschen so schlechtging. Er zeigte sich allerdings machtlos, mit den Mitteln seiner kleinen Stadt etwas an der Situation zu ändern. Er habe schon in anderen Orten nach Unterbringungsmöglichkeiten für die Menschen gesucht, aber kein anderer Bürgermeister würde Flächen für ein Flüchtlingslager zur Verfügung stellen, obwohl alle wüssten, dass der nahende Winter Todesopfer im Lager fordern würde, wenn sich nichts änderte. Das Verhalten der Behörden in Bosnien-Herzegowina war nichts anderes als die Manifestierung der Asylpolitik der Europäischen Union im Kleinen. Keiner zeigte sich bereit, Verantwortung für die Menschen zu übernehmen. Die höchste Priorität war, dass die geflüchteten Menschen bloß nicht im Land bleiben. Vor meiner Rückreise nach Deutschland gab ich der größten kroatischen Tageszeitung Vecernij List ein Interview. Ich wollte kein Blatt vor den Mund nehmen, die Eindrücke aus Bosnien-Herzegowina ungefiltert weitergeben. Ich verurteilte die Gewalt an den Grenzen, sagte im Konjunktiv, dass es nicht sein dürfe, dass sich die kroatischen Grenzbeamten wie eine kriminelle Bande verhalten, die Menschen misshandelt, bestiehlt und ihrer Grundrechte beraubt. Auf die Frage, ob Kroatien Mitglied des Schengenraums werden sollte, antwortete ich, dass ich diesen Schritt begrüßen würde, allerdings sei die Voraussetzung dafür, nämlich die Achtung der Menschenrechte an der Grenze, derzeit nicht gegeben. Das Interview wurde nie veröffentlicht. Die Redakteurin schrieb mir, dass der Chefredakteur zu viele inhaltliche Fehler im Interview sah und die Veröffentlichung verhindere. Ich schrieb dem Chefredakteur mehrfach, dass ich für alle meine Aussagen Belege schicken könnte, wenn er auf konkrete inhaltliche Mängel hinweisen würde. Ich erhielt keine Antwort.

Ich entschied mich, diesen Vorgang über die Deutsche Welle öffentlich zu machen, und löste damit einen kleinen Skandal in Kroatien aus. Später erfuhr ich von einem Journalisten, dass das kroatische Innenministerium wohl selbst bei der Zeitung angerufen habe, um die Veröffentlichung zu verhindern."

Kroatien: Schengenbeitritt trotz Grenzgewalt?

Nach meiner Reise schrieb ich mehrere Briefe an die EU-Kommission und forderte sie auf, endlich Maßnahmen zu ergreifen, um die kroatische Grenzgewalt zu beenden. Ich sprach das Thema wiederholt in Ausschüssen des Europaparlaments an und stellte parlamentarische Anfragen, doch ich erhielt nur ausweichende Antworten. Im Innenausschuss des Parlaments fragten meine Fraktion und ich die EU-Kommission immer wieder ganz direkt: «Können Sie uns sagen, ob Sie davon wissen, dass es illegale Zurückweisungen an der kroatischen Grenze gibt?» Die Antwort der EU-Kommission wurde immer wieder mit dem gleichen Satz eingeleitet: «Die Kommission ist sehr besorgt über jede mutmaßliche Misshandlung oder die Verwehrung des Rechts, Asyl zu beantragen.» Auch die Nachfrage, welche Maßnahmen die Kommission einleiten würde, um die Grenzgewalt zu verhindern, wurde nicht konkreter beantwortet. Ich wusste zwar aus Hintergrundgesprächen, dass viele EU-Funktionär:innen nicht nur persönlich besorgt waren, sondern gerne aktiv geworden wären, dennoch schien es schier unmöglich, die EU-Kommission dazu zu bewegen, aufgrund der Grenzgewalt ein Vertragsverletzungsverfahren gegen Kroatien einzuleiten, um politischen Druck aufzubauen. Dabei wollte Kroatien Mitglied des Schengenraums werden, um von den offenen EU-Binnengrenzen profitieren zu können. Die Voraussetzung dafür war, dass sie alle Artikel des Schengener Grenzkodex erfüllen, auch Artikel 4, der die Grundrechte sicherstellen soll. Es wäre ein Leichtes gewesen, Kroatien dazu zu bewegen, die Gewalt zu beenden. Wenig später wurde allerdings sehr deutlich, dass sich die Kommission der Mehrheit der europäischen Regierungen beugen würde, die vollkommen andere Ziele im Sinn hatten.

Im Oktober 2019 veröffentlichte die EU-Kommission eine Mitteilung: Aus Sicht der Kommission seien nun alle Kriterien für den Schengen-Beitritt Kroatiens erfüllt. Bei einer Begutachtung zwei Jahre zuvor war die Kommission noch zu dem Ergebnis gekommen, dass es Mängel beim Außengrenzschutz gab.[5] In einer äußerst umständlichen Formulierung ging sie angesichts der vielen Berichte über systematische Menschenrechtsverletzungen an den Grenzen folgendermaßen darauf ein:

«Nach wie vor problematisch sind der Schutz der Menschenrechte von Asylsuchenden und anderen Migranten [...] an der Grenze. Alle Maßnahmen, die Kroatien zur Kontrolle seiner Außengrenzen ergreift, müssen mit der Charta sowie den Menschenrechtsverpflichtungen der EU und der Völkergemeinschaft [...] in Einklang stehen. Kroatien hat sich verpflichtet, die Vorwürfe, wonach Migranten und Flüchtlinge an den Außengrenzen des Landes misshandelt worden sind, zu untersuchen, diese Situation genau zu beobachten und die Kommission über die erzielten Fortschritte auf dem Laufenden zu halten. Die Kommission unterstützt aktiv die kroatischen Bemühungen zur Gewährleistung der uneingeschränkten Achtung der Grundrechte an der Grenze. In diesem Zusammenhang wurde ein Teil der 6,8 Millionen Euro an Soforthilfe [...] für einen neuen Überwachungsmechanismus bereitgestellt. Diese Maßnahme soll dazu beitragen sicherzustellen, dass die Grenzkontrolltätigkeiten der kroatischen Grenzschutzbeamten in vollem Einklang mit dem EU-Recht [...] erfolgen. [...] Angesichts der von Kroatien ergriffenen Maßnahmen zum besseren Schutz der Menschenrechte, einschließlich seiner Zusage, die Vorwürfe der Misshandlung von Migranten und Flüchtlingen an den Außengrenzen zu untersuchen, kommt das Land weiterhin seiner Verpflichtung in Bezug auf den Schutz der Menschenrechte nach.»[6]

Statt die Menschenrechtsverletzungen klar zu benennen und Änderungen einzufordern, wurde Kroatien nun also zusätzliches Geld für einen Überwachungsmechanismus zur Verfügung gestellt, um sich selbst besser zu beobachten. Dass es derweil in Kroatien kein Interesse an einer Menschenrechtsbeobachtung gibt, konnte man 2019 deutlich erkennen, als sogar die staatliche Ombudsstelle bei der Menschenrechtsbeobachtung zunehmend an ihrer Arbeit gehindert wurde.[7]

Im November besuchte Bundeskanzlerin Merkel Kroatien und erteilte indirekt Absolution für das Vorgehen der dortigen Regierung. Auf die Frage, was sie zu den Menschenrechtsverletzungen zu sagen hätte, entgegnete sie: «Ehrlich gesagt: In Deutschland haben wir ja auch Erfahrungen mit Flüchtlingen und Migranten gemacht, aber aus der Perspektive eines Landes, das die Außengrenze schützen soll, sieht das natürlich noch einmal anders aus als aus der Perspektive eines Landes, das in der Mitte des Schengen-Raums liegt.»[8]

Drei Tage zuvor hatte ein kroatischer Polizist einen Geflüchteten an der Grenze mit scharfer Munition lebensgefährlich verletzt.[9] Inzwischen gab es auch immer mehr Berichte von Misshandlung und Folter. So schilderten serbische Behörden einen Fall, bei dem ein minderjähriger Afghane vor einem Pushback mit Elektroschocks misshandelt wurde.[10] Das Schweizer Bundesverwaltungsgericht hatte derweil in zwei Fällen entschieden, dass Schutzsuchende wegen der Menschenrechtsverletzungen nicht nach Kroatien zurückgeführt werden dürfen.[11]

Doch die deutsche Regierung nimmt die Gewalt nicht nur hin, sondern unterstützt Kroatien dabei sogar aktiv. Im Januar 2020 – Kroatien übernahm gerade die EU-Ratspräsidentschaft – überreicht Horst Seehofer in der kroatischen Hauptstadt Zagreb zehn Wärmebildkameras und stellt klar: «Ich habe überhaupt nichts zu kritisieren an den Sicherheitsbehörden in Kroatien.» Deutschland sendete außerdem zehn Streifenwagen und zehn Minibusse.[12] Trotz Hunderter Beweise schien die Realität an der kroatischen Grenze einfach geleugnet zu werden. Die kroatische Regierung behauptete immer wieder, die Geflüchteten würden sich selbst verletzen und NGOs würden Kroatien nur diskreditieren wollen. Eine Verschwörungstheorie, die durch die Rückendeckung auch von der deutschen Bundesregierung unterstützt wird. Dabei hatte die Präsidentin in einem Interview aus Versehen selbst schon Pushbacks, also das Zurückdrängen von Migranten von den Grenzen ihres Ziel- oder Transitlandes, zugegeben. Ihr war offensichtlich nicht bewusst, dass diese Praxis illegal ist, als sie vor laufenden Kameras mit Blick auf die Grenzpolizei sagte: «Natürlich ist ein bisschen Gewalt nötig, wenn sie Pushbacks durchführen.»[13] Auch Grenzbeamte meldeten sich bei der kroatischen Bürgerbeauftragten und erzählten anonym, dass sie Nachteile zu fürchten hätten, wenn sie die Pushbacks verweigern.[14]

Ich schrieb Horst Seehofer einen langen Brief und listete ihm die Beweise für die Menschenrechtsverletzungen an der kroatischen Grenze auf.[15] Es waren mitnichten nur kleine NGOs, die die Grenzgewalt dokumentierten. Auch Human Rights Watch[16] und Amnesty International[17] konnten seit Jahren Nachweise von Pushbacks und Folter liefern. Selbst der frühere kroatische Innenminister forderte die Regierung auf, die Pushbacks zu beenden. Der Guardian berichtete davon, dass Menschen bei solchen Aktionen die Haare abrasiert und Kreuze auf den Kopf gesprüht wurden, um sie zu markieren, und lieferte Fotos von den Misshandelten.[18] Man könnte die Liste endlos fortsetzen. Allein das «Border Violence Monitoring Network» hatte Pushbacks von über 6000 Menschen gut dokumentiert.[19]

Im Februar 2020 reiste ich mit einigen anderen Abgeordneten erneut an die kroatische Grenze. Dort traf ich den kroatischen Innenminister und den Chef der Grenzpolizei in Kroatien. Sie stritten die Anschuldigungen erneut kategorisch ab. Die Staatssekretärin Terezija Gras behauptete sogar, dass hinter den Pushback-Anschuldigungen eine Person stecke, deren Namen sie nicht nennen wolle, aber der sehr reich sei. Damit wollte sie sich vermutlich in die antisemitischen Verschwörungstheorien gegen George Soros einreihen. Bei unserem Besuch erkundigten wir uns auch im Detail nach dem Menschenrechtsbeobachtungsmechanismus, der für den Schengen-Beitritt eingerichtet werden sollte. Schnell wurde klar, dass Kroatien gar keinen neuen Mechanismus eingerichtet hatte und die bestehenden Strukturen als ausreichend betrachtete. Die Regierung behauptete, dass das Geld der Kommission für den Beobachtungsmechanismus an das UNHCR und das «Croatian Law Centre» gegeben wurde. Die beiden Organisationen bestritten aber, je Geld erhalten zu haben. Außerdem war klar, dass die Geschehnisse an der Grünen Grenze nicht überwacht werden und Menschenrechtsverletzungen weiterhin unbeobachtet stattfinden konnten.

Die irische Europaabgeordnete Clare Daly fragte nach diesem Besuch bei der Kommission nach, ob sie denn erklären könne, wie es um den Beobachtungsmechanismus an der kroatischen Grenze stehe. Die EU-Kommission antwortete auf die E-Mail und war transparenter, als man es erwarten konnte. Denn sie schickte nicht nur eine ausweichende Antwort, sondern versehentlich auch einen internen Mailverlauf. Darin war zu lesen, dass die Kommission von der kroatischen Regierung keinen ernsthaften Bericht über die Einrichtung der Menschenrechtsbeobachtung erhalten hatte. Die Beamten diskutierten, ob sie den Bericht schwärzen oder ändern sollten, weil sie sonst einen «Skandal» befürchteten.[20] Die EU-Kommission schützte also nicht die Menschenrechte, sondern die kroatische Regierung.

Der Druck stieg, und Kroatien musste etwas tun, um auf die Vorwürfe zu reagieren. Zwei Polizisten wurden verhaftet, und die Regierung behauptete, dass es sich um Einzelfälle handeln würde, denen man selbstverständlich nachgehen würde.[21] Auch die Vereinten Nationen kritisierten Kroatien inzwischen sehr deutlich.[22] In einem weiteren Fall wurde gut dokumentiert, dass 14 Afghanen und Pakistaner bei einem Pushback so schwer verletzt wurden, dass sie nicht mehr selbständig zurück zu ihrem Ausgangslager laufen konnten. Hier reagierte die EU-Kommission tatsächlich mit Kritik und forderte eine vollständige Aufklärung und einen Überwachungsmechanismus.[23] Doch es gab kein Anzeichen dafür, dass die Gewalt an der Grenze abnahm, im Gegenteil. Im Oktober zeigte der Guardian Fotos und Berichte über mehrere Fälle, in denen es zu Folter und sexualisierter Gewalt durch kroatische Beamte kam.[24] Im November veröffentlichte der SPIEGEL ein Video von Pushbacks, in denen vermummte Uniformierte Menschen mit langen Schlagstöcken über die Grenze prügeln.[25] Die kroatische Regierung behauptete auch in diesem Fall zwar, dass es sich bei den Vermummten nicht um kroatische Grenzbeamte handelte, doch durch die vermehrte Berichterstattung stand auch die EU-Kommission unter zunehmendem Druck. EU-Migrationskommissarin Johansson wurde ungewohnt deutlich: «Die kroatische Regierung muss Antworten liefern. Was hier geschieht, ist nicht akzeptabel.»[26] Das Leid der Geflüchteten an der kroatischen Grenze ging trotzdem weiter. In Bosnien wurde zwar bereits vor dem Winter 2019 das Camp Vučjak geschlossen, doch auch in dem neu eingerichteten Lager Lipa herrschten ähnlich katastrophale Bedingungen. Die IOM warnte mehrfach vor einer humanitären Katastrophe in dem Lager, da es nicht winterfest sei. Im Dezember 2020 brannte das Camp vollständig ab. Bewohner:innen hatten in den großen unbeheizten Sommerzelten bei Minusgraden ein Feuer entzündet, um nicht zu erfrieren.

Über Wochen konnten sich die bosnischen Behörden nicht auf eine Unterbringung mit Heizmöglichkeit für die plötzlich obdachlosen Menschen einigen. Das zuvor nach Protesten geschlossene Lager Bira stand inzwischen leer und bot Platz für über 2000 Menschen, doch der Bürgermeister in Bihać weigerte sich, das Lager zu reaktivieren, obwohl das Parlament die Wiedereröffnung beschloss. Die EU-Kommission forderte eine bessere Behandlung der Menschen in Bosnien und schickte zusätzliche 3,5 Millionen Euro Soforthilfe nach Bosnien. Doch beim genaueren Blick in die EU-Mittel-Vergabe fand ich heraus, dass allein die IOM noch 25 Millionen EU-Förderung übrig hatte, denn die Organisation fand ohne vorhandene Unterbringungsmöglichkeiten kaum Möglichkeiten, das Geld auszugeben.[27] Es gab keinen Mangel an Geld, es gab einen Mangel an politischem Willen, den Menschen zu helfen. Doch wie so oft wurde Geld auf ein Problem geworfen, in der Hoffnung, dass es dadurch verschwindet. Geld war da, Solidarität suchte man noch. Die EU hatte sich darauf geeinigt, auf der einen Seite eine bessere Behandlung der Menschen in Bosnien-Herzegowina zu fordern und gleichzeitig zu ignorieren, dass genau diese Menschen einige Kilometer weiter an der kroatischen Grenze misshandelt wurden. Von den über 1900 Beschwerden, die 2019 bei den kroatischen Behörden über das Verhalten der Polizei eingegangen sind, wurden nur vier Prozent als begründet anerkannt.

Doch selbst, wenn Ermittlungen eröffnet wurden, kam es nur sehr selten zu Gerichtsentscheidungen.[28] Strukturelle Schwächen und politische Einflussnahme führen also dazu, dass Fehlverhalten der Sicherheitsbehörden zumeist folgenlos bleibt. Das Ergebnis sind Menschenrechtsverletzungen an der kroatischen Grenze, die bis heute andauern.

7

Eskalation als Folge der Abschottung

Doch nicht nur an der kroatischen Außengrenze, auf dem Mittelmeer oder in der Zusammenarbeit mit Herkunftsländern wie Afghanistan hatte sich die humanitäre und rechtsstaatliche Lage seit 2015 verschlechtert. Trotz aller Bekundungen europäischer Regierungen, nicht die Geflüchteten, sondern die Fluchtursachen bekämpfen zu wollen, stieg die Zahl der weltweit Geflüchteten laut UNHCR zwischen 2015 und 2020 um rund 15 Millionen.[1] Die Zahl derjenigen, die nach Europa kamen, sank dagegen stetig.[2]

Lesbos wird zum Pulverfass

Die Entwicklung der Situation auf den griechischen Inseln zeigte sehr deutlich, dass sich nicht etwa eine rechtsstaatliche Lösung anbahnte, sondern sich stattdessen eine immer vehementere Politik der Abschottung und der Entrechtung von Schutzsuchenden in Europa verbreitete. Jedes Jahr reiste ich seit 2015 mehrfach nach Lesbos, um die Entwicklungen zu dokumentieren und von der Situation vor Ort zu berichten. Im April 2016 besuchte der Papst das Lager. Wie immer vor groß angekündigten Besuchen wurde das Lager besser hergerichtet. Die kahlen Mauern, auf denen Graffiti mit Solidaritätsbekundungen wie «You are not alone» («Ihr seid nicht allein») standen, wurden vor dem Besuch weiß überstrichen. Papst Franziskus sprach von einer «Globalisierung der Gleichgültigkeit» und mahnte: «Wir hoffen, dass die Welt diese Situationen tragischer und wirklich verzweifelter Not beachtet und in einer Weise reagiert, die unsere gemeinsamen Menschseins würdig ist.»

Solche Besuche von Prominenten aus Politik und Gesellschaft gab es immer wieder. Viele waren schockiert und lenkten die öffentliche Aufmerksamkeit auf die katastrophalen Zustände, die auf der Fluchtroute herrschten. Immer wieder sorgten sie dafür, dass die Aufmerksamkeit für kurze Momente auf das Leid der Menschen gelenkt wurde, bevor wieder der Alltag einkehrte und die Situation immer schlimmer wurde. Der EU-Türkei-Deal führte schon nach drei Monaten zu den Effekten, vor denen Kritiker:innen gewarnt hatten: Die Lager auf den Inseln waren überfüllt, die humanitäre Lage angespannt. Der Deal sorgte dafür, dass die Ankunftszahlen auf den Inseln sowie das öffentliche Interesse zurückgingen, während das Leid der Menschen auf der Flucht immer weiter anwuchs.

Der Winter kam und Tausende Menschen mussten in unbeheizten Zelten überwintern. Um nicht zu erfrieren, mussten viele Menschen in Moria Feuer in ihren Zelten machen. Im Januar 2017 erfroren mehrere Menschen, andere starben an einer Kohlenstoffmonoxidvergiftung durch die entfachten Feuer. Einer der Toten war Mustafa Mustafa aus dem syrischen Aleppo. Er hatte es eigentlich schon nach Deutschland geschafft und lebte in Wismar, war aber nach Moria zurückgekehrt, um seinen Sohn nachzuholen, der von Schleppern in einem Schlauchboot nach Griechenland transportiert worden war. Mustafas letzte WhatsApp-Nachricht war: «Es ist erniedrigend hier. Banden und die Mafia stehlen von den Inselbewohnern und in den Lagern, und die Polizei greift nicht ein. Man kann erstochen werden, und die Polizei tut nichts.»[3]

Im Jahr 2018 drängten sich mehr als 7000 Menschen in Moria, während das Lager eigentlich nur für 3000 Menschen ausgelegt war. Auch auf den anderen griechischen Inseln sah die Lage ähnlich aus.

Obwohl nach dem EU-Türkei-Deal in den Jahren 2017 und 2018 erheblich weniger Menschen die Flucht über Griechenland versuchten als in den Vorjahren, dauerten die Asylverfahren nun deutlich länger. Einige Geflüchtete mussten Jahre warten, bis das Verfahren überhaupt begann.

Nach einem weiteren Winter, in dem das Camp oder die Infrastruktur nicht erweitert wurde und Menschen in unbeheizten Zelten leben mussten, stieg die Zahl der Menschen im Jahr 2019 auf das Vierfache der Kapazität. Obwohl es zunehmend Anzeichen gab, dass diese Situation in einer Katastrophe enden könnte, wurde nichts unternommen. Forderungen nach einer Umverteilung der Menschen in die europäischen Mitgliedsstaaten folgten keine Taten. Schon seit 2016 sollte das Asylsystem in Europa reformiert werden, um eine faire Verteilung der Menschen zu ermöglichen. Doch die europäischen Mitgliedsstaaten konnten sich nicht auf eine gemeinsame Position einigen, wodurch die Verhandlungen über die Rechtsvorschriften zwischen Parlament und Rat nie begannen.

Mehrfach kam es 2019 zu Auseinandersetzungen zwischen Bewohner:innen in Moria. Neben der Perspektivlosigkeit ist auch die Straflosigkeit ein großes Problem im Lager. Menschen, die bestohlen oder angegriffen werden, konnten sich zumeist nicht an die Polizei wenden. Verbrechen blieben folgenlos, und die Opfer waren auf sich selbst gestellt, wodurch es immer öfter zu Selbstjustiz kam und sich Clanstrukturen entwickelten. Wenn man Sicherheit wollte, musste man sich einer Gruppe anschließen.

Als ich im Sommer und Herbst 2019 nach Griechenland reiste, war die neue konservative Regierung in Griechenland bereits im Amt.

Teil ihrer Agenda ist es, Asylgesetze weiter zu verschärfen und noch härter gegen die Geflüchteten aus der Türkei vorzugehen. Dabei hat sie allerlei populistische Ideen. Eine davon: einen schwimmenden Zaun im Meer aufbauen, um zu verhindern, dass Schlauchboote nach Europa kommen.[4] Nachdem der schwimmende Zaun gekauft ist, merkte die Küstenwache an, dass das Gebilde den Schleusern wohl helfen würde, denn sie könnten die Menschen einfach auf dem Zaun absetzen, und Griechenland müsste die Menschen dann retten.[5] Das Projekt wird wieder verworfen.

Auf Lesbos ist die weiße Farbe von den Mauern um Moria, die zum Papstbesuch aufgetragen wurde, inzwischen abgeblättert. Statt «You are not alone» steht nun «Welcome to prison» auf der Mauer am Eingang des Lagers. Die Stimmung in Moria hatte sich verändert. Bis zum EU-Türkei-Deal war das Lager nur eine Durchgangsstation, und statt Resignation war Hoffnung das bestimmende Gefühl der Schutzsuchenden. Doch inzwischen traf man Menschen, die schon lange in Moria feststeckten. Immer öfter blickt man in leere Augen von Personen, die seit Jahren auf der Flucht sind und keine Perspektive mehr sehen.

Die neue Regierung gab zwar vor, die Situation verbessern zu wollen, doch Athen verfolgte eine deutlich sichtbare Strategie: Ernsthafte Verbesserungen bei der Unterbringung, der medizinischen Versorgung oder der Integration wurden vermieden, damit die Geflüchteten gar nicht erst auf die Idee kamen, dauerhaft in Griechenland zu bleiben. Wenn man mit den Verantwortlichen – egal ob auf Malta, in Italien, Kroatien oder Griechenland – sprach, ging es immer auch um den «Pull-Faktor», der durch bessere Aufnahmebedingungen oder Behandlung von Schutzsuchenden entstehen würde. Wenn man Menschen besser behandeln würde, würden immer mehr kommen. Und so diente die Entwürdigung auch der Abschreckung. Und auch die vielen Hilfsorganisationen wurden in ihren Möglichkeiten so beschränkt, dass sie trotz endloser Bemühungen an den Zuständen nur oberflächlich etwas ändern konnten. Krisenerfahrene Helfer:innen begegneten mir teilweise völlig aufgelöst. Sie hätten schon in Kriegsgebieten gearbeitet, doch dort ginge es wenigstens darum, die Situation zu verbessern, aber hier gebe es diese Perspektive überhaupt nicht. Verzweiflung war nun auch bei den humanitären Organisationen greifbar. Der Präsident von Ärzte ohne Grenzen (MSF), Christos Christou, berichtete bei einem Besuch im Dezember 2019 der Tagesschau: «Wir haben Fälle von Kindern, die versucht haben, Selbstmord zu begehen. Manche Kinder haben aufgehört zu spielen. Sie haben aufgehört zu reden. Sie können nicht mehr schlafen. Denen wird in dem Lager ihre Kindheit geraubt.»[6]

Ende 2019 verkündete die griechische Regierung, dass sie neue Internierungslager auf den griechischen Inseln bauen will. Nicht nur Hilfsorganisationen schlugen angesichts dieser Pläne Alarm. Seit Januar 2020, inzwischen waren 50 000 Geflüchtete auf den griechischen Inseln, kam es immer wieder zu großen Protesten der Inselbevölkerung.[7] Im Februar wollten die Geflüchteten aus Moria selbst gegen das Lager demonstrieren. Auf dem Weg ins Stadtzentrum werden sie mit Tränengas beschossen und zurück in das Camp gedrängt.[8]

Die Situation ist angespannt, Kostas Moutzouris, Regionalgouverneur der nördlichen Ägäis, beschreibt die Lage auf Lesbos als «Pulverfass kurz vor der Explosion».[9] Und schon bald sollte das Pulverfass explodieren. Ende Februar reiste ich erneut nach Lesbos, pünktlich zum geplanten Baustart des neuen Gefängnislagers. Doch es gab enorme Proteste der Inselbevölkerung. Auf einer Demonstration bot sich ein bizarres Bild. Rechtsextreme demonstrierten neben linken Gruppen gegen den Neubau des Lagers. Mit massenhaft Tränengas wurden die Proteste niedergeschlagen.

Zwei Tage später ist das Tränengas aufgebraucht, und im Fernsehen sind Bilder von Polizisten zu sehen, die Steine auf Demonstrierende werfen und Autos demolieren. In der Nacht kommt es zu Straßenschlachten zwischen Beamten und gewalttätigen – teilweise bewaffneten – Mobs. Zwei Beamte werden angeschossen.[10] Der Bürgermeister von Lesbos warnt vor einem Bürgerkrieg, wenn die Spezialeinsatzgruppen der Polizei sich nicht zurückziehen. Die 200 Beamten fliehen anschließend überstürzt von der Insel. Die Situation ist völlig außer Kontrolle geraten. Über Jahre hatte man die Verantwortung für das europäische Asylsystem in die Türkei ausgelagert, und angesichts geringer Ankunftszahlen schien der Plan aus Sicht der europäischen Regierungen aufzugehen. Doch man hatte die Rechnung ohne die Bevölkerung an den Außengrenzen gemacht. Europa ließ Griechenland allein, und die griechische Regierung lagerte ihre Herausforderung auf die kleinen Inseln aus, die sich diese Situation nicht auf Dauer bieten ließen. Die Eskalation war auch eine Folge dieser Überforderung.

Der «Schild Europas»: Gewalt an der griechischen Grenze

Obwohl die Zahlen der nach Europa Flüchtenden von 2016 bis 2020 stetig abnahmen, hatte der türkische Präsident Erdoğan immer wieder gedroht, die Grenzen zu öffnen, wenn er keine zusätzliche Unterstützung für die Versorgung von Geflüchteten bekommt.[11] Anfang 2020 spitzte sich die Lage in der Türkei innenpolitisch zu. Durch eine Großoffensive in der syrischen Provinz Idlib waren bis zu eine Million Menschen auf der Flucht. Europäische Regierungen forderten Erdoğan mehrfach auf, diese Menschen würdig zu behandeln.

Bei einem Angriff auf einen Militärposten in Idlib am 27. Februar wurden dann mindestens 33 türkische Soldaten durch – vermutlich russische – Kampfjets getötet. Erdoğan berief eine Krisensitzung ein. In dieser Sitzung wurde eine folgenschwere Entscheidung getroffen: Die Türkei öffnete die Grenzen nach Europa.[12] Um diese Entscheidung entsprechend zu untermauern, wurden Geflüchtete in der Türkei – teilweise gewaltsam – in Bussen an die griechische Grenze transportiert. Innerhalb weniger Stunden wurde deutlich, dass die EU-Kommission und die europäischen Regierungen auf solch ein Szenario nicht vorbereitet waren. Die griechische Regierung verlor in einem erschreckenden Rausch militärischer Rhetorik völlig den Blick für die Situation. Griechenland warnte, dass es die Grenzen gegen Geflüchtete verteidigen wird, «whatever it takes» (was auch immer notwendig ist). Militärübungen, die nach der Grenzöffnung im staatlichen Fernsehen übertragen wurden, verstärkten den Eindruck, dass Griechenland sich nun im Krieg fühlte.[13]

Dieser Eindruck wird an der griechisch-türkischen Grenze bestätigt: Mit Schlagstöcken und Tränengas werden am Grenzübergang in Kastanies Geflüchtete zurückgedrängt. Auch scharfe Munition kommt zum Einsatz, und mindestens zwei Menschen werden erschossen. Ein Sprecher der griechischen Regierung reagiert auf die ersten Berichte der tödlichen Schüsse, indem er pauschal und ohne Gegenbeweise vorzulegen, behauptet, dass es sich um «Fake News» und «türkische Propaganda» handele.[14] Die Auswertung von Videos durch Expert:innen der Rechercheagentur «Forensic Architecture» lässt jedoch kaum einen Zweifel daran, dass bei diesem Einsatz Menschen erschossen wurden. Die griechischen Behörden versuchen in der Folge, türkische Soldaten für die tödlichen Schüsse verantwortlich zu machen. Doch der SPIEGEL konnte anhand von Videos und Fotos nachweisen, dass die Schüsse von griechischem Boden aus abgefeuert wurden.[15]

Noch ein paar Jahre zuvor hatte es in Deutschland Stürme der Entrüstung gegeben, als eine AfD-Politikerin auf Facebook andeutete, dass Geflüchtete notfalls auch mit Waffengewalt an den Grenzen abgehalten werden sollen. Nun wurde dieses Schreckensszenario Realität, und Politiker:innen in ganz Europa unterstützten die Gewalt. So nannte EU-Kommissionspräsidentin von der Leyen Griechenland den «Schild Europas», und CSU-Politiker Manfred Weber bezeichnete das Vorgehen an der griechischen Grenze als «Schutz vor einem türkischen Angriff».[16]

Die sofortige Reaktion durch rhetorische Eskalation und Gewalt an den Grenzen zeigte, dass nicht einmal versucht wurde, eine rechtsstaatliche Antwort auf Erdoğans Entscheidung zu finden. Die meisten, die mit einem Lächeln stolz verkündeten, wie effektiv man doch jetzt die Grenze schütze, hatten wahrscheinlich noch nie ein überfülltes Schlauchboot mit eigenen Augen gesehen. Doch nicht nur das Schicksal der Betroffenen, sondern auch europäisches und internationales Recht wurden missachtet.[17] Das Asylrecht wurde in Griechenland am 1. März komplett ausgesetzt, wodurch Schutzsuchende kein Asyl mehr beantragen konnten. Menschen, die es über die Landgrenze schafften, wurden in Schnellverfahren ohne Rechtsbeistand oder Erklärung ihrer Rechte zu mehrjährigen Haftstrafen verurteilt.[18] Viele sahen jedoch nicht einmal einen Gerichtssaal von innen und wurden in Geheimgefängnissen untergebracht. Dort wurden sie ohne Wasser oder Essen eingesperrt und anschließend ohne Verfahren nachts wieder in die Türkei zurücktransportiert, wie die New York Times in einer Recherche nachzeichnen konnte.[19]

Die Entwicklungen bezeugten die erschütternde Unfähigkeit europäischer Asylpolitik. Vier Jahre lang hatte man sich auf Erdoğan verlassen, vier Jahre lang hat man nichts getan, um auf solche Herausforderungen rechtsstaatliche Antworten zu finden.

Europa entschied sich für eine Reaktion, die Ausdruck einer jahrelang gehegten Furcht vor einem Fass ohne Boden war, vor einer «Invasion», gegen die man sich mit härtesten Mitteln schützen musste.

Die Realität sah anders aus: Trotz der breit angekündigten Grenzöffnung kamen zwar einige tausend Menschen, jedoch vor allem aus Pakistan und Afghanistan. Nur eine Handvoll der 3,5 Millionen syrischen Geflüchteten aus der Türkei kam an die Grenze. Obwohl immer wieder behauptet wurde, dass Millionen von Menschen in der Türkei auf gepackten Koffern säßen, flohen verhältnismäßig wenige von ihnen nach Europa, als die Grenze geöffnet wurde. Wie kann das sein? Die Antwort ist einfach: Es gibt diese Millionen von Menschen nicht, die nach Europa drängen und nur mit großen Mauern abgehalten werden können. Die Millionen Väter, Mütter und Kinder aus Syrien, um die es geht, sind zum überwiegenden Teil nicht mehr auf der Flucht. Sie leben in der Türkei. Sie fliehen nicht nach Europa, weil sie nicht nach Europa fliehen wollen.

Und trotzdem hatte man sich mit dem EU-Türkei-Deal von Erdoğan erpressbar gemacht und wurde nun erpresst. Er konnte sich in diesen Tagen nicht nur als mächtiger Mann inszenieren, sondern gleichzeitig auch eine Doppelmoral Europas offenlegen. In Europa, das ihn stets zur Wahrung von Menschenrechten aufgefordert hatte, ließ man nun zu, dass an den Grenzen auf Schutzsuchende geschossen wurde. In Europa, das ihn stets zur Einhaltung der Pressefreiheit gedrängt hatte, wurde die Berichterstattung von den Grenzen beschränkt. Und Europa, das stets eine menschenwürdige Behandlung der Hunderttausenden Geflüchteten aus Idlib von ihm gefordert hatte, schaffte es nun nicht einmal, 15 000 Menschen gemäß dem eigenen Recht und den eigenen Werten zu behandeln.

Während Europa in den Monaten zuvor immer wieder einen würdigen Umgang mit den Hunderttausenden Geflüchteten aus Idlib von Erdoğan gefordert hatte, zeigte sich in Griechenland nun, wie unwürdig und menschenverachtend Menschen auch von EU-Mitgliedern behandelt werden, wenn es den eigenen politischen Zielen dient.

Angesichts der dramatischen Lage überlegte ich, ob ich an die griechisch-türkische Landgrenze fahren sollte, doch ich blieb auf Lesbos, weil dort die Situation ebenfalls eskalierte. Küstenwachenboote drängten Schlauchboote in Seenot ab, statt sie zu retten, feuerten mit Waffen in das Wasser, um sie zum Umdrehen zu bewegen oder stachen mit Bootshaken auf die Schlauchboote ein, wie man auf Videos sehen konnte. Auch auf diese Beweise auf Bewegtbild reagierte die griechische Regierung wechselseitig mit der schlichten Leugnung der Realität und der Behauptung, dass die Einsätze zum Schutz der Grenze notwendig seien. Innerhalb weniger Tage wurde das Thema ins Zentrum der europäischen Berichterstattung gestellt. Die versammelte Weltpresse erlebt auf Lesbos schockierende Szenen.

Dramen auf See und rechte Schlägertrupps auf Lesbos

Am Morgen des 1. März lese ich auf Twitter von einem Boot, das sich bei der Hotline der NGO Alarm-Phone gemeldet hatte. Nach einem Motorschaden befanden sie sich noch in griechischen Gewässern – manövrierunfähig und in offensichtlicher Seenot. Ein Boot der griechischen Küstenwache soll in Sichtweite sein und seit Stunden nicht reagieren. Ich fahre mit einem Journalisten der Deutschen Welle an einen Strandabschnitt, von dem aus man das Boot sehen kann. Mit meiner Kamera fotografiere ich die kleinen Punkte auf dem Meer und sehe folgende Szenerie: ein vollkommen überfülltes und unbewegliches Schlauchboot und dahinter das griechische Küstenwachenschiff 511, ein Schiff, auf dem ich selbst zuvor bei einem Besuch schon mitgefahren war, um mir die Arbeit der Küstenwache anzuschauen.

Ich melde bei Alarm-Phone, dass ich das Boot sehen kann, und frage, was ich tun kann. Sie geben mir die Nummer der griechischen Seenotrettungsleitstelle in Athen. Ich rufe an, gebe durch, dass vor Lesbos ein Boot in Seenot ist, und nenne die Koordinaten.

Die Leitstelle erwidert zu meiner großen Verwunderung, dass in der Position kein Boot in Seenot sei. Aber ich kann das Boot ja mit eigenen Augen sehen und bleibe hartnäckig. Schließlich die lakonische Zusage, dass man das klären wolle und ich dann einen Rückruf erhalten würde. Eine halbe Stunde vergeht, niemand meldet sich. Ich rufe erneut an, frage nach. Nun wird mir auf einmal gesagt, dass das Boot in türkischen Gewässern sei und die entsprechenden Behörden bereits informiert wären. Ich antworte, dass das falsch sei, weil ich das Boot direkt vor mir habe und es sich offensichtlich in griechischen Gewässern befindet. Sie legen auf. Nun werde ich langsam ungehalten. Bei meinem nächsten Anruf mache ich deutlich, dass ich Mitglied des Europaparlaments bin und Fotos von der Situation gemacht habe, die eindeutig beweisen, dass ein griechisches Küstenwachenboot neben dem Schlauchboot ausharrt, ohne die Menschen aus der Seenot zu retten. Wenn das Boot sich nach Ansicht der Behörde also in türkischen Gewässern befände, träfe das auch auf das Küstenwachenschiff zu. Ich verweise außerdem darauf, dass es angesichts der aktuellen politischen Lage wohl ungünstig wäre, wenn ich jetzt auf der türkischen Seite anrufen müsste, um darauf hinzuweisen, dass die griechische Küstenwache illegal in türkische Gewässer eingedrungen ist. Ich lege auf, und einige Minuten später konnte ich sehen, dass ein Beiboot der griechischen Küstenwache mit dem Rettungseinsatz begann.

Noch während der Rettungseinsatz beginnt, bemerken wir, dass sich uns am Strand einige Männer nähern. Wir wussten, dass in diesen Tagen rechtsextreme Gruppen auf Lesbos unterwegs waren, die all jene mit Gewalt von Lesbos verjagen wollten, die nicht auf der Insel wohnten. Ich gehe auf sie zu, um nicht den Eindruck zu erwecken, dass wir etwas zu verbergen hätten, und versuche, den sichtlich wütenden Trupp mit Ausflüchten zu beruhigen. Ob ich von einer NGO sei, fragen sie. Ich verneine. Einige der Männer werden recht deutlich: «Wenn wir dich noch einmal auf Lesbos sehen, werden wir dich umbringen und so tief begraben, dass deine Mutter dich niemals finden wird», bekomme ich zu hören. Ein Mann aus dem Mob ruft die Polizei, und zum Glück verprügeln sie uns nicht. Als die Polizei eintrifft, erkläre ich ihnen, dass ich Europaabgeordneter bin, zeige meinen Diplomatenpass. Der Beamte steckt meinen Pass achtlos ein und fragt, ob ich Journalist bin. Nachdem er auch nach mehrmaliger Erklärung nicht verstehen will, dass er nicht einfach meinen Diplomatenpass einstecken darf, fordert er uns auf, zum Verhör mit auf die Wache zu kommen. Der wütende Mob, der uns bedroht hatte, darf einfach weiterziehen. Ich staune nur noch.

Auf dem Weg zum Polizeirevier rufe ich den Journalisten Michael Trammer an, der das Boot ebenfalls gesucht hatte, um über den Fall zu berichten. Er hatte weniger Glück und wurde von einem ähnlichen Schlägertrupp übel zugerichtet. Nun sei er auf der Flucht, und ich solle schnell die Polizei holen. Die Polizisten vor mir reagieren nicht auf mein Flehen, ihm zu helfen. Also rufe ich beim Notruf an und schildere die Situation, in der sich Michael Trammer befindet. Das Gespräch wird abrupt vonseiten des Polizeinotrufs beendet – man habe keine Kapazitäten für solch einen Einsatz. Und so bleiben auch meine folgenden Anrufe erfolglos.

Als wir schließlich im Hauptquartier der Polizei ankamen, mussten wir eine wütende Tirade des Polizeichefs über uns ergehen lassen. Mehrfach fragte ich, ob er bitte Englisch reden oder zumindest eine Übersetzung organisieren könne. Er schrie weiter. Er befahl uns auf Griechisch, nie wieder an die Strände zu gehen und die Küstenwache zu beobachten, wie mir mein Begleiter später übersetzte. Dann ließ man uns gehen. Michael Trammer war inzwischen in einem Krankenhaus angekommen, wo ihm eine klaffende Kopfwunde genäht werden musste.

Das Schlauchboot, das wir beobachtet hatten, wurde in einen kleinen griechischen Hafen geschleppt. Auf Twitter sah ich ein Video des SPIEGEL-Journalisten Giorgos Christides.[20] Verängstigte Männer, Frauen und Kinder im Schlauchboot wurden von einem

Mob im Hafen erwartet, beleidigt und am Aussteigen gehindert. Giorgos wurde, kurz nachdem er das Video gemacht hatte, verletzt, und sein Auto wurde demoliert.

Ich überlegte, ob ich Anzeige wegen Bedrohung gegen den Mob am Strand erstatten sollte. Doch mir wurde davon abgeraten, da nach Aussage der deutschen Botschaft die Gefahr bestünde, dass meine Kontaktdaten durch eine Anzeige geleakt werden könnten.

Noch am gleichen Abend des langen Tages wird das Flüchtlingslager Stage 2, das für neu ankommende Geflüchtete genutzt wurde, von einem Mob angezündet und geht in Flammen auf. Die gewalttätigen Gruppierungen haben inzwischen überall auf der Insel Straßensperren errichtet. In den folgenden Tagen kommt es immer wieder zu Hetzjagden auf Geflüchtete und Helfer:innen. Mietautos von Hilfsorganisationen werden mit Steinen beworfen, mit Eisenketten angegriffen[21] und teilweise auch angezündet. In WhatsApp-Gruppen koordinieren sich ehrenamtliche Helfer:innen und geben Meldungen über Straßensperren und rechte Checkpoints weiter. Doch selbst für krisenerfahrene Hilfsorganisationen wird die Situation zu unsicher. Manche verschanzen sich in ihren Unterkünften, andere werden abgezogen.

Ich war zum Zeitpunkt der Grenzöffnung der einzige Politiker vor Ort und stand dementsprechend im Fokus der Öffentlichkeit. In der Folge wurde ich von Drohungen und Hassnachrichten förmlich überflutet. In meinem Mailpostfach stauten sich neben vielen positiven Reaktionen auch Nachrichten von Rechtsradikalen. Teilweise Hunderte am Tag. In der Zeit auf Lesbos wurden mir allein auf Twitter über 24 000 Nachrichten geschickt, und ein relevanter Teil enthält Drohungen und Hass. In Mails stehen Nachrichten wie «Ich würde an Deiner Stelle sofort aus Griechenland ausreisen und deine Arbeit bei B/90 aufgeben. Du gottverdammter Jude bist der nächste Tote. Verzieh Dich mit Deinen ‹Helfern› aus Griechenland, bis Freitag hast Du Zeit. Lass die Bimbos im

Meer ersaufen. Wir finden dich, wir schlachten Dich. Wir sehen uns demnächst. Ists Wolfzeit.»[22]

Am 3. März 2020 dankte der griechische Premierminister Mitsotakis nicht nur der Armee für die Abwehr der Geflüchteten an der Grenze, sondern auch Zivilisten, die dabei geholfen hätten.[23] Auf die Frage, ob es denn in Ordnung sei, dass vermummte Mobs Jagd auf Geflüchtete, Hilfsorganisationen und internationale Journalist:innen machten, antwortete ein Minister: «Wir haben ein Recht zur Selbstverteidigung.» Solche Aussagen geben Rechtsradikalen die Rechtfertigung für ihre Aktionen. Die Gewalt wurde von einer europäischen Regierung nicht nur abgetan, sondern sogar mit Dank honoriert.

Derweil reisten auch deutsche Rechtsextreme nach Lesbos. In einer unangenehmen Begegnung auf der Straße vor meinem Hotel sprach mich eine Gruppe von drei Männern an und versuchte mit Small-Talk-Fragen weitere Informationen von mir zu erhalten. Einer der Männer war Robert Prost-Lepouras, der kurz zuvor noch auf den sozialen Medien drohte: «Gebt mir ein M60 mit ausreichend Munition, stellt mich an die türkische Grenze und ich schieße den gesamten menschlichen Abschaum über den Haufen. Frauen und Kinder inklusive.»[24] Ich hatte bereits vor unserem Treffen einen Strafantrag deswegen gestellt, war nun aber doch sehr überrascht, dass mir diese Person kurze Zeit später persönlich in Lesbos gegenübersteht.

In den nächsten Tagen suchte ich mir vorsichtshalber einen sicheren Ort und versteckte mich. Dazu riet mir auch die zuständige Stelle im Bundeskriminalamt, denn auf Polizeischutz konnte ich mich in Lesbos nicht verlassen. Ich nutzte die Zeit, um mit möglichst vielen Politiker:innen aus verschiedenen Parteien zu telefonieren und ihnen die Lage zu schildern.

Wie reagiert die deutsche Politik auf die Situation? Die Bundesregierung beschloss am 8. März 2020 nach zähem Ringen zwischen Union und SPD, 1500 Kinder aufzunehmen. Dabei ist dem Koalitionsausschuss wichtig, dass es entweder dringend behandlungsbedürftige Kinder mit einer schweren Erkrankung sind oder dass die Kinder jünger als 14 und unbegleitet – also ohne Eltern – unterwegs sind. Und die meisten sollen Mädchen sein.[25]

Doch der Beschluss ist nicht nur ungenügend, weil Deutschland deutlich mehr zur Entspannung der explosiven Situation auf den Inseln beitragen könnte. Er ist auch absurd, denn im Ringen um einen Kompromiss verlor die Koalition die Situation vor Ort völlig aus den Augen. Die Unionsparteien wollten offenbar Menschen aufnehmen, die auf den ersten Blick Mitleid erzeugen. Das Problem: Die Gruppe, die man aufnehmen wollte, gab es gar nicht. Zu dieser Zeit befanden sich ca. 5500 unbegleitete minderjährige Geflüchtete in Griechenland. Davon waren ungefähr 8 Prozent unter 14 Jahre alt und 7 Prozent Mädchen. Statt der 1500 unbegleiteten Mädchen unter 14, die man aufnehmen wollte, gab es in Griechenland statistisch nicht einmal 40.[26]

Eine Pandemie als Vorwand für Abschottung

Kurz nach dem Beschluss dominierte allerdings ein anderes Thema die Berichterstattung: Die Corona-Pandemie verbreitete sich immer weiter. Auch in Europa waren die Infektionszahlen stark angestiegen. Überall wurden zuerst Großveranstaltungen verboten und dann weitere Maßnahmen zur Pandemiebekämpfung erlassen. Und während ganz Europa lernte, Abstand zu halten, sich die Hände zu waschen und zu Hause zu bleiben, waren die Lager an den europäischen Außengrenzen weiterhin überfüllt. Mindestabstand oder sich die Hände waschen war dort schlicht nicht möglich, es fehlte auch an basaler medizinischer Versorgung. Mir war klar, dass sich die öffentliche Aufmerksamkeit angesichts der Pandemie nun auf absehbare Zeit nicht mehr auf die Situation an den Außengrenzen richten würde. Aber es durfte nicht sein, dass das Leid der Schutzsuchenden in Vergessenheit gerät.

Ich schrieb einen Text für eine Petition zur Evakuierung der Lager: «Dem Virus ist egal, welche Hautfarbe, Herkunft oder Religion wir haben. Unsere Antwort darauf muss Solidarität sein – auch mit Menschen auf der Flucht.» Innerhalb von zwei Tagen konnten wir über 200 bekannte Gesichter als Erstunterzeichner:innen gewinnen. Die #LeaveNoOneBehind-Kampagne entstand. Mit der Unterstützung dieser Kunstschaffenden und Influencer:innen haben wir gemeinsam mit Sea-Watch und der Seebrücke Hunderttausende Euros für gemeinnützige Organisationen gesammelt und noch mehr Unterschriften für die Petition.

Obwohl wir viel Unterstützung für unsere Forderung nach einer Evakuierung der überfüllten Lager – gerade in Corona-Zeiten – erhielten, weigerte sich die Bundesregierung, mehr Menschen nach Deutschland kommen zu lassen.

Auch das Europaparlament verlagerte die Arbeit in den digitalen Raum. Und so richtete ich mir – zugegebenermaßen etwas unkonventionell – auf Lesbos ein Homeoffice ein und erledigte meine Parlamentsarbeit von dort aus, um weiter auf die Lage vor Ort aufmerksam machen zu können. Auf der Insel wurde die Pandemie als Vorwand benutzt, um die Situation für die Geflüchteten weiter zu verschlechtern.

Anfang April 2020 wurde das Taschengeldprogramm auf Lesbos ausgesetzt, das Geflüchteten ermöglicht hatte, Essen und Hygieneartikel zu kaufen. Angeblich sei die Ansteckungsgefahr zu groß, wenn die Menschen sich das Geld an Geldautomaten in der Stadt holten. Die ärztliche und humanitäre Versorgung wurde eingeschränkt, indem man einigen Hilfsorganisationen verbot, im Camp zu arbeiten – erneut wurde die Infektionsgefahr als Grund angeführt. Bei der Essensverteilung wurden die Rationen einfach in die Menge geworfen, und die Menschen mussten sich wie bei einer Tierfütterung darum prügeln.[27] Moria und andere Lager durften nun von den Geflüchteten nicht mehr verlassen werden. Auch als später schon wieder Touristen nach Lesbos fliegen durften, wurde die Ausgangssperre für die Lager immer weiter verlängert.[28] Als im Lager Ritsona auf dem griechischen Festland Corona ausbrach, wurden die Infizierten nicht isoliert. Sie mussten weiterhin in der Kantine essen und sich mit Nichtinfizierten Zimmer teilen. Statt die Erkrankten gezielt zu isolieren, wurde das gesamte Lager abgeschottet.[29] Zusätzliche Hilfe behinderten die griechischen Behörden – ein Krankenhaus, das Ärzte ohne Grenzen für Corona-Infizierte eingerichtet hatte, durfte unter Androhung von hohen Strafen nicht in Betrieb genommen werden.[30]

Auch anderswo wurde die Pandemie instrumentalisiert, um eine menschenfeindliche Politik an den Außengrenzen umzusetzen. Malta und Italien schlossen ihre Häfen für Menschen, die aus Seenot gerettet wurden. Schiffe, die keine Seenotrettungsschiffe waren, konnten weiter ein- und ausfahren. Wochenlang fand die «Alan Kurdi» von Sea-Eye auf dem Mittelmeer mit 150 Geretteten auf dem Mittelmeer keinen Hafen.

Am Osterwochenende 2020 riefen mehrere Geflüchtete auf Schlauchbooten in Seenot das Alarm-Phone an. Die Seenotrettungsleitstellen reagierten nicht auf ihre Notrufe. Ich notierte mir die Position des Bootes und rief selbst bei der maltesischen Seenotrettungsleitstelle an. Doch auch nach sieben Anrufen wollte niemand die Koordinaten weitergeben, um die Menschen zu retten. Mehrfach wurde einfach aufgelegt. Eine schwangere Mutter, die mit ihrem siebenjährigen Kind aus Libyen geflohen war, rief immer wieder verzweifelt beim Alarm-Phone an, doch die Behörden reagierten nicht. Malta und Italien leiteten über Tage keine Rettungsoperation ein, sondern warteten, bis die libysche Küstenwache das Boot rettete, um es nach Libyen zurückzubringen. Die traf jedoch erst nach vier Tagen ein. Da waren bereits zwölf Menschen gestorben, alle hätten gerettet werden können. Mehrere Gutachten legen dar, dass solche Zusammenarbeit mit der libyschen Küstenwache grundlegend gegen das Völkerrecht verstößt.[31] Im konkreten Fall hat Malta zudem auch die Pflicht zur Seenotrettung in der eigenen Seenotrettungszone verletzt.

Innenminister Seehofer forderte die Seenotrettungsorganisationen derweil auf, während der Pandemie keine Menschen mehr vor dem Ertrinken zu retten,[32] Bundesaußenminister Heiko Maas unterstützte diesen Kurs.[33] Und auch der Bundesverkehrsminister Andreas Scheuer versuchte aktiv, die Seenotrettung zu verhindern. Nachdem er im Vorjahr mit dem Versuch vor Gericht gescheitert war, Seenotrettungsschiffe festzusetzen, änderte er die entsprechende Verordnung, um einen neuen Anlauf starten zu können. Seine öffentliche Behauptung, dass es ihm mit diesem Vorstoß vor allem um die Sicherheit bei der Seenotrettung gehe, erscheint fadenscheinig – denn in der Vergangenheit hatte es keine Sicherheitsprobleme auf den Schiffen gegeben. Mehrere Schiffe, die in der Seenotrettung oder Menschenrechtsbeobachtung aktiv waren, durften aufgrund der Änderung nicht mehr auslaufen. Im internen Mailverkehr des Ministeriums wird später deutlich, dass Scheuer gelogen hatte. Die Sicherheitsbedenken waren nur vorgeschoben, in Wirklichkeit wurde gezielt nach Möglichkeiten gesucht, um die Seenotrettung zu behindern.[34] Einige Monate später entschieden die Gerichte dann, dass Scheuers Änderungen europarechtswidrig waren und zurückgenommen werden müssen.[35] Leider war das nicht der letzte Versuch zur Kriminalisierung der Seenotrettung in Deutschland. Auch Horst Seehofer, der im Jahr zuvor noch vorgab, sich für die Seenotrettung einzusetzen, suchte nun beim Bundesverkehrsministerium nach Möglichkeiten, sie zu behindern. Seine Idee: Die Abwassertanks seien gar nicht für eine so große Anzahl an Geretteten ausgelegt. Vielleicht könnte man deswegen die «Alan Kurdi» dauerhaft festsetzen. Die Beamten des Verkehrsministeriums entgegneten, dass das potenziell die unerwünschte Nebenwirkung haben könnte, dass auch Marineschiffe, die ebenfalls keine größeren Abwassertanks an Bord haben, festgesetzt werden müssten.[36] Der Plan wird verworfen.

Ende April verließ ich Lesbos. Eigentlich hatte ich nur ein paar Tage bleiben wollen, doch am Ende wurden es zwei Monate. Ich hatte versucht, immer weiter auf eine politische Lösung des Leids zu drängen, telefonierte mit Kommissionspräsidentin von der Leyen, Vertreter:innen der griechischen Regierung und Hunderten anderen. Aber es half nichts. Gewalt und Entrechtung wurden zum systematischen Mittel der Politik, und diese Entwicklung wurde in Europa auch breit unterstützt. EU-Kommission und die Mitgliedsstaaten schienen das Leid der Menschen einfach so hinzunehmen.

In der Corona-Pandemie entstand eine neue Dimension der Abschottungspolitik: massenhafte Inhaftierung und systematische Zurückweisung von Schutzsuchenden – ohne dass es dafür eine rechtsstaatliche Grundlage gab. Dabei wurde mit Erdoğans Grenzöffnung deutlicher denn je, dass das politische Versagen in der Asylpolitik zu einer geopolitischen Achillesferse wurde. Alle Welt konnte sehen, dass man nur ein paar Schlauchboote an die europäischen Außengrenzen schicken musste, um Europa in eine Krise zu stürzen. Und die ganze Welt konnte sehen, dass die Menschenrechte, die Rechtsstaatlichkeit und die Achtung der Menschenwürde im Krisenfall auch in Europa nicht so wichtig sind, wie die EU es sonst immer behauptete.

Während die Pandemie die Schlagzeilen beherrschte und das Leid immer mehr aus dem Blick geriet, bahnte sich im Chaos an den Außengrenzen das an, wovor viele gewarnt hatten: eine neue Katastrophe.

Europa am Scheideweg

Am 7. September war eine gemeinsame Aktion der Seebrücke, Sea-Watch und Campact vor dem Bundestag geplant. Nach einiger Vorbereitungszeit trafen wir uns morgens vor dem Bundestag, um ein Zeichen für die Geflüchteten in Moria zu setzen. Wir mussten früh aufstehen, um den aufwendigen Plan umzusetzen: 13 000 Stühle wollten wir vor den Bundestag stellen, um zu zeigen, wie viel Platz und Aufnahmebereitschaft es in Deutschland gibt. Einige Wochen vorher hatte das Bundesinnenministerium entschieden, dass die Landesaufnahmeprogramme einzelner Bundesländer verhindert werden sollen. Obwohl es Bereitschaft zur Aufnahme von Geflüchteten gab, versuchte das Bundesinnenministerium zu verhindern, dass zusätzlichen Menschen geholfen werden kann. Die 13 000 Stühle sollten gleichzeitig die 13 000 Menschen im völlig überfüllten Lager Moria symbolisieren. Schnell merkten wir, dass wir uns trotz der Hilfe von vielen Fridays-for-Future-Aktivist:innen einiges vorgenommen hatten. Doch nach fünf Stunden Stühle-Schleppen war es geschafft. Ein eindrückliches Bild war entstanden, und die Aktion wurde zu einem vollen Erfolg. In fast allen deutschen und auch einigen internationalen Medien wurde darüber berichtet. Prominente und Influencer:innen unterstützten uns vor Ort und posteten die Bilder in den sozialen Medien. Endlich waren die unhaltbaren Zustände der europäischen Asylpolitik wieder ein Thema – zumindest für einen Tag. Wir ahnten nicht, dass die Situation in Moria schon zwei Tage später wieder die Schlagzeilen füllen würde.

Am Abend des 9. September wird in Moria Feuer gelegt. Kontakte aus dem Lager schicken mir verstörende Videos des Brandes. Durch mangelnde Brandschutzvorkehrungen breiten sich die Feuer schnell aus, und das größte Flüchtlingslager Europas brennt vollständig ab. 13 000 Menschen flüchten vor dem Feuer, und die meisten verlieren alles, was sie noch besessen haben. Statt warmer

Decken und medizinischer Versorgung erwartet die Opfer der Katastrophe allerdings Tränengas. Mit Gewalt wird verhindert, dass die Menschen in die nächste Stadt kommen. Stattdessen werden sie auf einer Straße zwischen Moria und Mytilini festgehalten.

Vollkommen schockiert flog ich anderthalb Tag später mit der Fraktionsvorsitzenden unserer Bundestagsfraktion, Katrin Göring-Eckardt, nach Lesbos.

Die Menschen auf der Straße hatten alles verloren, und niemand half ihnen. Ich lief herum und traute meinen Augen kaum. Tausende Menschen in Not. Viele schliefen auf dem Asphalt, manche hatten unversorgte Brandverletzungen. Doch medizinisches Personal wurde nicht zu den Menschen durchgelassen, Hilfsorganisationen konnten nur im Geheimen Essen verteilen. Einige der Geflüchteten mussten tagelang hungern, selbst der Supermarkt an der Straße wurde nicht geöffnet. Es war eine Form der kollektiven Bestrafung. Recht freimütig erklären die Zuständigen, dass die Schikane auch damit zusammenhänge, dass man den Brand nicht mit menschenwürdiger Behandlung belohnen wolle. Sechs junge Afghanen, zwei von ihnen sind noch minderjährig, wurden unmittelbar nach dem Brand festgenommen und für die Katastrophe verantwortlich gemacht. Ob sie den Brand wirklich verursacht haben, lässt sich wohl leider auch nach den Gerichtsverhandlungen nicht abschließend klären.

Als einige hundert Geflüchtete nach dem Brand demonstrieren, kommt es zu Rangeleien. Erneut gibt es einen massiven Tränengaseinsatz, der aber nicht nur die Demonstration trifft, sondern Tausende der Geflüchteten auf den Straßen. Erschütternde Bilder von schreienden Kindern, Polizeigewalt und Schwaden aus beißendem Gas gehen um die Welt.[37] Hilfsorganisationen planen mit Luftaufnahmen Routen, um trotz der Straßensperren der Polizei humanitäre Hilfe auf der Straße leisten zu können. Es fühlt sich an, als würden sie ein Verbrechen planen, dabei geht es nur darum, Verbandsmaterial und Medikamente zu den Verletzten zu bringen.

Um die Öffentlichkeit in Deutschland stärker auf diese unfassbaren Geschehnisse aufmerksam zu machen, wollten wir die #LeaveNoOneBehind-Kampagne wiederbeleben. Ich war bereits länger mit Joko Winterscheidt und Klaas Heufer-Umlauf in Kontakt. Sie hatten sich schon in der Vergangenheit immer wieder engagiert, um den Menschen in Deutschland die Lage im Mittelmeer oder in Moria klarzumachen. Eigentlich hatten wir geplant, die Instagram-Accounts der beiden von Menschen in Moria übernehmen zu lassen, die so selbst die Möglichkeit hätten, über 1,5 Millionen Menschen mit ihren Berichten zu erreichen. Doch nun gab es kein Lager Moria mehr, aus dem man berichten konnte. Stattdessen sollte nun ein Film entstehen, der auf die schreckliche Situation aufmerksam macht. Wir sammelten mit Videojournalisten Material, und innerhalb weniger Tage produzierten Joko, Klaas und ihre Firma den eindrucksvollen Film «A Short Story of Moria», der zur Primetime auf ProSieben ausgestrahlt wurde und die schockierende und unwürdige Lage sichtbar machte.[38] Innerhalb eines Tages wurde der Film allein auf Instagram über 11 Millionen Mal aufgerufen. Am Ende des Films wurde unsere Kampagnenwebseite eingeblendet. Die Resonanz war überwältigend. Obwohl nicht einmal explizit dazu aufgerufen wurde, konnten wir über Nacht mehr als eine Million Euro Spenden für die Organisationen vor Ort sammeln. Außerdem meldeten sich Tausende Menschen in unseren Social-Media-Kanälen und Mailpostfächern, die helfen wollten und sogar bereit waren, Geflüchtete bei sich zu Haus aufzunehmen. Ein Tool, mit dem man Wahlkreisabgeordnete im Bundestag anschreiben konnte, wurde über 90 000 Mal benutzt.

Mir wurde klar, dass die Situation auf den Fluchtrouten zwar seit Jahren schlimm ist, aber dass viele Menschen in Westeuropa davon in ihrem Alltag zu wenig mitbekommen. Das zu ändern und der stillen Mehrheit Informationen und Möglichkeiten zur politischen Partizipation zu geben bietet ein großes Potenzial. Das zeigte der Erfolg des Einspielers im Unterhaltungsfernsehen sehr deutlich. Doch diese Aufmerksamkeit öffentlich zu halten und dann politisch geltend zu machen erfordert Durchhaltevermögen. Denn obwohl sich in Umfragen nach dem Brand zeigte, dass sich eine riesige Mehrheit für die Aufnahme von Menschen aussprach, bewegte sich die Politik nicht.

Jahrelang hatten EU-Kommission und Mitgliedsstaaten die Zustände an den Außengrenzen nicht nur hingenommen, sondern aktiv zur Verschlimmerung der Situation beigetragen, indem sie mit dem Finger auf andere zeigten und Menschenrechtsverletzungen tolerierten. Und trotz aller Warnungen vor immer größeren Katastrophen wurde das absehbare Leid nicht verhindert.

Oft wurden die Zustände damit gerechtfertigt, dass die Alternative – also eine Verteilung der Menschen in Europa – eine erneute Massenmigration zur Folge hätte. Solche Gedankengänge unterschieden sich nur noch in der Wortwahl von rechtsradikalen Theorien, die eine «Invasion Europas» heraufbeschworen.

In den Tagen nach dem Brand stand Europa vor dem Scheideweg: Würde man die Politik der Abschreckung durch unwürdige Lager und menschenfeindliche Behandlung fortsetzen, oder gesteht man sich das Scheitern dieses Vorgehens ein und leitet einen Politikwechsel ein? Eine größere Katastrophe als der Brand war kaum vorstellbar, der politische Druck zur Evakuierung hatte seinen Zenit erreicht. Zehntausende demonstrierten trotz Pandemie in verschiedenen Städten, und auch auf der politischen Bühne werden die Stimmen für eine Aufnahme immer lauter. Doch die Verantwortlichen einigten sich lediglich auf symbolische Maßnahmen, die schon in den vergangenen Jahren die unwürdigen Massenlager verstetigt haben: Man verspricht «Hilfe vor Ort», einen «neuen Anlauf bei der europäischen Migrationspolitik» und versucht, durch langwierige Mini-Aufnahmeprogramme den Eindruck zu erwecken, dass man den Forderungen nach Evakuierung der Lager entgegenkommt. Doch in keinem Fall sollte der Eindruck entstehen, dass man nun mehr Chancen hätte, nach Europa zu kommen, als vor der Brandkatastrophe.

Noch kurz nach dem Brand in Moria lehnt Seehofer die Aufnahme von Geflüchteten rigoros ab.[39] Als die EU-Kommission etwas später verkündet, dass in einer Sitzung zehn EU-Staaten die Aufnahme von insgesamt 400 unbegleiteten Minderjährigen zugesagt hätten, erklärt sich auch Deutschland zur Aufnahme von bis zu 150 unbegleiteten Minderjährigen bereit. Das reicht vielen auch in der Großen Koalition nicht.[40] Am Ende steht der Kompromiss, weitere 1553 Menschen in Deutschland aufzunehmen. Die Umsetzung wird mehr als ein halbes Jahr dauern. Die Strategie der Union ist aufgegangen. Wie auf einem Marktplatz steigt man mit einem sehr niedrigen Gebot ein, und obwohl Hunderte Kommunen in Deutschland aufnahmebereit sind und die Evakuierung der Lager auf den griechischen Inseln für Deutschland ohne größere Probleme möglich wäre, beschließt man eine Maßnahme, die nicht viel mehr ist als ein Tropfen auf den heißen Stein. In anderen Ländern lenkt man noch stärker vom eigentlich Notwendigen ab: Österreich verweigert eine Aufnahme und macht Versprechungen einer Hilfe vor Ort. Auch die Grünen können sich in der Wiener Koalition mit der Forderung nach der Aufnahme von Geflüchteten nicht durchsetzen, und so fliegen keine Flugzeuge mit Schutzsuchenden nach Österreich, sondern eine Maschine nach Athen. An Bord der Antonov-Maschine sind 55 Tonnen Hilfsgüter und der österreichische Innenminister Karl Nehammer. Am Ende dieser Inszenierung werden die Hilfsgüter in Athen eingelagert und erreichen auch Monate später die Schutzbedürftigen nicht.[41] Andere europäische Länder und die EU-Kommission schicken ebenfalls Sachunterstützung nach Lesbos. Das Problem:

Viele der Hilfsgüter sind bereits ausreichend vorhanden. Auch aus Deutschland wurden nach dem Brand 450 Zelte geschickt. Das klingt sehr hilfreich – aber die meisten wussten wohl nicht, dass in Griechenland bereits 50 000 Zelte für 400 000 Personen eingelagert waren.[42] Der Aufbau von etwas besseren Wohncontainern wurde hingegen seit Jahren von den Behörden verhindert.

Doch der Eindruck, der durch die Hilfslieferungen erzeugt werden soll, verfehlt seine Wirkung nicht. Die Lösung des Problems liegt vor Ort und nicht in Westeuropa, daran sollte es keinen Zweifel geben. Die EU-Kommissarin Johansson verkündet «No more Morias» und setzt sich für den Neuaufbau eines Lagers auf Lesbos ein. Dort sollen die Bedingungen dann aber viel besser sein. Ein Versprechen, das bereits 2016 von ihrem Vorgänger Avramopoulos gemacht wurde, als er den neuen EU-Hotspot Moria eröffnete. Bis das neue Lager fertig ist, sollten die Menschen in einem Zwischenlager untergebracht werden. Aus meiner Sicht würde der Bau dieses Zwischenlagers jedoch über Monate oder Jahre neue unverrückbare Fakten und ein neues unwürdiges Lager wie Moria bedeuten. Das musste unbedingt verhindert werden, wenn der vorhandene politische Druck zu einer echten Lösung führen sollte. Deswegen setzte ich mich für einen unkonventionellen Plan ein: die Aufnahme der Geflüchteten auf Kreuzfahrtschiffen. Was auf den ersten Blick nach einem absurden Vorschlag klingt, hatte diverse Vorteile. Nahezu alle Kreuzfahrtschiffe der Welt lagen wegen der Pandemie leer und ungenutzt vor Anker. Sie könnten würdige Unterbringung für Tausende Menschen bieten, und auch die Versorgung wäre auf den Schiffen einfach umsetzbar. Es gibt Brandschutzvorkehrungen, Privatsphäre und ganze Decks, auf denen medizinische Versorgung und Bildungsangebote organisiert werden könnten. Dadurch, dass die Schiffe nicht dauerhaft zur Verfügung stehen und die Kosten ungefähr einer Unterbringung in einem günstigen Hotel entsprechen, würde man auf Dauer eine andere Lösung brauchen. So wäre also die kurzfristige Unterbringung der Schutzsuchenden sichergestellt, und gleichzeitig würde ein erheblicher finanzieller Druck auf die europäischen Staaten entstehen, eine permanentere Aufnahmemöglichkeit zu finden.

Obwohl die Möglichkeit ernsthaft geprüft wird und sich auch Politiker:innen wie Katarina Barley, Jean Asselborn und andere für diese Lösung starkmachen, weigert sich die griechische Regierung, die Option umzusetzen. Bei einem Gespräch mit dem griechischen Migrationsminister versuchte er mir verschiedene Gründe dafür zu erläutern. So gäbe es die reale Gefahr, dass die Geflüchteten auf den Kreuzfahrtschiffen erneut einen Brand auslösen würden, die nächste Katastrophe sei praktisch vorprogrammiert. Ich entgegnete, dass das angesichts der ausgeklügelten Brandschutztechnik auf großen Schiffen eine absurde Vorstellung sei, und versuchte ihm die Vorteile für Griechenland darzulegen: Wenn kein neues Lager gebaut wird, könnte man Gespräche mit der Inselbevölkerung aufnehmen, um die Spannungen zu glätten. Gleichzeitig würde die von ihm gewünschte Abschreckungswirkung doch viel deutlicher, wenn klar wäre, dass es auf Lesbos keine Aufnahmekapazität mehr gäbe und deshalb kein neues Massenlager geschaffen würde.

In seinen Antworten wurde deutlich, dass die griechische Regierung vor allem Angst vor der eigenen Bevölkerung zu haben schien. Geflüchtete auf luxuriösen Kreuzfahrtschiffen unterzubringen würde zu neidvollen Protesten in der Gesellschaft führen, argumentierte der Migrationsminister. Nach dieser Logik müsste die Regierung sicherstellen, dass es den Geflüchteten sichtbar schlechtergeht als der eigenen Bevölkerung. Und so wird dann tatsächlich ein neues Lager auf Lesbos eingerichtet, das von vielen bald als «neues Moria» bezeichnet wird.

Bereits kurz nach dem Brand wird von den Behörden eine Fläche identifiziert, auf der ein neues Lager entstehen soll. Es ist ein Militärgelände, das direkt am Meer liegt und bereits 100 Jahre als Schießplatz genutzt wird. Das Gelände ist deutlich kleiner als das alte Lager Moria. Es gibt vor Ort kein fließendes Wasser und keinen Strom. Als das Rote Kreuz vor Ort die eingeflogenen Zelte aufbauen will, findet es nach einem Tag keinen weiteren Platz mehr für die restlichen Unterkünfte. Familien müssen sich Zelte teilen.

Als ich die UNHCR-Chefin auf Lesbos frage, ob sie das Gelände auf Schwermetallbelastung geprüft haben, verneinte sie und erwiderte, dass sie das nicht als ihre Aufgabe ansieht. Das UNHCR wurde bereits nach dem Kosovokrieg kritisiert, weil es im Kosovo Menschen auf bleibelastete Gebiet untergebracht hat und besonders Kinder davon erhebliche Schäden erlitten haben.[43]

Schnell zeigt sich, dass das neue Lager keine Verbesserung gegenüber Moria darstellt. Im Gegenteil: Während im alten Lager wenigstens noch selbstverwaltete Schulen, kleine Läden und eine Infrastruktur existierten, gibt es nun nichts mehr außer Zelten. Hilfsorganisationen warnen davor, dass das Gelände im Herbst ständig überschwemmt werden würde. Es wird nichts unternommen. Im Herbst schwimmen dann viele der Zelte weg. Warmes Wasser zum Duschen gibt es zu dieser Zeit noch immer nicht, und die meisten Zelte sind unbeheizt. Im Winter frieren die Menschen in nassen Unterkünften. Angekündigte Versuche, das neue Lager winterfest zu machen, wurden hinter den Kulissen nicht umgesetzt. Eine Firma erhielt im Oktober 2020 einen Auftrag über 5,1 Millionen Euro, um das Lager schnell für den Kälteeinbruch vorzubereiten. Doch die Arbeiten verzögerten sich. Als die Frist abgelaufen war, wurde der Vertrag bis Ende März 2021 verlängert. Das Lager sollte dann also nach dem Winter winterfest gemacht werden.[44]

«Ich habe versucht, eine Plastikplane zu bekommen, um sie über das Zelt zu ziehen. Aber auch die Hilfsorganisationen konnten mir keine geben. In Moria konnten wir uns wenigstens selbst aus Holzpaletten einfache Hütten bauen. Auch das dürfen wir hier nicht mehr», erzählt Lagerbewohner Abdul Azim Sultani der Tagesschau im Dezember.[45]

Medizinische Hilforganisationen berichten von Entwicklungsschäden bei den Kindern und Krankheiten wie Krätze, die sich durch die unhygienischen Zustände im Lager ausbreiten. Über Monate werden kaum Duschen im Camp installiert, sodass sich die Menschen im Meer waschen müssen. Schulbildung für Kinder gibt es nicht im Camp, das nur wenige Stunden pro Woche von den Geflüchteten verlassen werden darf. Doch selbst in der Ausgangszeit dürfen sie nicht in die Stadt gehen. Im Lager selbst gibt es kaum Freizeitangebote.

Journalist:innen werden nicht mehr ins Camp gelassen, und im Lager bedroht die Polizei Geflüchtete, die über die Zustände berichten. Als ich den Leiter der griechischen Flüchtlingslager, Manos Logothetis, frage, warum er die Pressefreiheit einschränkt, behauptet er, dass es Zugang zum Camp gebe und man das einfach beantragen konnte. Ich wusste im persönlichen Bekanntenkreis von mehreren Fällen, denen seit Wochen der Zugang verwehrt wurde. Journalist:innen, die sich ohne Genehmigung in das Camp schlichen, wurden mehrfach verhaftet. Nach der Sitzung schrieb ich Logothetis eine Nachricht und erkundigte mich nach einer Adresse, um Zugang zum Lager zu beantragen. Er antwortete nie.

Auf Lesbos wurde sehr deutlich, dass die griechischen Behörden keine Verbesserung der Unterbringungssituation anstreben. Während durch die Pandemie besonders gefährdete Gruppen noch im Sommer in Hotels auf der Insel untergebracht werden sollten, änderte die griechische Regierung kurzfristig ihre Pläne, und die Ausschreibung zur Suche nach Hotels wurde gestoppt. Außerdem wurden menschenwürdige Unterkünfte nach und nach geschlossen. Das selbstverwaltete Pikpa-Camp auf Lesbos wurde bereits im November vom Ministerium verboten, obwohl es mehr als hundert besonders schutzbedürftigen Geflüchteten eine gute Unterkunft geboten hatte. Das alte und verhältnismäßig gut ausgestattete Lager Kara Tepe wurde ebenfalls geschlossen. Während

Menschen ein paar hundert Meter weiter im neuen Lager in unbeheizten Zelten frieren, stehen in diesem Lager bereits länger beheizte Wohncontainer leer. Dass man in Griechenland Projekte auch schnell abschließen kann, zeigte sich jedoch beim Zaunbau um das neue Camp. Während die Installation von Duschen Monate dauerte, es noch keinen Strom im Lager gab und in den meisten Zelten keine Böden waren, wurde das gesamte Gelände innerhalb weniger Tage mit einem hohen Zaun umschlossen.

Oft wird von EU-Kommission und Regierung als Erfolg hervorgehoben, dass bereits Tausende Menschen von den Inseln auf das griechische Festland evakuiert wurden. Das stimmt, doch die meisten dieser Menschen landen in der Obdachlosigkeit. Besonders anerkannte Geflüchtete, die das Asylverfahren erfolgreich durchlaufen haben, stehen anschließend vor der Perspektivlosigkeit. Denn Griechenland hat kaum Integrationsangebote und versucht bewusst, die Geflüchteten durch erschwerten Zugang zu Krankenversicherung, Arbeitsangeboten und Sprachkursen auszugrenzen. Diese Ausgrenzung soll vor allem dazu beitragen, dass die Menschen nicht in Griechenland bleiben, sondern in andere Länder weiterziehen. Immer stärker nutzen die Griechen so die Mechanismen, die sie Staaten wie der Türkei vorwerfen: Sie erzeugen Fluchtgründe, um Menschen aus dem Land zu vertreiben.

Diese Strategie ist zunehmend erfolgreich. In Griechenland werden längst nicht die meisten Asylanträge in Europa gestellt. Es sind Deutschland und Frankreich, in die die Menschen aus den Lagern in Griechenland, Italien und auch Spanien fliehen.[46] Solange es keine substanzielle Bereitschaft zur legalen Aufnahme und Verteilung von Geflüchteten in Staaten wie Deutschland gibt, werden die Menschen – oft in einer jahrelangen Tortur – in anderen europäischen Ländern vertrieben. Am Ende kommen sie dann meist doch in Deutschland oder einem anderen westeuropäischen Land an. Während die Bundesrepublik nach langem Ringen in der Großen Koalition innerhalb eines Jahres 2151 Menschen legal einreisen ließ, kamen allein aus Griechenland mehr als fünfmal so viele Menschen irregulär nach Deutschland. Auch das ist eine Folge des chaotischen Asylsystems, dessen Fehler auf dem Rücken der Schwächsten ausgetragen werden. Die Lebensbedingungen für Geflüchtete sind in Griechenland derweil so unwürdig, dass auch das Oberverwaltungsgericht Münster entschied, dass eine Rückführung von zwei anerkannten Geflüchteten nach Griechenland nicht mit den Menschenrechten vereinbar sei.[47]

Allerdings wird sich an dieser Situation wohl in der nächsten Zeit nichts ändern. Im Europaparlament haben viele Abgeordnete – auch ich – die EU-Kommission mehrfach aufgefordert, wenigstens die Mindeststandards in den griechischen Lagern durchzusetzen. Das wäre beispielsweise durch Vertragsverletzungsverfahren gegen Griechenland oder eine ernsthafte Überwachung der Verwendung von Hilfsgeldern möglich.

Als Ausrede für die schlechten Bedingungen diente dabei immer wieder der Brand in Moria. Das neue Lager Kara Tepe sei ein temporäres Lager, und temporäre Lager seien eben nicht perfekt. Aber man sei sehr bemüht, dass alles besser werde. Die schlimmen Zustände, die Perspektivlosigkeit und monatelange Ausgangssperre erzeugen dabei massive psychische Probleme. Eine Studie des International Rescue Committee (IRC) kommt zu dem Schluss, dass ein Drittel der von ihnen betreuten Geflüchteten selbstmordgefährdet ist.[48] Der Arzt Martin Binder berichtet in der taz: «Die Menschen versuchen, sich an Bäumen zu erhängen, sich zu ertränken oder sich mit Überdosen zu suizidieren. Ihnen wurde systematisch über Jahre die Chance genommen, ein menschenwürdiges Leben zu führen.»[49]

Auch ich bekomme tagtäglich Fotos, Videos und Berichte aus den Lagern:

Als sich eine Frau im Lager selbst anzündet, um sich umzubringen, wird sie danach wegen Brandstiftung vor Gericht gestellt. Geflüchtete, die im Lager ohne Maske herumliefen, mussten 150 Euro Strafe zahlen. Verdorbenes Essen wird ausgegeben, manchmal kriechen sogar Würmer in den abgepackten Gerichten herum.[50] Die Cateringfirma gehört dabei einem Verwandten eines Regierungspolitikers. Pro Monat erhält er mehr als eine Million Euro für die Verpflegung.[51] Jeden Tag erhält man neue Hiobsbotschaften vom elenden Alltag der Menschen, von der Korruption und den Rechtsverstößen, aber eine Änderung ist nicht in Sicht.

Im März 2021 reiste Migrationskommissarin Johansson nach Lesbos. Durch geplante Proteste der Inselbevölkerung gegen den Bau neuer Lager kann sie aus Sicherheitsgründen nur mit einem Hubschrauber ins Lager kommen. In der anschließenden Pressekonferenz verkündet Johansson, dass die EU eine Viertelmilliarde Euro für neue, offene Lager auf den griechischen Inseln zur Verfügung stellen will. In internen Präsentationen verspricht die griechische Regierung jedoch weiterhin, dass die Lager als geschlossene Lager eingerichtet werden. Das entspricht ihrem schon 2019 geplanten Vorhaben der Einrichtung von großen Abschiebegefängnissen. Auch im Kommunalparlament auf Lesbos wurde mit knapper Mehrheit entschieden, dass man nur ein geschlossenes Lager mit 3500 Plätzen zulassen will. Auch dagegen gab es großen Widerstand. Die Kommission wiederum verspricht, dass die Strukturen offen sein werden. Allerdings schlägt sie in neuen Gesetzesvorschlägen vor, dass Mitgliedsstaaten selbst festlegen sollen, ob Asylverfahren an den Grenzen in Haft stattfinden können. Mit den neuen Lagern werden für diese Vorschläge bereits die Voraussetzungen geschaffen.

Doch auch wenn die Abschreckungspolitik durch miserable Lebensbedingungen in den Lagern auf absehbare Zeit nichts ändern wird, verlässt sich die griechische Regierung nicht allein auf das Abschottungselement der unwürdigen Lager. Auch der Zugang zu den Asylverfahren wird immer weiter erschwert. Statt eines rechtsstaatlichen Verfahrens werden vielfach Schutzsuchende illegal und gewaltsam zurück über die Grenzen gedrängt. Dabei werden immer öfter sogar Tote in Kauf genommen. Seit Beginn der Pandemie führten diese sogenannten Pushbacks wohl zu über 2000 Toten, wie der Guardian recherchierte.[52]

8

Pushbacks mit System

Schon seit vielen Jahren gibt es auch in Griechenland Pushbacks an den europäischen Außengrenzen.¹ Dabei wird Menschen illegal der Zugang zu Asylverfahren verwehrt, indem sie ohne ein rechtsstaatliches Verfahren abgeschoben werden. Immer wieder wurde dabei auch Gewalt ausgeübt, und immer wieder wurden die Pushbacks von den Regierungen wahlweise geleugnet oder gerechtfertigt. Die heutige Staatssekretärin im griechischen Migrationsministerium, Sofia Voultepsi, rechtfertigte das Abdrängen eines Bootes im Jahr 2014 beispielsweise mit den Worten, dass es sich um «unbewaffnete Invasoren» handele. Das Küstenwachenboot schleppte ein Fischerboot in Seenot mit Geflüchteten zurück in türkische Gewässer, bei der Aktion sank das Flüchtlingsboot. Elf Menschen starben, darunter acht Kinder.

Doch mit Beginn der Corona-Pandemie und nach der Grenzöffnung Erdoğans erreicht die Grenzgewalt eine neue Dimension. Denn die Pushbacks sind keine Einzelfälle mehr, sondern die Regel. Zur Umsetzung dieser neuen Politik änderten die griechischen Behörden, die das Kommando über die Frontex-Kräfte in Griechenland haben, auch den Ablauf der Einsätze und verhindern die Beobachtung ihres Vorgehens. Hilfsorganisationen wird verboten, mit Ferngläsern die Küste und das Verhalten der Küstenwache zu erkunden, indem das Meer zwischen den Inseln und der Türkei als militärisches Sperrgebiet eingestuft wird. Mit Hilfe von Verkehrsminister Scheuer wurde auch das Auslaufen des Schiffes «Mare Liberum» der gleichnamigen Menschenrechtsorganisation verhindert, die die Menschenrechtslage vor Lesbos beobachten wollte.

Vor März 2020 wurden Menschen in Seenot auch von Frontex-Booten gerettet und an Land gebracht. Doch nun übernimmt die griechische Küstenwache die Einsätze und schickt die Frontex-Boote und Flugzeuge außer Sichtweite, damit der Einsatz nicht beobachtet werden kann.

Schon als sich im März 2020 ein dänisches Frontex-Boot weigerte, ein Boot in Seenot auf Geheiß der griechischen Regierung abzudrängen, hatte sich gezeigt, dass internationale Beamte unzuverlässig sein können, wenn es um die Ausführung von Menschenrechtsverletzungen oder anderen Verbrechen geht. Wenn möglichst wenige internationale Beobachter vor Ort sind, ist es einfacher, durchgesickerte Informationen wegzuwischen oder kleinzureden. Beliebt ist dabei neben der Strategie des Abstreitens auch der Gegenangriff. Wiederholt werden Berichte öffentlich diskreditiert oder Hilfsorganisationen angezeigt, um den Eindruck zu erwecken, dass die Berichte eigentlich keine Berichte, sondern Teil einer Verschwörung gegen Griechenland seien.

Im Juli luden wir zwei griechische Minister und den Frontex-Chef im Innenausschuss des Europaparlaments vor, um über die zahlreichen Berichte und Nachweise von Menschenrechtsverletzungen durch Griechenland zu diskutieren und Fragen zu stellen. Besonders die tödlichen Schüsse auf Asylsuchende waren Anlass zu der Anhörung. Doch der Auftritt der Eingeladenen war bizarr. Der Fall, bei dem ein dänisches Frontex-Schiff sich weigerte, eine Anweisung der Griechen zur illegalen Zurückweisung auszuführen, wurde vom Frontex-Chef als «Missverständnis» kleingeredet.[2]

Die griechischen Minister Mitarakis und Christochoides gingen in ihren Statements mit keinem Wort konkret auf die Vorwürfe ein. Auf einzelne Fälle angesprochen, erklärten sie mehrmals, dass es nicht fair sei, Griechenland solche Dinge vorzuwerfen. Das seien Fake News, und «das, was im März gemacht wurde, werden wir immer wieder machen».[3] Gleichzeitig beschrieb der Migrationsminister das Vorgehen an der Seegrenze. Es gäbe eine verstärkte Überwachung durch die Küstenwache und «ein frühzeitiges Festsetzen von Migrantenbooten vor dem Eintritt in EU-Gewässer, um einen unerlaubten Grenzübertritt zu verhindern».[4] Selbst das wäre verboten. Wie genau soll ein Boot auf dem Wasser festgesetzt werden, ohne dass man es sabotiert oder die Menschen an Land bringt? Die griechischen Behörden dürfen zudem gar nicht vor der griechischen Grenze – also in türkischen Gewässern – im Einsatz sein.

Die meisten Abgeordneten in der Anhörung waren erschrocken, wie unverfroren man angelogen wurde und welches Bild in der öffentlichen Sitzung gezeichnet wurde. Wir sahen uns mit einer Desinformationsstrategie europäischer Regierungen und Institutionen konfrontiert.

Die griechische Regierung hatte ihre Vertuschungsstrategie um einen doppelten Boden ergänzt. Auf der einen Seite wurden die Videos und Vorwürfe zwar weiterhin als Fake-News-Kampagne der Türkei bezeichnet, auf der anderen Seite betonte Griechenland immer wieder, im Zweifelsfalle aber auch das Recht zu haben, solche Maßnahmen durchzuführen. Auf die konkreten Vorfälle wird dabei nicht eingegangen. Dadurch können sich die Öffentlichkeit aber auch die Regierung selbst später aussuchen, ob der jeweilige Vorfall auf einem Video stattgefunden hat, er rechtskonform war oder eben eine ausgeklügelte Fake-News-Kampagne in einer großen Verschwörung.

Obwohl auch mehrere Rechtsgutachten darlegen, dass das Vorgehen Griechenlands rechtswidrig ist[5] und auch die EU-Kommission hinter den Kulissen Griechenland dafür kritisierte, wurde es immer schwerer, aus dem alltäglichen Rechtsbruch auch in der Öffentlichkeit einen Skandal zu machen.

Und die EU-Kommission spielte mit ihrem Nichthandeln dieser Verrohung weiter in die Hände. Kommissarin Johansson behauptete in Sitzungen immer wieder, dass es nicht ihre Verantwortung sei, solche Fälle aufzuklären, und dass sie den griechischen Behörden und ihrem Willen zur Aufklärung vertraue. Auch weil sie auf die Gunst der Griechen in den Verhandlungen zum neuen Asyl- und Migrationspakt angewiesen ist, möchte die EU-Kommission tunlichst keine rechtlichen Schritte gegen Griechenland einleiten.

Auch dieses Nichthandeln ließ Raum für einen Kampf um die Deutungshoheit. Sind Pushbacks nicht doch vielleicht legal? Im Februar 2020 hatte der Europäische Gerichtshof für Menschenrechte die Ausweisung von zwei Geflüchteten als rechtmäßig eingestuft.

Die beiden hatten in einer größeren Gruppe aus 70 Personen die spanische Exklave Melilla erreicht und wurden von dort zurückgeschickt, ohne dass sie die Chance hatten, einen Asylantrag zu stellen oder Beschwerde gegen ihre Rückführungsentscheidung zu treffen. Die Große Kammer des EGMR sagte in der Entscheidung N. D. und N. T. gegen Spanien jedoch in einer recht abenteuerlichen Begründung, dass dieses Vorgehen legal war, da die beiden Geflüchteten in einer «gewaltvollen großen Gruppe» von Geflüchteten die Grenzanlagen überquert hätten, statt auf legalem Wege Asyl zu beantragen.[6] Allerdings gibt es die besagten legalen Möglichkeiten, Asyl zu beantragen, in der Realität nicht.[7] Schwarze Menschen werden systematisch daran gehindert, zu den Grenzübergangsstellen zu kommen.[8] Das Urteil gilt nur für einen Spezialfall, wurde aber schnell genutzt, um öffentlich Stimmung für Pushbacks und gegen irreguläre Migration zu machen. Einige eher fachfremde Politiker:innen wie Manfred Weber nutzten das Urteil, um zu suggerieren, dass das Verhalten der griechischen

Regierung legal sei.[9] Andere nutzten es, um die illegalen Zurückweisungen auf See zu rechtfertigen. Sogar die EU-Grenzschutzagentur versuchte, wider besseres Wissen, bei der EU-Kommission zu erfragen, ob das Urteil nicht auch eine Zurückweisungspraxis in der Ägäis legitimieren konnte. Dabei steht im Urteil auch für laienhafte Leser:innen deutlich, dass es für Seegrenzen schlicht nicht gilt.[10] Das schrieb auch die Rechtsabteilung der Kommission sehr eindeutig in ihrer Antwort an Frontex.

Im August 2020 wurde das Ausmaß der Menschenrechtsverletzungen immer sichtbarer. Wie die New York Times mit Hilfe von verschiedenen Quellen nachweisen konnte, wurden mindestens 1072 Geflüchtete von der griechischen Küstenwache auf kleinen Rettungsinseln auf dem Meer ausgesetzt.[11] Die griechische Regierung bezeichnete die Berichte wieder als Fake News. Kurz danach gibt es weitere Videos von den Vorfällen. Auch Geflüchtete, die nachweislich schon auf griechischem Boden waren, konnten vor den Pushbacks Handys verstecken und dann Videos von den Rettungsinseln schicken.

Griechenland weiß dabei natürlich, dass sein Vorgehen von EU-Staaten gedeckt wird und es sich auch vor der EU-Kommission nicht fürchten muss. Inzwischen gibt es zwar einige eingereichte Klagen gegen die Pushbacks,[12] doch die Verfahren ziehen sich jahrelang hin. Dadurch, dass man nur in Einzelfällen klagen kann, wird der Menschenrechtsbruch selbst im Falle einer Verurteilung als Einzelfall abgetan werden.

Ähnlich wie in Kroatien ist in Griechenland zudem auffällig, dass die Verbrechen oft durch maskierte Beamte ohne Uniformen durchgeführt werden, wodurch die Verantwortlichen schlechter dokumentiert werden können. Auf mehreren Videos ist zu sehen, wie Flüchtlingsboote von kleinen Schnellbooten gejagt werden, die dann Motoren sabotieren oder Geflüchtete schlagen und mit Waffen bedrohen.[13] Auf anderen Videos kann man sehen, wie die gleichen Schnellboote von der griechischen Küstenwache ins Wasser gelassen werden.[14]

Um die parlamentarische oder öffentliche Kontrolle der Regierungsmaßnahmen auszuhebeln, hat Griechenland zudem einen Geheimfonds im Migrationsministerium eingerichtet. Es wird vermutet, dass dadurch die Kosten für den Kauf der Rettungsinseln für die Pushbacks beglichen und private Söldner bezahlt werden. Nach sechs Monaten werden alle Unterlagen über Anschaffungen aus dem Fonds vernichtet, und die Zahlungen sind öffentlich nicht einsehbar.[15]

Die Vereinten Nationen, Menschenrechtsorganisationen, das Komitee zur Verhütung von Folter und unmenschlicher Behandlung des Europarats und Journalist:innen dokumentieren immer mehr Fälle von illegalen Zurückweisungen und erniedrigender Behandlung.

Im September 2020 gab sogar der griechische Schifffahrtsminister Ioannis Plakiotakis gegenüber der Presse versehentlich zu, dass man seit Jahresbeginn die Ankunft von 10 000 Personen «verhindert» habe,[16] dass die Pushbacks also stattfinden.

Ansonsten bleibt die griechische Regierung öffentlich bei der Kommunikationsstrategie, dass es sich um Fake-News handele und man allen ernsthaften Vorwürfen nachgehen würde.

Politisch entsteht dadurch ein Wettlauf gegen die Zeit. Schrittweise wird das Handeln zugegeben, das man zuvor noch abgestritten hat, und sobald die Pushbacks von Mehrheiten als normale Reaktion an den Grenzen gesehen werden, helfen nur noch mehrjährige Gerichtsverfahren, die leicht durch politischen Druck zu verhindern sind. Die Menschenrechtsverletzungen wären somit auf absehbare Zeit der Modus Operandi. Je stärker man den Rechtsbruch in der Praxis verankert, desto unsicherer wird es auch, dass die europäischen Gerichte am Ende klare Urteile fällen. In letzter Zeit sind Urteile von EU-Mitgliedsstaaten schlicht missachtet worden, und die Kommission hat verhindert, dass Strafzahlungen beantragt werden.[17] Eine Durchsetzung von Menschenrechten gegen die politischen Mehrheiten in Europa wird so immer schwieriger.

Dadurch wird die mediale Öffentlichkeit für diese Zustände umso wichtiger, denn sie würde zur politischen Meinungsbildung beitragen und könnte politischen Druck erzeugen. Um eine öffentliche Skandalisierung und eine breite Berichterstattung zu verhindern, machen sich die Behörden aber auch die Komplexität des Themas zunutze. Kaum eine Zeitung hat die Ressourcen, sich durch Einsatzberichte und Hunderte Videos zu arbeiten, um die Widersprüche aufzuzeigen. Eine Ausnahme im deutschsprachigen Raum ist ein Team des Nachrichtenmagazins SPIEGEL, das immer wieder Verbrechen ans Licht bringt. So sorgt es beispielsweise dafür, dass auch Frontex die Beteiligung an den Grenzverbrechen nachgewiesen werden kann. Lange hatte die EU-Grenzschutzagentur auch auf Nachfragen behauptet, dass sie nichts von den Pushbacks mitbekommen hätte und dazu keine Informationen vorliegen. Für diese Haltung gab es nur zwei Erklärungen: Entweder Frontex ist vollkommen unfähig und weiß als Grenzüberwachungsagentur schlicht nicht, was an den Grenzen passiert. Oder Frontex lügt. Beides wäre problematisch. Am 23. Oktober veröffentlichte der SPIEGEL mit internationalen Partnern dann eine Recherche, die einige Pushback-Fälle mit Frontex-Beteiligung nachweisen konnte.[18] So war Frontex in einzelnen Fällen selbst an Pushbacks beteiligt und hatte in mehreren Fällen aus der Luft Pushbacks beobachtet. Der Frontex-Chef selbst verstrickte sich nach den Veröffentlichungen in Widersprüche[19] und versuchte, die Beteiligung von Frontex an den Pushbacks abzustreiten. Üblicherweise führte Frontex die Pushbacks zwar nicht durch, doch wenn Frontex einräumen müsste, dass sie Menschenrechtsverletzungen mitbekommen hatten, ohne davon zu berichten, wäre der politische Druck enorm.

Im November werden interne Dokumente veröffentlicht, die Leggeris Aussagen widerlegen. Frontex hatte in mindestens einem Fall Kenntnis eines Pushbacks, obwohl der Chef das Gegenteil behauptete und sogar öffentlich erklärte, dass die griechische Regierung bereits alle Zweifel ausgeräumt hätte.[20]

Das mediale Interesse an der Frontex-Recherche war jedoch groß und trug dazu bei, dass Frontex selbst eine Arbeitsgruppe einsetzen musste, um die Vorfälle aufzuklären. Das Mandat der Arbeitsgruppe wurde dabei jedoch bewusst eng gehalten, sodass die Untersuchung in einem weitgehend absurden Bericht endet: In mehreren Fällen hatte Frontex zwar beobachtet, dass Boote in türkische Gewässer gezogen wurden, aber es gab für alles eine Erklärung. Die griechische Regierung erklärte, dass sie bei diesen Fällen Boote am Ablegen gehindert hätte. Dass die Boote allerdings schon in griechischen Gewässern waren und offensichtlich nicht am Ablegen gehindert wurden, hält man im Bericht zwar für «inkonsistent», stuft die Vorfälle aber nicht als illegalen Pushback ein. Ein Boot hätte selbständig umgedreht und wäre zurück in die Türkei gefahren, weil es nicht geschafft hätte, in Griechenland anzulegen. Ein anderes Boot sei zwar von den griechischen Behörden in türkischen Gewässern ohne Motor ausgesetzt worden, aber es sei ja möglich, dass der Motor des Bootes nur zeitweise abmontiert wurde und im Innern des Schlauchbootes liege. Dann sei das Boot möglicherweise gar nicht in Seenot zurückgelassen worden. Außerdem sei die Küstenwache nicht EU-finanziert, deswegen sei es auch nicht die Aufgabe der Arbeitsgruppe zu diesem Verhalten Aussagen zu treffen. Bei einem anderen Boot könne zwar der Eindruck entstehen, dass man es mit einem Seil in türkische Gewässer gezogen hätte – davon gab es schließlich ein Video. Eigentlich sei das Boot aber selbst und freiwillig gefahren, das Seil hätte nur der Stabilisierung gedient.

Bei einem anderen Schlauchboot hätten die Küstenwächter zwar alle 40 Menschen gefragt, ob jemand Asyl beantragen möchte. Da angeblich jedoch niemand Asyl beantragen wollte, sei die Zurückweisung ja nicht illegal, sondern eine übliche Verhinderung illegaler Einreise gewesen.[21]

Diese haarsträubende Strategie der Realitätsverzerrung wird weiterhin verfolgt, und so scheinen die Ergebnisse eher auf eine noch stärkere Arbeitsteilung hinauszulaufen: Frontex stellt sicher, dass sie nichts von den Pushbacks mitbekommen, während die griechische Regierung sie durchführt und mit kruden Erklärungen die Parlamente, Gremien und Öffentlichkeit täuscht. Währenddessen versucht man mit rechtlichen Tricks Wege zu finden, wie man das internationale Flüchtlingsrecht aushebeln kann. So erklärt Leggeri neuerdings, dass es vorkomme, dass die Flüchtlingsboote eigentlich von kriminellen Organisationen gesteuert sind und dass die Personen an Bord damit keine Schutzsuchenden, sondern Opfer von Menschenhandel sein könnten – diese Boote dürfe man ja aufhalten. Für die Verhinderung von Menschenhandel gibt es eine Rechtsgrundlage, allerdings gilt das nicht, sobald Menschen um ein Asylverfahren bitten.

Im Winter 2020 meldet sich ein Bundespolizist bei mir, der im Frontex-Einsatz war. Er sei zur Polizei gegangen, um sich für Rechtsstaatlichkeit einzusetzen, doch an den Außengrenzen sei die Polizei zum Handlanger von Verbrechen geworden. Er schickt mir Chatprotokolle und legt dar, dass die Einsatzkräfte vor Ort über die Pushbacks Bescheid wissen. Er will auspacken, und ich vermittle ihn der ZDF-Sendung von Jan Böhmermann, Frontal 21 und dem SPIEGEL.

Doch auch nach den Berichten und obwohl es offensichtlich ist, werden auch die offiziellen Beschwerdewege und Aufklärungsmechanismen ausgehebelt. Die öffentlichen Lügen werden dabei zur offiziellen Sprachregelung von Frontex. Als die FAZ ihn im Interview fragt, dass es ja sonderbar sei, dass neuerdings Flüchtlingsboote in griechischen Gewässern einfach freiwillig umdrehen und wie er sich das erkläre, antwortet Leggeri: «Viele Menschen, die nach Griechenland wollen, kommen aus Afghanistan, Pakistan und Iran. Diese Menschen kehren zurück, weil sie wissen, dass sie keinen Anspruch auf internationalen Schutz haben.» Unabhängig davon, dass es wenig glaubhaft ist, dass 50 Menschen auf einem Schlauchboot nach stundenlanger Fahrt in griechischen Gewässern spontan feststellen, dass ihre Idee ja eigentlich Unsinn war, zeichnet Leggeri hier bewusst eine alternative Realität. Nach Zahlen des UNHCR kamen im Jahr 2020 nur drei Prozent der Menschen aus dem Iran und Pakistan. Die beiden mit Abstand größten Gruppen der Geflüchteten kommen aus Afghanistan und Syrien. In Griechland haben afghanische Geflüchtete Anerkennungsraten von weit über 50 Prozent.

Aufgrund der vielen Ungereimtheiten bei der frontexinternen Aufklärung hat das Europaparlament eine Untersuchungsgruppe eingerichtet, die den Vorfällen auf den Grund gehen soll. Ich bin Teil dieser Untersuchungsgruppe, doch es zeigt sich, dass die Arbeit sehr mühsam ist. Ob das Parlament den Druck erhöhen kann, damit die nationalen Grenzbehörden und auch Frontex rechtsstaatlich kontrollieren können, ist fraglich. Doch durch die Arbeit in der Gruppe konnte ich mehrere Kontakte zu Whistleblowern herstellen.

Ich kriege mehrfach interne Mails und Berichte aus dem Frontex-Hauptquartier zugespielt. Darin wird ein düsteres Bild gezeichnet. Die Führungsebene verhindere systematisch Aufklärung bei Menschenrechtsbrüchen. Ich erfahre in solchen Mails, dass auch die Anti-Betrugs-Behörde der Europäischen Union nun wegen diverser Unregelmäßigkeiten gegen Frontex ermittelt.

Und auch die Rolle von Mitgliedsstaaten wie Deutschland wird durch die internen Unterlagen deutlicher. Nach einem Bericht über die Beteiligung der Bundespolizei an einem Pushback behauptete das Bundesinnenministerium, keine Hinweise über eine

Menschenrechtsverletzung zu haben. Dabei gab es im Ministerium bereits Informationen zu dem Fall: Am 10. August 2020 entdeckte ein deutsches Küstenwachenboot im Frontex-Einsatz ein Boot in Seenot. Die griechische Küstenwache übernahm den Einsatz und schickte das deutsche Schiff Uckermark zurück in den Hafen. Wenig später kam auch das griechische Küstenwachenschiff im Hafen an, allerdings ohne die Menschen von dem Schlauchboot. Die Bundespolizei meldete den Vorgang und forderte eine Erklärung von der griechischen Küstenwache. In einer internen Erklärung der Bundespolizei wird beschrieben, dass beobachtet wurde, dass bereits Menschen an Bord des griechischen Schiffes genommen wurden, doch das Papier wird nie veröffentlicht. Mit einer Veröffentlichung hätte man die Erklärung der griechischen Küstenwache als Lüge enttarnt, denn die behauptete wiederum, dass das Boot beim Anblick des Küstenwachenbootes freiwillig zurück in türkische Gewässer gefahren sei. So wird der Pushback am Ende gedeckt. Doch in einer Parlamentsanhörung zu dem Vorgang erklärt die Bundesregierung, dass die Bundespolizei keinen Fehler gemacht hätte und die Untersuchungen deswegen abgeschlossen seien. Für die Aufklärung anderer Vorgänge sei Frontex zuständig.

Auf eine grüne parlamentarische Anfrage antwortet die Bundesregierung zudem:

«Deutschland setzt sich im Verwaltungsrat dafür ein, dass Berichte, die Menschenrechtsverletzungen erfassen, direkt und unmittelbar an den Grundrechtsbeauftragten weitergeleitet werden. Darüber hinaus setzt sich Deutschland dafür ein, dass alle gemeldeten möglichen Menschenrechtsverstöße im Rahmen von Frontex-Einsätzen umfassend und zeitnah aufgeklärt werden.»

Doch nur drei Tage später schreibt das Bundesinnenministerium eine E-Mail, in der es sich für das Gegenteil einsetzt. Einer Initiative, mit einer Arbeitsgruppe weitere Fälle von Menschenrechtsverletzungen aufzuklären, erteilt das Innenministerium dabei eine Absage:

«Wir halten es nicht für notwendig, eine neue Arbeitsgruppe einzurichten. [...] Alle verfügbaren Quellen (Berichte, Interviews, Video- und Fotomaterial) wurden gründlich und erschöpfend ausgewertet. Der Vorstand hat in seiner außerordentlichen Sitzung im März 2021 die Arbeit der Arbeitsgruppe als abgeschlossen betrachtet.»

Dabei sind viele Fälle noch nicht aufgeklärt. Allein die türkischen Behörden hatten zuvor 497 Fälle von Pushbacks übermittelt und die jeweiligen Berichte mit Fotos und Videos untermauert. Auch das UN-Flüchtlingshilfswerk übermittelte mehrere hundert Berichte über illegale Zurückweisungen. Und ein anderes Dokument bei Frontex zählt 132 Fälle aus zwölf Monaten auf, in denen Frontex in Zurückweisungen involviert war. Es scheint jedoch, als ob auch im Verwaltungsrat von Frontex verhindert werden soll, dass Menschenrechtsverletzungen aufgeklärt werden – mit Unterstützung der Bundesregierung und obwohl sie gegenüber dem Parlament das Gegenteil behauptet.[22]

Statt «Humanität und Ordnung» gibt es an den Außengrenzen nun eine Aufhebung der Rechtsstaatlichkeit und ein Chaos, bei dem Menschen und ihre Rechte systematisch verletzt werden. Doch in der Öffentlichkeit entsteht trotz der Enthüllungen, offensichtlichen Lügen und erschreckenden Verbrechen kein wirklicher Druck, dieses Verhalten zu ändern und zu ahnden. Wie konnte es so weit kommen?

9

Wie konnte es so weit kommen?

Um einen politischen Kurswechsel zu erreichen, muss man verstehen, wie es dazu kommen konnte, dass die Zustände sind, wie sie sind. Es ließen sich Dutzende Argumente auf europäischer, deutscher oder persönlicher Ebene der Entscheidungsträger:innen finden. Die aus meiner Sicht wichtigsten werden in diesem Kapitel behandelt.

1. Grund: Die sogenannte «Flüchtlingskrise» 2015 und der Pull-Faktor-Mythos

Als 2015 und 2016 eine hohe Zahl von Schutzsuchenden Asyl in Europa finden wollte, war man unvorbereitet und nicht mit einem robusten Asylsystem ausgestattet. Jahrelang hatte sich auch die deutsche Regierung gegen ein gerechtes Verteilungssystem gewehrt, erst 2015, als man selbst davon profitiert hätte, änderte man den Kurs. Doch nicht nur in Deutschland, sondern auch bei den Außengrenzstaaten kam es 2015 und 2016 zu einer Überforderung der vorhandenen Strukturen.

Einerseits wurde diese sogenannte «Europäische Flüchtlingskrise» von einer aktiven und solidarischen Zivilgesellschaft aufgefangen, wodurch eine humanitäre Krise in Europa abgewendet werden konnte. Andererseits war das Überforderungsgefühl auch ein fruchtbarer Boden für rechtspopulistische Forderungen. Der kurzfristige Erfolg rechter Parteien hat insbesondere bei konservativen Parteien dazu geführt, dass sie die Lösungsstrategie der Abschottung und Entrechtung von den Rechtspopulisten kopierten und so selbst Rechtspopulismus förderten, statt ihn zu bekämpfen. Auch nachdem immer weniger Geflüchtete den Weg nach Europa suchten, wurden Gesetze und Maßnahmen weiter verschärft, damit bloß niemand noch irgendeinen Anlass hatte, die Rechten zu wählen. Inzwischen ist eine überwältigende Mehrheit der Regierungen in Europa nicht mehr bereit, Geflüchtete abseits kleiner Symbolprogramme aufzunehmen oder Menschenrechte ins Zentrum der Asylpolitik zu rücken. «2015 darf und wird sich nicht wiederholen», sagte Horst Seehofer nach dem Brand in Moria. Dieses Versprechen einzuhalten ist der Regierungspolitik so wichtig, dass man es auf Kosten der Schwächsten umsetzt und den Blick für konstruktive und rechtsstaatliche Lösungsansätze verdeckt. Es setzt sich die Haltung durch, dass ein rechtsstaatlicher und humaner Umgang zu einem Kontrollverlust führe. Die herbeigeredete Angst vor der Migration steht dabei vor allem für die Angst vor dem Kontrollverlust über die eigenen Wahlergebnisse. Diese Angst lähmt dabei auch die Fähigkeit, Migrationspolitik auf einer faktenbasierten Grundlage zu organisieren. Dabei hängt die krisenhafte Stimmung tatsächlich nicht von der Anzahl der Asylanträge ab, sondern davon, wie gut die Asylpolitik organisiert wird.

Statt ein krisenfestes, rechtsstaatliches und humanes Asylsystem anzustreben, das auch bei steigenden Ankunftszahlen, wie etwa durch den Bürgerkrieg in Syrien, gut funktioniert, wird diese komplexe Aufgabe durch eine sehr einfache Zielvorstellung ersetzt: je weniger Asylanträge, desto besser. Diesem Ziel widmen sich seit spätestens 2015 fast alle EU-Regierungen mit voller Hingabe, ohne jedoch die Ursachen für die Flucht wirksam zu bekämpfen. Regelmäßig verkündet Horst Seehofer Asylantragszahlen. Anfang 2021 stellte er wieder erfreut fest: «Die Zahlen sinken schon das vierte

Jahr in Folge. Wir sind auf dem richtigen Weg.» Welche Schicksale hinter den Zahlen verborgen sind, rückt dabei immer weiter aus der Wahrnehmung.

Die Politik der Asylvermeidung und Abschottung in Europa ist eng mit der sogenannten «Pull-Faktor-Theorie» verknüpft: Je besser die Aufnahmebedingungen und Fluchtmöglichkeiten nach Europa sind, desto mehr Menschen fliehen nach Europa. Auch wenn die Praxis viel komplexer ist, wie Migrationswissenschaftler:innen immer wieder betonen,[1] bestimmt dieser Hintergedanke maßgeblich die Regierungspolitik vieler europäischer Staaten. Dreht man die Pull-Faktor-Theorie um und kombiniert sie mit dem Ziel sinkender Asylantragszahlen, ergibt sich eine einfache Gleichung: Asylzahlen sinken, wenn man immer gefährlichere Fluchtmöglichkeiten und Aufnahmebedingungen für Geflüchtete in Europa schafft. Menschen müssen leiden und sterben, damit diese Asylpolitik erfolgreich sein kann. Was sich grausam anhört, ist die Regierungspraxis an den Außengrenzen. Die Situation dort soll im Zweifelsfall gefährlicher sein als die Bürgerkriege, vor denen die Menschen fliehen.

Der griechische Wirtschaftsminister Adonis Georgiadis formulierte diese Strategie bemerkenswert offen: «Damit sie aufhören zu kommen, müssen sie hören, dass es denen, die vorher gekommen sind, schlechtgeht.»[2] Das Ziel ist also keine Verbesserung der Situation, sondern eine Fortsetzung des Leids auf den Fluchtrouten und eine verschlechterte Perspektive in den potenziellen Ankunftsländern.

Durch diese Politik verschieben sich die Wertmaßstäbe, die Europa eigentlich stets predigt. Es besteht kein Rechtfertigungsdruck mehr, wenn man leiden lässt. Heute muss man sich eher rechtfertigen, wenn man Schutzsuchenden helfen will, denn dadurch kann Chaos entstehen – so die Logik der Abschotter.

2. Grund: Rassismus

Ein weiterer Grund für den mangelnden Druck in Politik und Öffentlichkeit, wenn es um die Einhaltung der Menschenrechte auf den Fluchtrouten geht, ist zweifelsohne ein tiefsitzender Rassismus. Es wäre schwer vorstellbar, dass es im Falle von Zehntausenden ertrunkenen Deutschen im Mittelmeer keine organisierte und unterstützte Seenotrettungsmission geben würde. Es wäre schwer vorstellbar, dass es als akzeptable Pandemiebekämpfung durchgehen würde, wenn man 7000 Schweden über Monate in Zelten zusammenpfercht. Es wäre schwer vorstellbar, dass man trotz einer rechtlichen Verpflichtung rechtfertigen könnte, dass Tausende Österreicherinnen den fünften Winter in Folge keine Heizungen in ihren Unterkünften haben. Dass das bei den Geflüchteten möglich ist, hängt auch mit einer abwertenden und vorurteilsbehafteten Haltung gegenüber den Menschen of Colour zusammen.

Etwas mehr als die Hälfte Deutschen hat grundlegende Vorurteile gegenüber Geflüchteten.[3] Knapp 60 Prozent stimmten in einer repräsentativen Umfrage der Forderung zu, dass Geflüchteten die Einreise verweigert werden soll, wenn sie irregulär nach Europa fliehen.[4] Diese Forderung umzusetzen würde das Ende der Genfer Flüchtlingskonvention bedeuten – man müsste unzähligen Menschen den Schutz vor Tod und Verfolgung verwehren. Würde sich eine solche Mehrheit auch noch für diesen Standpunkt entscheiden, wenn den Menschen in Westeuropa klar wäre, zu welchem Leid eine solche Politik führen würde? Schon mehrfach hat sich die gesellschaftliche Stimmung zu asylpolitischen Fragen in den letzten Jahren geändert. Doch wenn die mediale Aufmerksamkeit durch Desinformation, Lügen und die Verhinderung der Berichterstattung vor Ort schwindet, dann fehlt es auch an einer öffentlichen Debatte, die eine sachliche Meinungsbildung befördert. Solche Effekte kann man in Ungarn oder Griechenland bereits beobachten. Dort stellen die regierungstreuen Medien Geflüchtete bewusst kaum als Individuen dar, sondern sprechen von «Angriffen auf die Nation», «Wellen», «Fluten» und «Lawinen». Migration wird damit zu einer Katastrophe stilisiert, vor der man sich schützen muss. Die Schutzsuchenden werden als Sicherheitsrisiko dargestellt, manchmal wird behauptet, dass sie Krankheiten nach Europa bringen würden, oder antimuslimischer Rassismus wird geschürt. Durch diese Sprache und einseitige Darstellungen wird versucht, die Empathie langsam durch Angst zu ersetzen. Die Ausgrenzung in geschlossenen Lagern sorgt zusätzlich dafür, dass Geflüchtete im Alltag kaum Kontakt mit der Mehrheitsgesellschaft haben und die gesellschaftliche Meinung sich nicht aus eigenen Erfahrungen speist, sondern aus der medialen Berichterstattung oder Social-Media-Beiträgen. Mehrere Studien bestätigen, dass diejenigen Menschen, die in Kontakt zu Geflüchteten kommen, deutlich seltener zu einer flüchtlingsfeindlichen Haltung tendieren als jene, die in Orten ohne Geflüchtete wohnen.[5] Und so schafft die Ausgrenzung ein Paradies für das populistische Spiel mit der Angst, das wiederum zu weiterer Ausgrenzung führt – ein Teufelskreis. Auch die Strategie, immer härtere Asylgesetze zu beschließen, um zur Akzeptanz in der Bevölkerung beizutragen, erzeugt so allzu oft eher das Gegenteil des Intendierten. Rassismus und Vorurteile werden durch die Ausgrenzung – also auch durch sich selbst – bestärkt. Diese Entwicklung kann man auch in der deutschen Asylpolitik gut beobachten.

3. Grund: Die Angst der Demokrat:innen vor der Demokratie

In einer funktionierenden repräsentativen Demokratie würde man sich wünschen, dass Parlamente und Regierungen folgendermaßen vorgingen: Auf Basis realer Verhältnisse werden Lösungen für politische Herausforderungen entwickelt, diese Lösungen werden anschließend transparent erklärt und umgesetzt. Bei Wahlen und vor Gerichten kann dann evaluiert werden, welche der Lösungen gut und welche legal sind. Doch in der politischen Realität der Asylpolitik spielt die Realität inzwischen allzu oft eine untergeordnete Rolle. Ob durch das Leugnen gut dokumentierter Menschenrechtsverletzungen durch europäische Regierungen, durch die Diffamierung von Seenotrettungsorganisationen als «Menschenschlepper» oder durch die jahrelang gut gepflegte, aber fadenscheinige Behauptung, man würde sich intensiv dafür einsetzen, die Lebensbedingungen auf den griechischen Inseln zu verbessern – auch europäische Asylpolitik ist immer stärker von einem Politikstil gekennzeichnet, den wir vor allem von Donald Trump oder Jair Bolsonaro kennen. Die Lüge wird zu einem zentralen Mittel der politischen Kommunikation, weil sie ein äußerst wirksamer Weg zur Umsetzung politischer Ziele ist. Wenn sich dieser Stil auch in anderen Politikfeldern durchsetzt – und das kann man zum Beispiel in der Klimapolitik bereits beobachten –, würde die Demokratie in ernsthafte Gefahr geraten.

Hannah Arendt formulierte in ihrem Essay *Wahrheit und Politik*: «Wahrheit ist das, was der Mensch nicht ändern kann.» In diesem Sinne wohnt der Wahrheit eine gewisse Ohnmacht inne. Denn man kann sie politisch nicht ändern. Doch wer sie rhetorisch zu einer bloßen Meinung reduziert, kann die Wahrheit selbst zum Diskussionsgegenstand werden. Diese Strategie wird längst nicht mehr nur von Rechtsaußenparteien angewendet, sie wird vielfach kopiert. «Asyltourismus»,[6] «Anti-Abschiebe-Industrie»[7] oder «Herrschaft des Unrechts»[8] sind nur einige Beispiele für rechtspopulistische Begriffe, die demokratische Politiker gewählt haben, um eine Stimmung abseits der Realität zu erzeugen oder zu bedienen.

Rhetorische Zuspitzung ist in der politischen Auseinandersetzung ebenso wichtig wie die Erkenntnis, dass nicht jede wissenschaftliche Erkenntnis eine einzig wahre Antwort erzeugen sollte. Demokratische Politik in komplexen Gesellschaften muss immer einen Gestaltungsspielraum und demokratische Aushandlungsprozesse beinhalten.

Aber wenn die Gewählten nicht mehr anstreben, die Wirklichkeit zu beschreiben und um Lösungen für tatsächlich vorhandene Probleme zu ringen, dann wird Politik auf einen Kampf um Deutungshoheit und Stimmungen reduziert. Dann gilt die Devise: «Perception is reality» – das, was man wahrnimmt und fühlt, ist auch Realität. «Es geht nicht nur um die reine Statistik, es geht auch darum, wie der normale Bürger das empfindet», sagte ein AfD-Politiker in einer Wahlsendung, als er gefragt wurde, warum die AfD nie über die vielen Geflüchteten spricht, die nicht kriminell sind.

Solche Desinformationsstrategien treffen auf eine in der Asylpolitik in Teilen ohnehin verunsicherte Öffentlichkeit, die zunehmend Schwierigkeiten hat, sich eine fundierte Meinung über das komplexe Thema zu bilden. Dadurch entsteht eine polarisierte und fragmentierte öffentliche Debatte, in denen sich Teile der Gesellschaft ihre gefühlten Wahrheiten beliebig nach ihren Ansichten gestalten können. Durch soziale Medien wird dieser Effekt verstärkt. Denn statt einer inklusiven Öffentlichkeit, in der eine Gesellschaft durch einige reputable Medienquellen informiert wird und anschließend aktiv über die Themen des Tages diskutieren kann, entstehen exklusive Öffentlichkeiten an vielen Orten. Völlig realitätsferne Wahrnehmungen und scheinbare Wahrheiten entstehen in Echokammern, in denen Nachrichten außerhalb der Kammer keine Rolle mehr spielen. Manipulation und Populismus greifen um sich.

Dabei können Manipulationstaktiken sogar Einfluss auf große Leitmedien haben. Als 2015 die Willkommenskultur auch die Schlagzeilen in deutschen Zeitungen prägte, wurde die Kritik laut, dass diese Berichte zu einseitig wären. In der Folge wurden häufiger offen rechtspopulistische Gäste in Talkshows eingeladen. Um sich vor dem Vorwurf einer subjektiven Berichterstattung zu schützen, versuchte man immer öfter auch denjenigen zu gefallen, die pauschale «Lügenpresse»-Vorwürfe auf Demonstrationen artikulierten. Es entstand ein Problem der «False Balance» (Falsche Ausgewogenheit), klaren Minderheitenmeinungen wurde viel Raum gegeben und Randphänomene wurden ins Zentrum der Berichterstattung gerückt. Ein weiteres illustratives Beispiel für diesen Effekt: Während vor 2015 die Herkunft von straffälligen Personen bei der Berichterstattung kaum eine Rolle spielte, kam eine Untersuchung 2019 beispielsweise zu dem Schluss, dass ausländische Tatverdächtige in Zeitungsberichten 32-mal so häufig erwähnt werden, wie es ihrem statistischen Anteil an den Straftaten entspricht.[9] Dadurch entsteht der Eindruck, dass «kriminelle Ausländer» ein zentrales Problem darstellen.

Wenn Regierungen sich an diesen Stimmungen orientieren oder sie selbst befördern, rechtfertigen sie illegales Verhalten der Küstenwache oder die gezielte Verhinderung von Seenotrettung oft mit einem kruden Argument: Man müsse mit solchen Mitteln die Ankunft von noch mehr Geflüchteten verhindern, um rechtspopulistischen Parteien nicht noch mehr Zulauf zu verschaffen. Der Rechtsbruch, die Lügen und Abschottung sollen also dem Zweck dienen, Rechtsstaatlichkeit und Demokratie vor ihren Feinden zu schützen. In verschiedenen europäischen Ländern zeigt sich allerdings klar, dass solch eine Politik auf Dauer zum Gegenteil beiträgt. Je öfter Lügen und Rechtsbruch als Mittel der Politik genutzt werden, desto weniger stellt der Rechtspopulismus einen Tabubruch dar.

Während 2016 eine Empörungswelle entstand, als eine AfD-Politikerin Schüsse an den Grenzen forderte,[10] wurden die tödlichen Schüsse an der griechischen Grenze vier Jahre später bereits nicht mehr ernsthaft und breit kommentiert. Auch hier zeigt sie sich: die Angst der europäischen Demokrat:innen vor der Demokratie.

4. Grund: Der Europa-Trick als Flucht vor Verantwortung

Die Auslagerung von Verantwortung hat in der europäischen Asylpolitik eine lange Geschichte. Doch nicht nur die Kooperationen mit Transitländern wie der Türkei oder Fluchtländern wie Afghanistan und Libyen dient dazu, dass westeuropäische Länder möglichst nichts vom Leid der Welt mitbekommen. Auch innerhalb Europas versucht man, durch die Auslagerung der Verantwortung nach Brüssel an der Abschottung festzuhalten und eine individuelle Verantwortung der EU-Mitgliedsstaaten von sich zu weisen. Direkt nach dem Feuer in Moria lehnten Innenminister Seehofer und Kanzlerin Merkel die Aufnahme der Brandopfer in Deutschland ab und forderten eine gemeinsame Anstrengung Europas. Wenn Deutschland zu viele der Menschen aufnehme, dann würde es nie eine europäische Lösung geben, sagte die Kanzlerin. Damit wendete sie eine simple, aber effektive Strategie an, die man den Europa-Trick nennen könnte. Mit Verweis auf die Handlungsunfähigkeit der EU werden die eigenen Aufnahme- und Handlungsmöglichkeiten kaschiert, damit der Status quo erhalten bleibt. Wenn alle EU-Staaten den Europa-Trick anwenden, ist weiterhin auf Jahre sichergestellt, dass sich an der asylpolitischen Lage nichts substanziell verbessert.

Fakt ist: Seit Jahren wird die Aufnahme von Geflüchteten abgelehnt, obwohl es viele Kommunen in Europa gibt, die freiwillig Menschen aufnehmen würden. Doch das fortdauernde Leid der Menschen in den Lagern und auf dem Meer wird hintenangestellt, unter dem Vorwand, eine europäische Lösung erzwingen zu wollen, die durch eine gerechte Verteilung von Schutzsuchenden endlich alle Probleme löst. Und solange es diese Lösung nicht gibt, müssen die Menschen eben weiter leiden. Hier wird nicht nur Politik gemacht, die das Leid von Menschen vergrößert, sondern auch ein Scheinargument entwickelt. Denn ohne positive Beispiele und den Handlungswillen der einzelnen EU-Staaten wird es auch keine europäische Lösung geben. Das kann man auch an der Klimapolitik sehen: Würden alle Industriestaaten weiterhin behaupten, dass sie die Klimakatastrophe ohne die anderen Staaten gar nicht verhindern könnten, und damit das Nichthandeln rechtfertigen, würde es nie eine klimaneutrale Zukunft geben.

Aber kam nicht zuletzt Bewegung in die europäische Asylpolitik? Nur oberflächlich. Die EU-Kommission präsentierte im Herbst 2020 einen neuen EU-Asylpakt. Mit Gesetzesvorschlägen auf über 400 Seiten soll die Blockade unter den Mitgliedsstaaten gelöst werden. Statt Moria und Mittelmeersterben soll es nun menschenwürdige Unterbringung, rechtsstaatliche Verfahren und Solidarität geben. Die Seenotrettung soll nicht mehr kriminalisiert werden, und selbst in großen Krisen sollen nun Menschenrechte geachtet werden. Klingt zunächst vernünftig. Doch nach einem genaueren Blick in die Dokumente kommen in den Diskussionen im Europaparlament berechtigte Zweifel auf, ob der Vorschlag die gesteckten Ziele erreichen kann. Die EU-Kommission stellt sich das neue Asylsystem ungefähr so vor: Menschen kommen an den Außengrenzen an. In einem Registrierungsprozess wird innerhalb weniger Tage herausgefunden, wer die Person ist. Die meisten Menschen sollen dann in Schnellverfahren an den europäischen Grenzen innerhalb kurzer Zeit registriert werden und eine Entscheidung über ihre Asylanträge erhalten. Dieses Versprechen wurde zwar schon 2015 bei der Einrichtung von Hotspots wie Moria gegeben, aber jetzt soll es wirklich funktionieren. In der Praxis führen die Grenzverfahren jedoch schon jetzt zu großen Problemen, wie das Europaparlament in einem Umsetzungsbericht festgestellt hat, für den ich Berichterstatter war.[11] Es fehlt nicht an einer Ausweitung der Grenzverfahren, bei denen die schon bekannten Probleme ignoriert werden. Es fehlt an Personal und politischem Willen, die Asylverfahren anständig zu organisieren. Und es fehlt an einer gerechten Verteilung der Menschen in die europäischen Staaten. Die Verteilung soll im Vorschlag der Kommission so organisiert werden, dass Staaten jährlich angeben, wie viele Menschen sie aufnehmen wollen. Wenn sie niemanden aufnehmen wollen, können sie andere Ersatzleistungen aufbringen. Dazu kann beispielsweise die Entsendung von Grenzschutzbeamt:innen zählen.

Um zu verstehen, warum es so schwer ist, eine wirkliche Änderung im Asylsystem durchzusetzen, ist es interessant, genauer auf die Gründe für das Scheitern einer europäischen Asylpolitik in der Vergangenheit zu schauen. Denn wie ich schon angedeutet habe, stellt das vorgeschlagene Asylsystem in großen Teilen lediglich eine Fortsetzung dieses Scheiterns dar.

Die Gesetzgebung in Europa funktioniert so: Die Kommission macht einen Vorschlag. Dann entwickeln das Parlament und der Rat – also die Mitgliedsstaaten – jeweils eigene Positionen zu den Vorschlägen, mit denen sie in die sogenannten Trilogverhandlungen gehen. In diesen Verhandlungen werden unter Vermittlung der Kommission dann Kompromisse gefunden. Doch auch mehr als ein Jahr nach dem Neustart der Verhandlungen konnten die Mitgliedsstaaten sich noch nicht auf einen gemeinsamen Kurs einigen. Dabei hatte die Kommission die Mitgliedsstaaten im Vorfeld sehr eng in die Erarbeitung des Vorschlags eingebunden, um ein erneutes Scheitern zu verhindern. Denn schon 2016 war es nicht gelungen, eine gemeinsame Position zu den Kommissionsvorschlägen zu finden. Trotzdem zeigen Ungarn, Polen und einige andere Staaten keinerlei Interesse an der Verabschiedung neuer Regeln, da sie ihr Ziel der Abschottung mit dem aktuellen System besser umsetzen können. Hier werden politische Interessen der einzelnen Mitgliedsstaaten über die Entwicklung und Verabschiedung eines menschenwürdigen Asylsystems gestellt, das viele Leben retten könnte. Das wird sich wohl auf absehbare Zeit nicht ändern. Mit der aktuellen Mehrheitsverteilung im Europäischen Parlament lässt sich zwar vermutlich eine Position finden, die die aktuelle Gesetzeslage nicht verschlechtert. Doch im Rat wird als oberstes politisches Ziel gesehen, die Zahl der Asylsuchenden in Europa immer weiter zu reduzieren – dies ist momentan die zentrale Triebfeder der europäischen Politik. Solange sich an diesem Ziel nichts ändert, ist ein besseres europäisches Asylsystem nicht in Sicht – auch wenn das immer wieder versprochen wird.

Hier könnte das Buch nach den bisherigen Ausführungen zwar enden, allerdings glaube ich trotz der etwas ernüchternden Bestandsaufnahme, dass es viele Möglichkeiten gibt, das Asylrecht in Europa zu retten. Bevor ich einige Gedanken dazu skizziere, möchte ich noch auf einen wichtigen Punkt eingehen: Lösungen für die Herausforderungen der europäischen Asylpolitik zu entwickeln ist keine triviale Angelegenheit. In Europa gibt es hingegen eine Tendenz, diese komplexen Sachverhalte auf einfache Formeln herunterzubrechen.

5. Grund: Unrealistisches Erwartungsmanagement

Besonders in den letzten Jahren wird in der politischen Debatte oft behauptet, dass irreguläre Migration recht einfach und kurzfristig beendet werden könnte, ohne dabei das Recht zu brechen oder viele Tote und Leidende in Kauf zu nehmen. Ins Zentrum wird dabei oft der «bessere Grenzschutz» gestellt, für den viel Geld ausgegeben wird, der aber gar nicht den Zweck erfüllen soll und darf, Menschen von rechtsstaatlichen Asylverfahren abzuhalten. Die Asylantragszahlen durch Grenzschutz zu senken, ist nur durch den Bruch des Rechts – also durch Verbrechen – zu gewährleisten. Schließlich hatte man nach den schrecklichen Erfahrungen im Zweiten Weltkrieg mit der Genfer Flüchtlingskonvention dafür gesorgt, dass Geflüchtete an den Grenzen Zugang zu Asylverfahren haben müssen und nicht einfach zurückgewiesen werden dürfen. Diese wichtige Errungenschaft ist ein Kern des Internationalen Asylrechts.

Doch mit dem Grenzschutz-Populismus wird der Gesellschaft suggeriert, dass die Ankunft von Geflüchteten ein Anzeichen dafür sei, dass Grenzen eben nicht «geschützt» sind – es also eine Unsicherheit gäbe. Und man erweckt die Erwartung, dass jedes Jahr weniger Geflüchtete kommen würden, wenn Europa nur seine Grenzen besser schützen würde. Diese Erwartung lässt sich, wie schon dargestellt, rechtsstaatlich nicht einlösen. Wenn aber Ziele formuliert werden, die man nur durch Rechtsbrüche einlösen kann, dann muss man sich nicht wundern, wenn rechte Parteien mehr Zulauf bekommen, die offen darlegen, dass sie die rechtswidrige Abschottung im Zweifelsfalle auch gewaltvoll durchsetzen würden. Um diesen Demokratiefeinden nicht das Feld zu überlassen, zwingt man sich dann selbst zum Rechtsbruch, weil man mit populistischer Grenzschutzrhetorik unrealistische Erwartungen in der Öffentlichkeit zementiert hat. Die Folgen erleben wir momentan an den europäischen Außengrenzen.

Oft wird neben der Forderung nach besserem Grenzschutz dann ebenso populistisch behauptet, dass durch geschickte Fluchtursachenbekämpfung bald kaum noch Menschen nach Europa fliehen würden. Diese Formel «Fluchtursachen bekämpfen» hat sich als zentrales Mantra in der europäischen Asylpolitik etabliert. Mit ihr kann man schließlich erklären, dass man sich eigentlich um das Wohl der Menschen sorgt, aber eben bei ihnen zu Hause und nicht in Europa.

Zwar kann sich niemand wünschen, dass Menschen erst nach Europa fliehen müssen, um in Sicherheit leben zu können. Doch von dem Wunsch einer besseren Welt allein werden die Ursachen von Flucht, das Elend oder die Krisen nicht verschwinden. Fluchtursachenbekämpfung ist ein langwieriger Prozess. In den letzten Jahren gibt es weltweit trotz der vielbeschworenen «Hilfe vor Ort» immer mehr Geflüchtete, nicht weniger. In der Praxis wird ein wesentlicher Teil der aufgewendeten Gelder aber nicht für die Bekämpfung der Ursachen, sondern für die Bekämpfung der Flucht selbst verwendet. Das zeigt sich beispielsweise beim EU-Treuhandfonds für Afrika, mit dem unter anderem die libysche Küstenwache finanziert wird. Damit soll verhindert werden, dass Menschen aus Libyen fliehen, nicht dass sie fliehen müssen. Regierungen und die Kommission entziehen die Maßnahmen dabei zunehmend der parlamentarischen Kontrolle. Das EU-Parlament kann beispielsweise nicht verhindern, dass die libysche Küstenwache finanziert wird. Um die Maßnahmen zur Migrationsabwehr mit moralisch vertretbaren Zielen aufzuwerten, werden absurde Argumentationen angewandt. So behauptet die EU-Kommission, dass die Finanzierung der libyschen Küstenwache der Seenotrettung dient, obwohl die Libyer regelmäßig Menschen ertrinken lassen.[12]

Es gibt viele andere Beispiele, in denen die Abwehr von Geflüchteten schon außerhalb Europas durch EU-Regierungen und EU-Kommission organisiert wird. Dabei scheinen kaum Skrupel zu bestehen, islamistische Milizen, menschenrechtswidrige Praktiken und Folter in Haftlagern zu unterstützen. Simone Schlindwein und Christian Jakob haben das in ihrem Buch *Diktatoren als Türsteher Europas* umfangreich dokumentiert. In vielen Fällen wird schon weit vor Europas Grenzen verhindert, dass Menschen frei reisen können, um Fluchtrouten tief in Afrika abzuschneiden.

Die dritte unrealistische Erwartung ist folgende: Entwicklungszusammenarbeit führt zu einer Bekämpfung der Armut und senkt damit den Willen zur Migration. Das entspricht jedoch nicht der Realität, weil die Ärmsten der Armen gar nicht über die Mittel zur Migration verfügen.[13] Armutsbekämpfung trägt in dieser Perspektive sogar dazu bei, dass sich mehr Menschen das Auswandern leisten können. Erst wenn sich die wirtschaftlichen Verhältnisse so stabilisieren, dass sich eine Migration in andere Länder nicht mehr lohnt, nimmt der Migrationswille ab. Durch die Politik der Abschottung wird jedoch nicht nur Flucht nach Europa eingeschränkt, sondern auch die innerafrikanische Mobilität, die für viele Menschen seit jeher eine gute Anpassungsstrategie an Klima- und Umweltveränderungen war und zu wirtschaftlichen Verbesserungen beigetragen hat.

An diesen drei Beispielen lässt sich exemplarisch zeigen, dass Europa ein Problem mit unrealistischen Erwartungen in der Asylpolitik hat. Doch anstatt realistische Erwartungen zu wecken und tragfähige Lösungen zu entwickeln, wird die Politik der Abschottung fortgesetzt und vor einer «Masseninvasion» gewarnt, die es in der Realität jedoch gar nicht gibt. Die Bevölkerung Afrikas hat sich in den letzten 60 Jahren vervierfacht. Eine massive Veränderung des Migrationsverhaltens hat sich relativ zu diesen neuen Zahlen bisher nicht ergeben. Selbst aus Nigeria, dem mit 214 Millionen Einwohner:innen bevölkerungsreichsten Land Afrikas, kamen in den letzten 10 Jahren insgesamt nicht einmal 100 000 Menschen nach Europa. Trotzdem gibt es einen großen politischen Druck, die Migration immer weiter einzuschränken.[14]

Die Erwartung, dass mit den bisherigen Maßnahmen der Asylpolitik schon dafür gesorgt würde, dass bald kaum noch jemand nach Europa fliehen wird, ist gefährlich. Denn sie ist ein wesentlicher Grund dafür, dass keine realistischen und tragfähigen Strukturen geschaffen werden, um die Flucht in Europa anständig zu organisieren. Anstatt irreguläre Migration als faktische Realität anzuerkennen, die sie seit Jahrzehnten ist, und das Problem rechtsstaatlich anzugehen, flüchtet sich die europäische Politik in populistische Rhetorik und Abschottungsmaßnahmen. Die europäische Asylpolitik befindet sich in einem dauerhaften Krisenmodus, der die Gesellschaft verunsichert und den Rechten hilft. Europa stellt sich schlicht der Aufgabe nicht, mit der es absehbar auch die nächsten Jahrzehnte konfrontiert sein wird, sondern kapituliert vor ihr. Das Ziel kann man einfach beschreiben, es muss lauten: «Make Migration boring again». Wenn Migration rechtsstaatlich und human organisiert ist, wenn akzeptiert wird, dass sie normal ist, dass sie eigentlich langweilig ist, dann fehlen endlich die Anlässe zur Skandalisierung und zur Kriminalisierung, dann gibt es keinen Grund mehr zu Rechtsbrüchen und Gewalt. Doch wie könnte man dieses Ziel erreichen, und wie könnte die europäische Politik es denn nun besser machen?

10

Der Weg zu einer Lösung

Inzwischen gibt es 70 Grenzmauern auf der Welt – etwa fünfmal so viele wie 1989, als die Berliner Mauer fiel. Während damals der Wille zur Freiheit die Massen begeisterte und die Mauer zum Einsturz brachte, setzt sich heutzutage immer stärker der Wille zur Abschottung durch. Der Mut von 1989 ist einer Angst vor 2015 gewichen. *Wer sind wir, wenn wir dem Wunsch anderer Menschen nach Freiheit und einem Leben in Demokratie und Wohlstand nur noch Ablehnung oder im schlimmsten Fall den Tod im Mittelmeer anbieten? Und wer wollen wir eigentlich sein?*

Die Mauern geben vielen das Versprechen von Sicherheit in einer immer komplexer werdenden Welt. Mauern und Abschottung tragen dazu bei, der Überforderung durch das Unbekannte etwas entgegenzusetzen. Dabei sperrt die Mauer aber nicht nur das Unbekannte aus, sondern auch das Bekannte ein. Aus Angst vor der Reaktion der eigenen Bevölkerung will man ihr ein Gefühl der Sicherheit vermitteln. Doch gibt es diese Sicherheit in einer globalisierten Welt wirklich? Auf Dauer wäre es utopisch zu glauben, dass Europa eine Insel der Glückseligkeit sein kann, wenn im Umland das Elend um sich greift. Ein menschenwürdiger Weg in der europäischen Asylpolitik würde nicht nur Menschen in Not Zuflucht bieten. Er würde auch Europa davor schützen, die Augen vor den Herausforderungen der Zukunft zu verschließen.

Und so entscheidet sich an unseren Grenzen auch, ob wir unsere Integrität bewahren und die Folgen unseres eigenen Handelns außerhalb Europas noch wahrnehmen. Wenn uns egal wird, was wir anrichten oder wie es den «Fremden» auf der anderen Seite der Mauern um Europa geht, dann werden wir zunehmend verantwortungslos handeln. Handels-, Wirtschafts- und Außenpolitik lassen sich fahrlässiger betreiben, wenn man mit den Ausgebeuteten oder Verfolgten nicht mehr in Kontakt kommt. So können wir durch unser eigenes unbedachtes Handeln Probleme erzeugen, die in der Zukunft sehr schwer zu lösen sein werden, wie man am Beispiel der Klimakrise beobachten kann. Wir stehen unter einem gewissen Zeitdruck, denn je länger sich die Abschottungspolitik durchsetzt, desto schwerer wird es sein, ihr etwas entgegenzusetzen.

Der rechte Populismus hat dabei den Vorteil, dass er die realen komplexen Zusammenhänge in der politischen Debatte durch ein einfaches Weltbild ersetzt, in dem Europa vor einer Gefahr von außen geschützt werden muss. Ein ernsthafter Lösungsansatz kann dabei nicht auf solch simplifizierte Muster zurückgreifen, sondern muss sich an der Realität orientieren.

Dabei ist es leider zu wirkungslos, der Abschottungspolitik ausschließlich eine idealistische, aber kaum erreichbare Utopie entgegenzusetzen. Weder wird die äußerst lethargische europäische Asylpolitik plötzlich durch einen großen Wurf alle menschenrechtlichen und organisatorischen Herausforderungen der Asylpolitik lösen, noch gibt es eine realistische Option, innerhalb weniger Jahre alle Grenzen auf der Welt abzuschaffen oder Bewegungsfreiheit für alle Menschen auf dem Planeten sicherzustellen. Die Diskussion über langfristig gedachte Utopien ist philosophisch interessant, aber politisch nicht wirkmächtig. Zumindest nicht, wenn sie keinen überzeugenden Weg dorthin beschreibt.

«In welcher Welt wollen wir leben?» ist eine wichtige und große Frage, doch politisch so viel wichtiger ist die Frage: «Wie kommen wir zu der Welt, in der wir leben wollen?»

Momentan wird der Weg zur Abschottung auf unwürdige Art und Weise beschritten, ohne dass darüber eine dezidierte öffentliche Diskussion geführt wird. Das ist besonders gefährlich, weil durch Falschdarstellungen und Desinformation die demokratische Kontrolle und Meinungsbildung ausgehebelt wird. Wer sich dem Weg der Abschottung wirksam entgegenstellen will, muss verstehen, wie erfolgreich dieser momentan beschritten wird. Leider wird der bloße Appell zum Schutz der Minderheitenrechte oder das Aufdecken von Skandalen alleine nicht helfen. Minderheitenrechte bleiben auf Dauer nicht erhalten, wenn Mehrheiten sie abschaffen wollen. Deswegen braucht es mehrheitsfähige Lösungsvorschläge und einen langen Atem.

In modernen Demokratien gibt es keine Prozesse, die darauf angelegt sind, grundlegende Veränderungen einfach zu beschließen, ohne dass dem ein politischer Willensbildungsprozess zugrunde liegt. Wenn also die Mauern – in all ihren Formen – eingerissen werden sollen, dann muss ein Prozess angestoßen werden, der künftig den Wunsch zum Bau neuer Mauern verhindert. Das erfordert Durchhaltevermögen, überzeugende Vorschläge und viele Menschen, die dafür werben und der Abschottung widersprechen.

Die europäische Lösung

Auch wenn aus den bereits beschriebenen Gründen eine grundlegende Reform aufgrund der Mehrheiten in den EU-Mitgliedsstaaten kurzfristig nicht erreichbar scheint, so soll nicht unerwähnt bleiben, dass es ausführliche Konzepte gibt, wie ein funktionierendes und humanes Asylsystem in Europa aussehen könnte.[1] Einige Grundlinien sollten hier beschrieben werden, bevor wir uns konkreten Möglichkeiten widmen, wie die Blockaden der EU-Mitgliedsstaaten aufgebrochen werden könnten.

Das grundlegende Übel des aktuellen Dublin-Systems ist die Zuständigkeit des Ersteinreisestaates. Eine geflüchtete Person, die auf Lesbos ankommt, muss ihr Asylverfahren also in Griechenland durchführen. In diesem konkreten Beispiel führt das oft dazu, dass einerseits Menschen illegal abgeschoben und durch unwürdige Lebensbedingungen abgeschreckt werden. Andererseits werden selbst anerkannte Asylberechtigte in diesen Erstaufnahmeländern durch gesellschaftliche Ausgrenzung in andere Länder vertrieben, eine gesellschaftliche Teilhabe ist oft weder erwünscht noch vorgesehen. Durch ein humanes und rechtsstaatliches System – so die Befürchtung in Ländern wie Griechenland – könnte es bei einem Anstieg der Asylanträge schnell zu einer Krise kommen.

Deswegen muss das Ersteinreiseprinzip abgeschafft werden. Wenn Griechenland sich sicher sein könnte, dass die 26 anderen EU-Staaten ebenfalls Verantwortung für die Ankommenden übernehmen, würde auch die Angst vor der Überforderung einer gemeinsamen Stärke weichen. Die EU-Staaten könnten ihre Ressourcen so einsetzen, dass auch bei deutlich höheren Asylantragszahlen schnelle und rechtsstaatliche Verfahren möglich wären. Sprachkurse, Schulbildung, Ausbildung sowie die juristische und gesundheitliche Versorgung könnten bei einer schnellen Verteilung deutlich einfacher zugänglich gemacht werden. Bei guter Vorbereitung würden selbst Ankunftszahlen wie im Jahr 2015 und 2016 keine europäische Krise auslösen, zumindest wenn sich die 27 Mitgliedsstaaten mit ihren 447 Millionen Menschen auf eine Verteilung entsprechend ihrer Wirtschaftskraft und Bevölkerung einigen könnten. Bei einer Million Geflüchteten pro Jahr würden ungefähr 2 Geflüchtete auf 900 EU-Bürger:innen kommen. Aber obwohl wir weit von einer so hohen Zahl von Asylanträgen entfernt sind und in den letzten fünf Jahren durchschnittlich nicht einmal 200 000 Menschen pro Jahr versuchten, irregulär nach Europa zu kommen, ist eine solche Verteilung momentan aufgrund der Blockade einiger EU-Staaten politisch nicht realistisch. Eine Alternative, die mehr Umsetzungsmöglichkeiten im aktuellen politischen Klima hätte, wäre folgende Variante: Staaten, die weniger Menschen als in einem Verteilungsschlüssel vorgesehen aufnehmen, zahlen ersatzweise in einen europäischen Fonds ein, aus dem wiederum die Aufnahmebereitschaft in anderen Ländern und Regionen bezahlt und gefördert werden kann. So würde unsolidarisches Verhalten negative finanzielle Konsequenzen haben, während diejenigen, die mit gutem Beispiel vorangehen, unterstützt werden. Solche Lösungsansätze werden auf europäischer Ebene diskutiert, allerdings bislang ohne wesentliche Fortschritte. Auch wenn sich im Europäischen Parlament tagtäglich viele Abgeordnete dafür einsetzen, eine Verbesserung des Asylsystems politisch durchzusetzen, sollten wir uns nicht allein auf die diffuse Hoffnung einer politischen Kehrtwende in den nächsten Jahren stützen. Angesichts der jahrelangen Handlungsunfähigkeit auf der europäischen Ebene muss auf anderen Ebenen gezeigt werden, wie Alternativen zur Abschottung gestaltet werden können.

Handlungsunfähigkeit überwinden – aber wie?

Die Kritik am Versagen Europas kanalisiert sich oft in einer Kritik an «der EU» oder in Forderungen wie «Frontex abschaffen». Was auf den ersten Blick Sinn ergibt, lenkt nach tiefergehender Analyse stark von den Ursachen der Probleme ab und legt den Finger nicht wirklich in die Wunde. Um politischen Druck zu erzeugen, müssen konkrete Verantwortliche benannt und zu einem Umdenken bewogen werden. Am 1. Mai 2021 hielt ein Demonstrant ein Schild mit der Aufschrift «Stoppt das Sterben im Mittelmeer! Fuck EU». Das ist zwar eine klare Kritik, allerdings ist sie sehr harmlos, denn sie benennt keine Schuldigen. «Die EU» ist ein Zusammenspiel verschiedener Akteure im Parlament, in der Kommission und den 27 Mitgliedsstaaten mit teilweise sehr unterschiedlichen Interessen. Gegen «die EU» zu demonstrieren vereinfacht zwar das Narrativ, erzeugt jedoch keinen konkreten Druck bei einzelnen handelnden Akteuren, die darin geübt sind, jede Verantwortlichkeit für die Probleme vor Ort in Abrede zu stellen. Solange die konkreten Handlungsmöglichkeiten einzelner Regierungen und Politiker:innen nicht offengelegt werden, muss sich auch niemand dafür rechtfertigen, sie nicht zu ergreifen. Ähnlich verhält es sich bei der Kritik an der Grenzschutzagentur Frontex. Weder die EU-Kommission noch das Europäische Parlament können die Agentur einfach abschaffen. Das Parlament kann nicht einmal Einsätze abbrechen oder den Chef der Agentur ersetzen. Das kann nur der Verwaltungsrat, in dem die EU-Kommission zwei Sitze hat und die 27 Staaten jeweils einen Sitz haben. Der Verwaltungsrat entscheidet, wie Frontex sich verhalten muss. Das Handeln der Grenzschutzagentur ist also mehr Symptom der politischen Verhältnisse als Ursache für die Probleme. Wäre sie nicht da, würden die nationalen Behörden mit weniger europäischer Kontrolle das Gleiche tun. Statt einer allgemeinen Kritik, die niemanden wirklich trifft, sollte man konkret benennen, wer etwas ändern könnte: Im Beispiel von Frontex könnte das Parlament das Budget kürzen, die Kommission könnte die Grenzschutzagentur mit einem Vertragsverletzungsverfahren vor Gericht bringen, und die Regierungsvertreter:innen der Mitgliedsstaaten könnten die Strukturen reformieren und Menschenrechtsverletzungen verhindern. Wenn es um die Aufnahme von Geflüchteten geht, muss hier noch einmal klar festgehalten werden: Jeder EU-Mitgliedsstaat könnte nach Artikel 17 Dublin-Verordnung Menschen aufnehmen – ganz ohne europäische Lösung. Diese Handlungsmöglichkeit, die im aktuellen EU-Asylsystem als Mittel zur Solidarität angelegt ist, versuchen die entsprechenden Regierungen zumeist mit dem «Europa-Trick» zu kaschieren.

Wie kann der Weg zu einer besseren Asylpolitik aussehen, wenn wir weiterhin in dieser regierungspolitischen Sackgasse feststecken? Statt den Blick nur nach Warschau oder Brüssel zu richten, lohnt es sich, auch andere Lösungen zu skizzieren. Dieser Weg ist der Schlüssel für die Tür zu einer menschenwürdigen Asylpolitik.

Bundesweite Kontingente statt Obergrenze einführen

Selbst die Große Koalition hat in ihrem Koalitionsvertrag festgelegt, dass pro Jahr zwischen 180 000 und 220 000 schutzsuchende Menschen nach Deutschland kommen können. Im Jahr 2020 wurde dieser Richtwert nicht einmal ansatzweise erreicht: Tatsächlich kamen weniger als 100 000 Geflüchtete in Deutschland an.

Allein mit den eingeplanten Ressourcen, die im Jahr 2020 nicht genutzt wurden, könnte die Regierung mit Leichtigkeit alle Lager auf den griechischen Inseln evakuieren. Doch die CDU und CSU sträuben sich dagegen, in einer relevanten Größenordnung Menschen einreisen zu lassen, die Asylanträge stellen wollen. Zu stark ist die Überzeugung, dass als Folge einer offenen Aufnahmepolitik immer mehr Geflüchtete kommen würden und erneut eine Krisensituation wie 2015 entstünde – auch wenn es dafür keine wissenschaftliche Grundlage gibt. Leider hat die Rhetorik in den letzten Jahren auch dazu geführt, dass viele Deutsche sich eine klare Begrenzung der Flüchtlingszahlen wünschen. In verschiedenen Umfragen spricht sich eine Mehrheit für eine Obergrenze von 200 000 Geflüchteten im Jahr aus, wie sie Horst Seehofer und die CSU im Bundestagswahlkampf 2017 gefordert hatten.[2] Dass so eine Grenze rechtlich gar nicht umsetzbar ist und man sie am Ende nur mit massiver Gewalt durchsetzen könnte, scheint in der Debatte nicht zentral zu sein.

Das Ziel muss sein, die verankerten Vorurteile aufzubrechen und Ängste durch konkrete Konzepte zu mindern, um eine menschenwürdigere Asylpolitik durchsetzen zu können. Dabei sollte die Bundesregierung nicht aus der Verantwortung entlassen werden. Wenn ein wirtschaftsstarkes Land wie Deutschland ernsthaft erreichen will, dass legale und sichere Fluchtwege entsprechend seine Möglichkeiten geschaffen werden, sollte die Regierung statt einer Obergrenze eine Untergrenze festlegen. Mit zwei Kontingenten auf Bundesebene könnte man einen Beitrag zum Schutz der Schwächsten leisten. Erstens sollten über das sogenannte «Resettlement»[3] im Jahr 100 000 Menschen legal aus Krisenregionen umgesiedelt werden. Das UNHCR könnte die Personen auswählen und so dafür sorgen, dass den Schwächsten geholfen werden kann. Damit wäre Deutschland asylpolitisch einen großen Schritt vorangekommen. Zweitens sollte zusätzlich ein Signal europäischer Solidarität gesetzt werden, indem Deutschland den Außengrenzstaaten anbietet, bis zu 100 000 Menschen legal aufzunehmen, solange noch keine Reform des europäischen Asylsystems durchgesetzt wurde. Dabei könnte man anbieten, ein Viertel der Menschen, die im Jahr an den Außengrenzen ankommen, aufzunehmen, bis das Kontingent erschöpft ist. Diese Zahlen entsprechen ungefähr dem Anteil, den Deutschland auch bei einem europäischen Verteilungsschlüssel aufnehmen müsste. Mit einem solchen Vorgehen würde Deutschland nicht nur initiativ Verantwortung übernehmen, sondern auch die Außengrenzstaaten unterstützen und ihre Kompromissfähigkeit am Verhandlungstisch stärken. Das würde außerdem auch Frankreich, Schweden, Finnland, Österreich oder Belgien unter politischen Druck setzen, ebenfalls solidarischer zu handeln. Bei einem sinnvollen Verfahren, das beispielsweise familiäre Bindungen und Sprachkenntnisse mitberücksichtigt, würde man Geflüchteten jahrelange Torturen ersparen, bei denen die Menschen auch nach dem heutigen System zumeist irgendwann aus den Ankunftsländern Griechenland oder Italien vertrieben werden. Die Festlegung von Kontingenten kann und soll natürlich in keinem Fall das individuelle Grundrecht, Asylanträge zu stellen, aushebeln. Aber solche Kontingente würden Planbarkeit schaffen und die Verantwortung definieren, der man sich stellen will. Sie würden zeigen, dass ein gut organisiertes Asylsystem auch ohne Obergrenze nicht willkürlich und ungesteuert sein muss. Wenn man sich dem Irrglauben hingibt, dass die niedrigen Asylantragszahlen eines Jahres auch zwangsläufig niedrige Zahlen im nächsten Jahr zur Folge hätten, dann fehlt es am Willen zu einem robusten Asylsystem. Stattdessen entstehen anfällige Strukturen, die jederzeit überfordert werden können und schnell in der Krise landen. Wenn jeder Anstieg irregulärer Migration bekämpft statt bewältigt werden soll, weckt man wiederum Erwartungen, denen man nicht gerecht werden kann. Doch um eine erfolgreiche Asylpolitik voranzutreiben, braucht es nicht nur diese Kontingente und eine Bundesregierung, die das Thema ernsthaft angeht. Es braucht eine Asylpolitik von unten.

Europäische Asylpolitik von unten

Seit Jahren versuchen die Seebrücke und andere Initiativen, die Rolle von Kommunen und Bundesländern zu stärken, um eine größere Aufnahme von Geflüchteten zu ermöglichen. Denn während das Ziel, eine Mehrheit oder gar einen Konsens zwischen den europäischen Regierungen zu finden, in weiter Ferne ist, gibt es viele hundert Städte und Regionen in Europa, die durchaus bereit wären, mehr Geflüchtete aufzunehmen. Allein in Deutschland gibt es mehrere Bundesländer und über 200 Kommunen, die mehr Menschen aufnehmen wollen. Damit es noch mehr werden, brauchen wir einen neuen zusätzlichen politischen Ansatz: die Asylpolitik von unten. Deutschland könnte dabei als gutes Beispiel vorangehen und zeigen, dass die Aufnahme von Geflüchteten mitnichten zu Chaos führt oder eine Gefahr für die Ordnung im Land darstellt. Wenn die Aufnahmekontingente der Bundesregierung erschöpft sind, sollte sie die Aufnahme auf den anderen aufnahmebereiten Ebenen unterstützen: in Bundesländern, Kommunen und bei engagierten Menschen. Denn dort gibt es mehrheitlich Solidarität, Tatendrang und Menschlichkeit, die es zu fördern gilt. Mehrere Bundesländer haben bereits Landesaufnahmeprogramme beschlossen. Mit solchen Programmen können Bundesländer (nach § 23 Absatz 1 Aufenthaltsgesetz) die Aufnahme von Personen beschließen. Damit das Landesaufnahmeprogramm umgesetzt werden kann, muss der Bundesinnenminister sein Einvernehmen erklären. Bei der Aufnahme von den griechischen Inseln hat Horst Seehofer dieses Einvernehmen verweigert. Juristisch interessant ist, dass das Bundesinnenministerium dieses Einvernehmen nur unter bestimmten Voraussetzungen verweigern kann, schließlich hat der Gesetzgeber mit Absicht solch eine Regelung erlassen, um den Ländern einen Entscheidungsspielraum einzuräumen. Dieses scheinbare Detail habe ich in Rechtsgutachten ausführlich analysieren lassen.[4] Das Ergebnis: Aller Voraussicht nach darf der Bundesinnenminister bei der Aufnahme aus Griechenland die Aufnahme gar nicht verhindern. Berlin und Thüringen klagen deswegen inzwischen gegen das Bundesinnenministerium. Eine Initiative setzt sich zudem dafür ein, dass das Gesetz so geändert wird, dass der Innenminister gar nicht mehr mitreden soll.

Doch die juristische Frage, ob ein Aufnahmeprogramm verhindert werden kann oder nicht, ist asylpolitisch ein Nebenkriegsschauplatz. Denn bei der Aufnahme sind komplizierte Auswahlprozesse, Visaverfahren und andere Verwaltungsabläufe durchzuführen, bei denen die Bundesebene ohnehin unterstützen muss und sollte. Die Förderung der Aufnahmebereitschaft unterhalb der Bundesebene hat schon auf den ersten Blick einen entscheidenden Vorteil: der Bund wird durch diese Initiativen entlastet, es entstehen neue tragfähige Aufnahmekonzepte. Deshalb sollte ein Programm eingerichtet werden, mit dem der Bund festlegen kann, in welchem Umfang er die Aufnahme in den Bundesländern, den Kommunen und durch Patenschaften finanziell unterstützt. Darüber hinaus sollte es ohne finanzielle Förderung weiterhin möglich sein, «aus eigener Tasche» nach den vorhandenen Kriterien weitere Aufnahmen zuzulassen. So könnte die Aufnahmebereitschaft in einzelnen Bundesländern unterstützt werden, und gleichzeitig wird sichergestellt, dass die Aufnahme über die Bundeskontingente hinaus vor allem dort stattfindet, wo Schutzsuchende auch weiterhin willkommen sind. Das ist vor allem für die Geflüchteten selbst wichtig, die nicht in einer Nachbarschaft leben wollen, in der sie von Anfang an ausgegrenzt werden. Aufgeschlossene Kommunen kommen so mit Menschen in Kontakt, die sich endlich sicher fühlen können.

Zentrale Gegenargumente wie die Angst vor einer Überforderung würden nicht mehr greifen, wenn die Bundesländer auch anhand der Bereitschaft ihrer Kommunen bei der Aufnahme unterstützt werden würden. Auch das Argument, dass Menschenrechtsschutz viel Geld kostet, ist schnell entkräftet. Studien belegen, dass eine gut organisierte Aufnahme auf längere Sicht mehr Steuereinnahmen bringt, als sie kostet.[5] Und der Schutz der Menschenrechte sollte uns auch unabhängig vom wirtschaftlichen Nutzen etwas wert sein.[6] Durch eine stärkere Förderung von Kommunen und Einzelpersonen in der Asylpolitik könnte Engagement eine neue Kraft entfalten. Immer wieder wird denjenigen, die sich für eine humane Asylpolitik einsetzen, entgegnet, man solle die Geflüchteten doch einfach bei sich zu Hause aufnehmen. Mit diesem «Gutmenschen»-Argument wird die zivilgesellschaftliche Integrität in Frage gestellt: ihr fordert etwas, das andere dann umsetzen sollen. Während die meisten Menschen wohl sagen würden, dass sie Menschenrechte und den Schutz von Geflüchteten wichtig finden, ist auch der Gedanke vorherrschend, dass sich ein Staat wie Deutschland nicht um alle Probleme der Welt kümmern kann. Man könnte nun richtigerweise entgegnen, dass der Schutz der Würde des Menschen eben nicht die Aufgabe einzelner engagierter Personen ist, sondern die staatliche Gewalt die Asylpolitik sicherstellen und organisieren muss. Doch warum sollte man sich das Engagement nicht auch zunutze machen und zusätzliche Möglichkeiten schaffen? Oder anders gefragt: Warum sollte man Menschen verbieten, sich selbst für die Aufnahme von Geflüchteten zu entscheiden? Zum Beispiel mit Patenschaften. So würde nicht nur ein Kernargument gegen «die Gutmenschen» entkräftet, die angeblich immer so viel fordern, aber selbst nicht viel beizutragen haben. Es würde auch den Zehntausenden Menschen, die dazu bereit wären, ermöglichen, endlich Menschen in Not effektiv zu helfen. Dass solche Überlegungen keine naiven Utopien sind, zeigen konkrete Beispiele: In Kanada gibt es bereits solch ein Patenschaftsprogramm,[7] und es kann erstaunlichen Erfolg verzeichnen. Seit den 1960er Jahren wurden 300 000 Menschen über das Programm aufgenommen. Die Regierung legt jährlich fest, wie viele Menschen aufgenommen werden. Anschließend finden sich schnell Mentoring-Gruppen, die für die Aufnahme bürgen. Sie müssen die Versorgung der aufgenommenen Personen ein Jahr sicherstellen, und danach übernimmt der Staat die Verantwortung. 60 Prozent der Aufgenommenen sind dabei Familienangehörige von Menschen, die bereits in Kanada leben. Wie gut das funktioniert, zeigt auch folgende Statistik: Nach einem Jahr sind nur noch 25 Prozent der Aufgenommenen aus solchen Patenschaftsprogrammen auf Sozialleistungen angewiesen.

Die Patenschaften könnten dabei von Stiftungen, Vereinen und Kommunen unterstützt werden. Wenn man sie aktiv fördert und Strukturen schafft, könnte eine neue Willkommenskultur gedeihen, die langfristig das Ankommen von Schutzsuchenden vereinfacht, die dezentrale Unterbringung sicherstellt und die Herausforderungen gut bewältigen kann. In Kanada hat sich auch gezeigt, dass die Einstellung zu Geflüchteten sich über die Jahre deutlich verbessert hat – vor allem durch die vielen Initiativen, die mit den Patenschaftsprogrammen einen aktiven Beitrag leisten können.[8] In Deutschland gibt es bereits ein kleines Pilotprojekt, das den Namen NesT (Neustart im Team) trägt. Dieses Programm wurde kaum beworben, und die Patenschaften werden anonym vergeben, sodass familiäre Bindungen und andere wichtige Faktoren nicht berücksichtigt werden. Wenn man aus diesem Pilotprojekt lernt und die Erfahrungen aus Kanada berücksichtigt, könnte in Deutschland zusätzlich vielen Menschen geholfen werden – und zwar mit Hilfe des zivilgesellschaftlichen Engagements, das ohnehin der Garant für eine erfolgreiche Asylpolitik vor Ort ist. Die Bereitschaft, Menschen aufzunehmen, ist riesig, es fehlt nur an den Möglichkeiten. Als ich auf der Homepage von LeaveNoOneBehind kurz vor dem 15-minütigen Video von Joko und Klaas zum Brand in Moria ein Formular einrichtete und die Menschen bat, sich einzutragen, wenn sie jemand aufnehmen wollen, meldeten sich innerhalb einer Nacht 9000 Menschen. Wir könnten zeigen, dass es bessergeht und eine solidarische und humane Asylpoltik möglich ist. Wenn wir diesen Weg beschreiten, können wir nach und nach die Angst vor Schreckensszenarien durch reale Erfahrungen abbauen und sie als unbegründeten Populismus enttarnen. Die Bundesregierung sollte es uns ermöglichen.

11

«Was kann ich selbst tun?»

Wenn ich über die Situation der Geflüchteten und die Lage der europäischen Asylpolitik berichte, werde ich immer wieder gefragt: «Was kann ich selbst tun?» Das ist die wahrscheinlich wichtigste Frage in der Demokratie, aber zugleich zeugt sie auch von einer gewissen Hilflosigkeit. Eigentlich sollte in einer Demokratie doch allen klar sein, wie man an politischen Prozessen teilhaben kann. Es sollte unübersehbare und öffentlich geförderte Angebote geben, um sich einzubringen, sich zu informieren und selbst Politik mitzugestalten. Leider fehlt es an vielen Stellen an Möglichkeiten, sich ganz praktisch – zum Beispiel durch die beschriebenen Patenschaften – für eine Aufnahme einzusetzen. Hier sollte der Staat mehr Engagement ermöglichen und dafür sorgen, dass die Zivilgesellschaft sich nicht dauerhaft in einer Opposition zu den Regierungsentscheidungen befinden muss. Das könnte das Vertrauen in die Demokratie stärken, darf allerdings nicht dazu beitragen, dass die staatliche Verantwortung für den Schutz von Menschenwürde und Menschenrechten aus dem Blickfeld gerät.

Auch wenn die aktuelle Asylpolitik für viele Menschen undurchsichtig und verfahren erscheint, gibt es dennoch sehr viele Möglichkeiten und einen großen Bedarf, sich wirkungsvoll zu engagieren. Besonders im Bereich der Asyl- und Migrationspolitik ist eine aktive und engagierte Zivilgesellschaft elementar wichtig, denn sie kann den politischen Druck erhöhen, gegen Vorurteile ankämpfen und sich für Menschenrechte einsetzen. Auf einige Möglichkeiten des Engagements möchte ich im Folgenden eingehen.[1]

Walter Scheel, der in den Siebzigerjahren Bundespräsident war, hat einen vielzitierten Satz gesagt: «Es kann nicht die Aufgabe eines Politikers sein, die öffentliche Meinung abzuklopfen und dann das Populäre zu tun. Aufgabe des Politikers ist es, das Richtige zu tun und es populär zu machen.» Das klingt beim ersten Lesen sehr sinnvoll, denn natürlich sollte man in Parlamenten zu Grundüberzeugungen stehen, für die man gewählt wurde. Viel zu oft – das habe ich etwa am Beispiel der Haltung verschiedener Innenminister zur Seenotrettung beschrieben – wechseln Regierungen ihre Meinung wie andere Menschen die Unterhose, selbst bei so wichtigen und grundlegenden Fragen zu Leben und Tod. Doch das Zitat Scheels ist auch Ausdruck eines widersprüchlichen Demokratieverständnisses. Denn eigentlich sollte die politische Meinungsbildung ja nicht nur durch die schon Gewählten vorangetrieben werden, sondern in Parteien und vor allem in der Gesellschaft selbst. Diese Aufgabe machen sich viele in der Gesellschaft zu selten bewusst. Die Hälfte der Jugendlichen hält es nicht für wichtig, sich politisch zu informieren.[2] Auch in der Gesamtbevölkerung geben nur 49 Prozent der Befragten an, dass sie insgesamt an Politik interessiert sind.[3] Nun kann man nicht erwarten, dass sich alle Menschen den ganzen Tag mit Politik beschäftigen – vielen fehlt schlicht die Zeit oder ein attraktives Angebot zur Partizipation und Informationsbeschaffung. Allerdings sind diese für eine Demokratie eigentlich verheerenden Zahlen auch Ausdruck einer gewissen Politikverdrossenheit, die wir angesichts der Angriffe auf Menschen- und Grundrechte nicht einfach so hinnehmen dürfen. Deswegen sollten wir uns im ersten Schritt bewusst machen, wie viel Glück wir haben, dass wir in einem Land leben, in dem Meinungsfreiheit, Pressefreiheit und viele andere Freiheiten garantiert werden, von denen man anderswo nicht zu träumen wagt. Wir können demonstrieren gehen, die Regierung in scharfen Worten kritisieren, wir können die sozialen Medien ohne Beschränkungen nutzen und Vereine gründen oder ihnen beitreten. Wir können in Parteien mitwirken, wählen gehen und die Politik auf allen Ebenen ganz real verändern. Doch diese Freiheiten sind nicht in Stein gemeißelt, sie müssen jeden Tag aufs Neue verteidigt werden, wie wir auch am Umgang mit Geflüchteten sehen. Diese Werte zu verteidigen liegt in unserer Verantwortung als Bürger:innen – auch wenn nicht alle von uns das Privileg haben, in einem Parlament zu reden oder abstimmen zu dürfen.

Die Ausgangsfrage dieses Kapitels lautete «Was kann ich selbst tun?». Im Folgenden möchte ich fünf Gedankenanstöße dazu geben.

Schreibt euren Abgeordneten

Seit ich in das Europäische Parlament gewählt wurde, erhalte ich viele E-Mails, oft mehrere hundert am Tag. Doch unter diesen Mails sind kaum Nachrichten, in denen Menschen ihre persönlichen Fragen oder politischen Anliegen darlegen. Das verwundert mich, denn es gibt nur 96 Europaabgeordnete aus Deutschland, also eine Person im Parlament für mehr als 850 000 Bürger:innen. Doch zumeist schreibt offenbar vor allem eine bestimmte Gruppe an die Abgeordneten: die Menschenrechtsfeinde. Dadurch entsteht bei Abgeordneten und ihren Teams allzu oft der Eindruck, es gebe kaum noch Forderungen nach Humanität mehr in der Gesellschaft. Deswegen hier mein Aufruf: Sagt uns eure Meinung, stellt uns Fragen und fordert Antworten ein. Die Mailadressen der Abgeordneten findet man online mit wenigen Klicks.[4] Wenn ich erkläre, dass es wichtig ist, seine Anliegen direkt an die Abgeordneten der verschiedenen Parteien zu schicken, wird mir oft entgegnet, dass das doch ohnehin vergebliche Mühe sei, weil «die

Politiker» doch sowieso schon eine feste Meinung hätten. Das sehe ich anders und kann das aus meiner persönlichen Erfahrung begründen. Ich als Politiker habe natürlich grundlegende Standpunkte zu Industriepolitik, Verkehrspolitik oder anderen Politikfeldern, und ich weiß ungefähr, was dazu aktuell im Parlament diskutiert wird und welche Meinungen die verschiedenen Fraktionen vertreten. Doch wenn es ins Detail geht, ist mein Sachverständnis in diesen Themenbereichen begrenzt. Das liegt nicht an mir, sondern am politischen System, denn es ist darauf ausgelegt, dass sich Abgeordnete Schwerpunktthemen suchen, in denen sie eine besondere Expertise entwickeln. Zu verstehen, dass die meisten Abgeordneten zum Beispiel eigentlich keinerlei ernsthafte Expertise in der Migrationspolitik haben, sondern eher unbedarft eine Meinung vertreten, mit der sie sich noch nicht tiefergehend beschäftigt haben, ist eine traurige, aber reale und nützliche Erkenntnis. Denn sobald das Thema bei diesen Abgeordneten auf dem Schreibtisch landet und sich viele Menschen aus ihren Wahlkreisen persönlich bei ihnen melden, fangen diese Politiker:innen zwangsläufig an, sich damit zu beschäftigen. Denn nun müssen sie eigene Antworten finden und Argumente liefern. Die Kontaktaufnahme mit euren Abgeordneten ist also mitnichten vergebliche Mühe, sondern sie kann tatsächlich politische Prozesse anstoßen.

Werdet Mitglied in einer Partei

Seit ich Mitglied beim Bündnis 90 / Die Grünen bin, habe ich viele Erfahrungen mit Vorurteilen gemacht, und ich glaube, dass es anderen Parteimitgliedern ähnlich geht. Manchmal hat man das Gefühl, dass sich Menschen Parteien wie Fanclubs von Fußballvereinen vorstellen. Man geht zu den Wahlen und bejubelt das eigene Team, und zwischendurch beklatscht man noch die Reden der Parteispitze. Aber Parteien sind keine Fanclubs bestimmter Meinungsblasen, sondern dynamische Strukturen, in denen man überraschend schnell selbst aktiv etwas verändern kann. Man kann die Kandidierenden mitwählen und so entscheiden, wer in die Parlamente geschickt werden soll und wer nicht. Man kann die Vorstände und Delegierten mitwählen, diskutieren und findet schnell Verbündete, mit denen man gemeinsame politische Initiativen starten kann. Wenn einem ein Entwurf für eine Parteiposition nicht gefällt oder etwas im Wahlprogramm fehlt, kann man Änderungsanträge stellen und im Zweifelsfalle darüber abstimmen lassen. Ob auf europäischer Ebene, Bundesebene, Landesebene oder Kreisverbände – überall gibt es Strukturen, in denen man sich engagieren kann. Dazu kommen Jugendorganisationen, Facharbeitsgemeinschaften oder Parteiflügelorganisationen. Viele Parteien bieten sowohl Möglichkeiten für diejenigen an, die sich nur ab und zu engagieren wollen, als auch für die, die sich sehr intensiv einbringen wollen.

Parteien sind gesellschaftliche Räume, in denen Politik einfach und vielfältig mitgestaltet und verändert werden kann – das kann ich aus eigener Erfahrung bei den Grünen sagen. Und deswegen ist es umso überraschender, dass nicht einmal zwei Prozent der deutschen Bevölkerung Mitglied in einer im Bundestag vertretenen demokratischen Partei sind. Wenn ihr euch politisch engagieren wollt, dann tragt dazu bei, dass sich das ändert: Werdet Mitglied in einer Partei oder werbt andere Mitglieder, falls ihr schon Mitglied seid.

Demonstriert und organisiert euch

Einige können Schilder malen, andere können sie halten. Manche können Transparente aus dem Fenster hängen, andere wohnen im Hinterhof. Viele können gute Texte schreiben, etliche können sie lesen. Man kann Reden halten oder ihnen zuhören oder Demonstrationen organisieren, einfach nur hingehen oder so viele andere Dinge machen. Es gibt schier unendliche Möglichkeiten, sich politisch zu engagieren. Am einfachsten ist das, wenn man sich mit anderen zusammentut und so unterschiedliche Talente und Fähigkeiten bündelt. In vielen Städten gibt es lokale Ableger der Seebrücke oder anderer Organisationen, die sich regelmäßig treffen und Aktionen organisieren. Je kreativer und geschickter man dabei ist und je mehr Menschen mitmachen, desto leichter kann man Aufmerksamkeit und politischen Druck erzeugen. Außerdem muss man nicht erst an die europäischen Außengrenzen fahren, um Geflüchtete zu unterstützen und das Zusammenleben mitzugestalten. In fast allen Kommunen gibt es lokale Hilfsorganisationen für Geflüchtete, in denen man etwa bei Sprachkursen und Behördengängen unterstützen kann, beim gemeinsamen Sport oder anderweitig aktiv werden kann. Die meisten dieser Organisationen suchen stetig Ehrenamtliche, die sich engagieren.[5]

Informiert euch, auch über soziale Medien

Besonders in Zeiten der Corona-Pandemie gingen viele wichtige Themen in der alltäglichen Berichterstattung unter, da Covid-19 die Schlagzeilen dominierte. Doch auch nach der Pandemie werden Themen wie die Seenotrettung auf dem Mittelmeer oder die Situation auf Lesbos nicht automatisch auftauchen. Damit sich das ändert, sollte man sich gezielt informieren. Ich habe zum Beispiel einen Kanal auf Telegram eingerichtet, in dem ich mit meinem Team täglich die wichtigen Neuigkeiten von den Außengrenzen zusammengefasst poste.[6] Doch auch in den sozialen Medien könnt ihr innerhalb weniger Minuten dafür sorgen, dass wichtige Informationen in eurem Feed landen, indem ihr Organisationen wie Sea-Watch, Sea-Eye, Seebrücke, Alarmphone oder LeaveNoOneBehind folgt. Sogar einige Journalist:innen, die selbst geflüchtet sind und aus ihrem Lebensalltag aus Lagern an den Außengrenzen berichten, könnt ihr leicht in sozialen Medien folgen oder mit ihnen Kontakt aufnehmen.[7] Interessant ist es auch, einigen

Organisationen oder Medien aus anderen Ländern zu folgen, denn oft lernt man dadurch spannende und neue Perspektiven kennen.

Informiert andere – und diskutiert

In Gesprächen merke ich oft, wie hilflos sich viele im politischen Raum fühlen und wie unsicher sie sind, ob sie überhaupt einen Beitrag leisten können, etwas zu verändern. Dabei kann man sich nicht nur in Parteien und Organisationen engagieren oder sich über aktuelle Probleme und mögliche Lösungen informieren, sondern selbst ganz einfach politisch aktiv werden. Nicht nur, indem man auf Demonstrationen geht, sondern indem man selbst Menschen informiert und überzeugt. Wo informieren sich die meisten Menschen in Deutschland? Die Antwort ist überraschend, denn an erster Stelle steht nicht das Internet, Zeitungen oder TV-Sender. 80 Prozent geben in einer repräsentativen Umfrage an, dass sie sich vor allem im persönlichen Umfeld informieren.[8] Das ist ein Raum, den weder Parteien noch Organisationen erreichen können, das können nur wir als Privatpersonen. Wenn ihr also eine Petition unterschreibt, warum fragt ihr nicht einfach zehn andere, ob sie das Thema auch unterstützenswert finden, und bittet sie, wiederum zehn andere zu fragen? Und wenn ihr einen spannenden Artikel lest, warum schickt ihr ihn nicht auch noch zehn guten Freund:innen oder der Familie? Warum nicht einfach Familienmitglieder oder Schulfreund:innen fragen, ob sie euch auf eine Demonstration begleiten wollen? Sprecht auf der nächsten Familienfeier oder Party Themen an, die euch wichtig sind, und fragt andere nach ihrer Meinung. Wenn ihr einen guten Flyer seht, oder selbst einen schreiben wollt, könnt ihr ihn in die Briefkästen der Nachbarn stecken oder sie sogar selbst verteilen. All diese Möglichkeiten kosten nur wenige Minuten Zeit und haben potenziell einen riesigen Einfluss.

Zum politischen Engagement gehört auch, dass man bei öffentlich geäußerten Vorurteilen oder gar menschenfeindlichen Bemerkungen nicht weghört, sondern Einspruch erhebt. Grundlage für eine demokratische Gesellschaft sind eine offene Diskussionskultur, in der überzeugende Argumente Geltung finden. Menschen lassen sich am besten durch Sachargumente überzeugen, nicht durch bloße Gegenrede. Es muss gar nicht das Ziel sein, dass am Ende vollkommener Konsens herrscht, aber es ist ein guter Anfang, wenn man eine politische Diskussion auf der Grundlage von Fakten führen und Vorurteile entkräften kann. Da das bei komplexen politischen Themen wie der Migrationspolitik nicht immer ganz einfach ist, habe ich im Folgenden ein paar Fakten gegen gängige Vorurteile zusammengeschrieben.

12

Fakten gegen Vorurteile

Die Debatte um Asyl und Migration ist von Vorurteilen geprägt. Kaum jemand hat tiefergehende eigene Erfahrungen mit dem Thema gesammelt, fundierte Meinungen und Vorschläge sind in vielen Diskussionen Mangelware. Genau deswegen kann man Menschen nur überzeugen, wenn man sich selbst gut informiert und gängigen Vorurteile etwas entgegensetzen kann. Dieser Teil des Buches soll einige dieser Vorurteile unter die Lupe nehmen und durch Fakten entkräften.

Der Pull-Faktor-Mythos

Der Pull-Faktor sorgt angeblich dafür, dass sich mehr Menschen auf die gefährliche Reise begeben, da sie davon ausgehen, gerettet zu werden. Studien belegen jedoch, dass die Zahlen der versuchten Überfahrten nicht sinken, wenn Seenotrettung verhindert wird. Aber ohne Seenotrettung ertrinken mehr Menschen.[1] Und ganz ehrlich: Selbst wenn die vielen Toten abschrecken würden, wollen wir Menschen, die vor Krieg und Terror aus Ländern wie Libyen fliehen, wirklich an Europas Grenzen ertrinken lassen? Seenotrettung ist eine völkerrechtliche Verpflichtung. Wenn europäische Grenzen gebaut werden, die gefährlicher sind als Bürgerkriege, damit die Menschen im Krieg bleiben müssen, statt Schutz zu finden, dann ist Europa tatsächlich dabei, sich abzuschaffen.

«Flüchtlinge sind hauptsächlich Männer.»[2]

Weltweit sind so viele Frauen wie Männer auf der Flucht. Im Jahr 2020 waren in Deutschland 43 Prozent der Asylsuchenden Frauen und 57 Prozent Männer. Nur etwa 20 Prozent der Asyl-Erstantragsteller:innen sind junge Männer zwischen 15 und 34.[3] Dass insgesamt etwas mehr Männer als Frauen nach Europa fliehen, hat verschiedene Gründe: Viele Familien können sich die Flucht nur für eine Person leisten. Frauen sind auf der Flucht der Gefahr ausgesetzt, verschleppt oder vergewaltigt zu werden. Deswegen flüchten Familienväter oft allein und versuchen, Frau und Kind dann legal nachzuholen. Da der Familiennachzug inzwischen stark beschränkt ist, müssen mehr Frauen und Kinder auf lebensgefährlichen Fluchtrouten fliehen. Außerdem haben Männer manchmal spezielle Fluchtgründe, wie zum Beispiel die Wehrpflicht für einen Diktator, der gegen die eigene Bevölkerung kämpft. Dass drohender Wehrdienst in solchen Situationen ein Fluchtgrund ist, hat der Europäische Gerichtshof kürzlich in einer Entscheidung bestätigt.[4]

«Die meisten sind ja gar keine echten Flüchtlinge.»

Die meisten Geflüchteten in Deutschland kommen aus den Kriegsgebieten Syrien, Irak, Afghanistan und Eritrea. Sie sind keine Wirtschaftsflüchtlinge. Nach der inhaltlichen Prüfung bekommen mehr als die Hälfte der Asylsuchenden einen positiven Bescheid. Niemand begibt sich leichtfertig auf eine lebensgefährliche Flucht. Asyl bekommt man nur, wenn man politisch verfolgt wird. Nicht jeder Mensch, der nach Europa kommt, hat also ein Recht auf Asyl – aber jeder hat das Recht auf ein rechtsstaatliches Verfahren, um den Anspruch zu überprüfen. Auch wenn Menschen keinen Schutzstatus erhalten, rechtfertigt das nicht, sie zu misshandeln, wie es an Europas Grenzen oft geschieht.

«Deutschland will und kann keine Flüchtlinge mehr aufnehmen.»

Das stimmt nicht. 87 Prozent der Befragten gaben nach dem Brand in Moria bei einer repräsentativen Umfrage an, dass Deutschland Menschen von den griechischen Inseln aufnehmen sollte.[5] Nur 11 Prozent sind dagegen. Über 200 Kommunen sind bereit, zusätzliche Flüchtlinge aufzunehmen. Mehrere Bundesländer haben bereits zugesagt, mehr Menschen aufzunehmen, als sie laut Verteilungsschlüssel der Bundesregierung müssten. Es ist eine kleine Minderheit der Menschen, die Geflüchteten gar nicht helfen will. Die meisten sagen: Wir haben Platz und wir wollen auch helfen. Dass diese Hilfsbereitschaft nicht öfter genutzt wird, liegt auch an Blockaden auf Bundesebene, etwa durch den Bundesinnenminister. Dabei sollte die deutsche Regierung eigentlich auch ganz unabhängig von Mehrheiten für die Grundrechte von Minderheiten einstehen. Der Schutz von Menschenrechten ist eine Grundbedingung der Demokratie.

In Deutschland stehen mehr als 600 000 Wohnungen leer. Gerade in den neuen Bundesländern sind seit der Wende viele Menschen weggezogen und hinterließen räumliche, aber teilweise auch soziale Leere. So hatte zum Beispiel die Stadt Suhl in Thüringen im Jahr 1991 noch 56 000 Einwohner. Heute sind es nur noch rund 35 000.

Wir haben also Platz, und wir haben auch viele Menschen, die Geflüchteten helfen wollen. Deutschland ist kein überfülltes Boot, sondern ein riesiges, aber alterndes Land – ohne Zuwanderung würde die Bevölkerung stetig abnehmen. Die Aufnahmebereitschaft ist hoch und die Ressourcen vorhanden – wir könnten mit Leichtigkeit mehr Menschen aufnehmen, als derzeit ankommen. Beispielsweise die Schutzsuchenden auf den Lagern der griechischen Ägäis-Inseln.

«Seit 2015 kommen viel zu viele Flüchtlinge!»

2015 und 2016 kamen verhältnismäßig viele Menschen – vor allem aus dem syrischen Bürgerkrieg – nach Deutschland und Europa. Doch in den letzten Jahren fliehen wieder viel weniger Menschen nach Europa. Allein im Monat Oktober 2015 kamen laut UN-Angaben mehr Menschen als jeweils in den Jahren 2017, 2018 oder 2019.[6]

Auch die Zahl der Asylanträge in Deutschland ist in den vergangenen Jahren stark rückläufig. 2019 und auch 2020 stellten weniger Menschen in Deutschland Asylanträge als in den beiden Jahren vor 2015.[7] Die Bundesregierung hat in ihrem Koalitionsvertrag von 2017 festgehalten, dass zwischen 180 000 und 220 000 Menschen im Jahr in Deutschland Zuflucht finden könnten. Doch im letzten Jahr gab es nur ungefähr 100 000 neue Asylanträge.

«Die Flüchtlinge nehmen uns die Arbeitsplätze weg.»

Obwohl 2015 und 2016 so viele Geflüchtete nach Deutschland kamen, ist die Arbeitslosigkeit weiter gesunken.[8] Die Arbeitsmarktsituation verschlechtert sich durch Zuwanderung also nicht. Dazu kommt: Asylbewerber:innen dürfen oft nicht arbeiten, solange sie sich in einer Erstaufnahmeeinrichtung aufhalten. Ihre Arbeitserlaubnis bekommen sie, erst einige Monate nachdem sie dort ausgezogen sind. Tatsächlich sind in Deutschland auch Zehntausende Ausbildungsplätze unbesetzt, und es herrscht in manchen Regionen ein Mangel an Arbeitskräften. Deswegen begrüßen Gewerkschaften und Arbeitgeberverbände Migration und setzen sich für eine schnelle Integration von Geflüchteten in den Arbeitsmarkt ein. Und zu guter Letzt: Rechtspopulisten müssten sich schon entscheiden: Nehmen die Flüchtlinge nun die Arbeitsplätze weg, oder sind sie alle faul und wollen Sozialleistungen abstauben? Manchmal schließen sich Vorurteile auch gegenseitig aus.

«Flüchtlinge sind oft kriminell.»

Deutschland ist auch eines der sichersten Länder weltweit. In den letzten Jahren ist die Anzahl von schweren Straftaten weiter gesunken. Warum tauchen Geflüchtete dann trotzdem häufiger in Kriminalitätsstatistiken auf? Das hat viele Gründe: Die Statistiken basieren oft auf Verdächtigungen und nicht auf Urteilen, und Geflüchtete werden öfter verdächtigt. Dazu kommen soziale Umstände: Beispielsweise stehlen Menschen öfter, wenn ihr Einkommen nicht zum Leben reicht. Aber auch diese Straftaten passieren unter Geflüchteten nicht häufiger als unter Deutschen in vergleichbarer finanzieller Situation.[9] Außerdem müssen für den Vergleich von Kriminalität all die Straftaten herausgerechnet werden, die Deutsche ja gar nicht begehen können: fehlende Aufenthaltserlaubnisse oder Verstöße gegen Meldeauflagen zum Beispiel. Wenn man das bedenkt, wird deutlich, dass Geflüchtete ähnlich selten Straftaten wie vergleichbare gesellschaftliche Gruppen begehen, die nicht zugewandert sind.

«Die anderen Länder tun ja viel weniger als Deutschland.»

Weltweit befinden sich 79,5 Millionen Menschen auf der Flucht. Weniger als jeder fünfzigste Geflüchtete auf der Welt befindet sich derzeit in Deutschland. Denn die meisten Menschen fliehen nicht nach Europa: 85 Prozent der Flüchtenden suchen Schutz in sogenannten Entwicklungsländern, über die Hälfte bleibt bei der Flucht innerhalb ihres Landes. 4,2 Millionen Menschen sind Asylsuchende. Ein Großteil der Menschen auf der Flucht findet Schutz in Ländern des Globalen Südens: Türkei, Kolumbien, Pakistan, Uganda.

Gemessen an der Bevölkerung leben die meisten Flüchtlinge im Libanon, wo sie ein Sechstel der Bevölkerung stellen, gefolgt von Jordanien. Und auch in Europa steht Deutschland im letzten Jahr bei der Anzahl der erstmaligen Asylbewerber pro Kopf auf Rang 9 von 27 Mitgliedsstaaten. Hinter Zypern, Malta, Griechenland, Luxemburg, Spanien, Schweden, Belgien, Frankreich und Slowenien.[10]

«Die haben doch Smartphones, so arm können die gar nicht sein.»

Was würdest du mitnehmen, wenn du flüchten musst? Smartphones sind für viele Menschen auf der Flucht das Letzte, was ihnen bleibt. Darauf sind Erinnerungen – Fotos und Nachrichten von geliebten Menschen. Es ist ihre Möglichkeit, mit ihren Familien und Freund:innen zu kommunizieren. Es ist das Navigationsmittel, das ihnen hilft weiterzukommen. Es hilft ihnen bei der Übersetzung in einer Region, in der sie sich sonst kaum verständigen können. Nicht alle Geflüchteten sind arm. Aber bei vielen, die arm sind, ist das Smartphone ihr einziger und wichtigster Besitz überhaupt.

«Die sollen ihrem Land dienen und kämpfen.»

Würdest du für einen Diktator eine Waffe in die Hand nehmen? Würdest du auf unschuldige Menschen schießen oder sie bombardieren? Oder würdest du versuchen zu fliehen?

Für viele junge Männer aus Ländern wie Syrien oder Eritrea ist der drohende Wehrdienst für einen Diktator ein wesentlicher Fluchtgrund.

Hinzu kommt, dass Länder in Westeuropa eine Mitschuld an vielen Fluchtgründen tragen. Zum Beispiel indem sie Waffen an Staaten liefern, die an großen Kriegen beteiligt sind.

Fakt ist: Viele Geflüchtete wollen sich an dem Aufbau ihrer Herkunftsländer beteiligen, können das aber erst machen, wenn der Krieg vorbei ist. Beispielsweise haben in einer Umfrage nur 8 Prozent der syrischen Geflüchteten angegeben, dauerhaft in Deutschland bleiben zu wollen.[11]

«Flüchtlinge sind zu teuer.»

Wie viel darf es kosten, ein Menschenleben vor Krieg, Folter und politischer Verfolgung zu schützen? Natürlich müssen für Aufnahme von Geflüchteten oder die Unterstützung von sozial Schwachen finanzielle Mittel aufgewendet werden. Aber wenn uns Zusammenhalt in der Gesellschaft wichtig ist, sollten wir uns eher fragen: Wie wollen wir zusammenleben?

Der Bund gibt jedes Jahr einige Milliarden Euro für Geflüchtete aus, doch dieses Geld kommt nicht nur den Schutzsuchenden zugute. Darin sind auch Ausgaben enthalten, von denen nicht nur Geflüchtete profitieren, wie zum Beispiel für Kinderbetreuung oder sozialen Wohnungsbau. Um die harten Zahlen anschaulich in Relation zu setzen: Was für Deutschland sehr viel teurer ist als Geflüchtete, ist beispielsweise die Steuerhinterziehung. Dadurch geht dem Staat jedes Jahr ein Vielfaches von dem verloren, was im Asylbereich ausgegeben wird. Studien belegen zudem, dass Migrant:innen im Laufe der Zeit mehr Steuern bezahlen, als sie an Sozialleistungen erhalten.[12]

«Wir müssen doch unsere Grenzen schützen!»

Grenzkontrollen sind vor allem wichtig, um sich vor Gefahren zu schützen. Darunter zählen zum Beispiel illegale Machenschaften wie Menschenhandel, Drogen- oder Waffenschmuggel. Aber auch an den Grenzen müssen die Menschenrechte geachtet werden.

Geflüchtete haben an den Grenzen das Recht auf ein rechtsstaatliches Asylverfahren. Außerdem dürfen sie für einen illegalen Grenzübertritt nicht bestraft werden, wenn sie aus einem Land flüchten, in dem sie verfolgt werden. So legt es schon die Genfer Konvention fest.

Leider wird an Europas Außengrenzen inzwischen systematisch gegen Menschenrechte verstoßen. An der kroatischen Grenze werden Menschen gefoltert, und die griechische Küstenwache setzt Menschen auf Plastikinseln im offenen Meer aus und überlässt sie sich selbst.

Im März wurden sogar Menschen an der griechischen Landgrenze erschossen.[13] Das ist nicht nur für die Schutzsuchenden, sondern auch für Europa unwürdig. Denn europäische Grenzen sind nur geschützt, wenn die Menschenrechte an diesen Grenzen geschützt sind.

«Warum bezahlen die Flüchtlinge Schlepper, wenn sie auch legal kommen könnten?»

Um in ein Flugzeug nach Europa zu steigen, braucht man ein Visum für den Schengenraum. In vielen Ländern der Welt wie Syrien oder Afghanistan gibt es keine Möglichkeit, solch ein Visum zu bekommen. Die meisten Menschen können deswegen nur mit Schleppern auf Booten nach Europa flüchten. Dafür müssen sie oft mehrere tausend Euro bezahlen. Sichere Fluchtwege nach Europa gibt es für die allermeisten Menschen nicht mehr. Obwohl die Zahl der weltweit Geflüchteten einen neuen Höchststand erreicht hat, hat die Zahl der legalen Fluchtmöglichkeiten über Resettlement-Programme, also durch legale Aufnahme von Schutzbedürftigen, einen neuen Tiefstand erreicht. Obwohl der Flug nach Europa mit Flugzeug viel günstiger und sicherer wäre als die Flucht auf einem Schlauchboot nach Europa, ist dieser Weg für viele unbeschreibbar.

«Die bekommen ja mehr Geld als ich.»

Im Asylverfahren hat eine Person Anspruch auf Leistungen nach dem Asylbewerberleistungsgesetz. Diese fallen geringer aus als Arbeitslosengeld II. Asylsuchende, die in einer Erstaufnahmeeinrichtung untergebracht sind, erhalten pro Monat 150 Euro für den «notwendigen persönlichen Bedarf». Diese Zahlung erfolgt oft in Sachleistungen oder Gutscheinen. Wenn eine geflüchtete Person nicht mehr in der Erstaufnahmeeinrichtung ist, erhält sie 344 Euro pro Monat. Das ist deutlich weniger als der Regelbedarf für ALG-II-Empfänger:innen, der derzeit für Alleinstehende bei 446 Euro liegt.[14]

Geflüchtete bekommen also nicht mehr Geld vom Staat als alle anderen Bürger:innen der Bundesrepublik, sondern weniger. Außer wenn sie mehr arbeiten. Aber dann zahlen sie auch mehr Steuern.

«Migration hat für uns nur Nachteile.»

Wenn alle Migrant:innen Deutschland von heute auf morgen verlassen würden, würde unsere Gesellschaft zusammenbrechen. Corona hat gezeigt, dass wir gerade in wichtigen Bereichen wie der Landwirtschaft, Pflege oder der Auslieferung von Waren keinen Tag ohne Arbeitskräfte mit Migrationshintergrund auskommen würden. Und dass der erste Impfstoff gegen Corona in Deutschland entwickelt wurde, hängt damit zusammen, dass die Eltern von Özlem Türeci und Uğur Şahin (die Gründer:innen des Entwicklungslabors BioNTech) nach Deutschland migriert sind.

Doch man muss nicht erst eine globale Pandemie besiegen oder viel Geld verdienen, um ein Recht auf Asyl gewährt zu bekommen. Das Asylrecht ist ein Menschenrecht. Und jenseits von wirtschaftlichen Aspekten ist Migration vor allem eine Konstante, die so alt ist wie die Menschheit selbst – und die während der gesamten Geschichte der Menschheit eine treibende Kraft für Fortschritt, Austausch, neue Ideen und notwendige Veränderung war. Ohne Migration wäre Europa gar nicht besiedelt. Denn die ersten Menschen migrierten von der Landmasse, die wir heute Afrika nennen.

Schlusswort

Arbeitsmigration, Grenzkontrollen, Rückführungen, Frontex, die Gesundheitsversorgung und Dutzende andere Themen könnte man noch in diesem Buch vertiefen. Jedoch sind diese vielfach so offensichtlichen Probleme eben nicht Ursachen, sondern Symptome der aktuellen Politik. Überall wird behutsam das Gefühl gestärkt, dass Fluchtbewegungen kaum zu bewältigen seien, dass jeder Versuch eines ordentlichen, menschenwürdigen Umgangs mit Geflüchteten naiv und zum Scheitern verurteilt sei. Dabei ist es umgekehrt:

Flucht selbst ist Ausdruck des Scheiterns von Politik. Und Abschottung ist Ausdruck einer politischen Haltung, die mit dem eigenen Scheitern nicht mehr konfrontiert werden will.

Wenn Europa Migration und Flucht im 21. Jahrhundert anständig organisieren will, wäre das möglich. Ansätze für Lösungen habe ich beschrieben. Es fehlt nicht an Möglichkeiten, es fehlt vielmehr an dem Willen, sich der Aufgabe und der Verantwortung zu stellen.

Nicht wenige Menschen behaupten, dass Staaten in Europa durch das Grundrecht auf Asyl, Zuwanderung oder «Moralismus» gefährdet seien und sich möglicherweise abschaffen würden. Ich denke, dass das Gegenteil der Fall ist. Es wird und soll unterschiedliche Meinungen dazu geben, wie man Herausforderungen bewältigen kann. Das ist das Wesen der pluralen Demokratie. Doch dieses Buch sollte den Blick darauf lenken, dass demokratische und rechtsstaatliche Politik auf der Suche nach Lösungen nie den Boden der eigenen Grundwerte verlassen darf, aber genau das tut. Wenn das Recht auf Leben, die Menschenwürde und die rechtsstaatliche Ordnung selbst in Frage gestellt werden, schafft man Europa ab. Kaum eine europäische Regierung widersteht noch dem scheinbaren Reiz rechtspopulistischer Argumente, kaum noch eine Regierung kämpft sichtbar für Alternativen zur gewaltvollen Abschottung.

Was mich trotz alledem hoffnungsfroh stimmt, ist die Tatsache, dass es Lösungen gibt. Je intensiver ich lese und lerne, desto mehr Möglichkeiten tun sich auf, um die Herausforderungen zu meistern. Und je intensiver ich mich engagiere, desto offensichtlicher ist es, dass Hunderttausende andere Menschen ebenfalls für Humanität und Rechtsstaatlichkeit eintreten. Jetzt ist es an uns, diese Kraft zu bündeln und zu verhindern, dass Europa sich abschafft. Wenn das Unrecht als Lösung akzeptabel wird, wird sich das bald auch in anderen Bereichen zeigen. Deswegen geht es in der Asylpolitik nicht nur um Asylpolitik. Im Umgang mit den Schwächsten wird sichtbar, wie stark wir wirklich sind. Und genau deswegen ist es zwar leicht, in politischen Reden in Brüssel, Berlin oder Wien darüber zu reden, wer wir sein wollen. Aber am Ende zeigt sich im Umgang mit den Menschen an den Grenzen, wer wir sind.

Ich danke all jenen,
die wissen, dass sie nicht
die ganze Welt retten können,
aber so verrückt sind,
es trotzdem zu versuchen.

Anmerkungen

1
Europas Verantwortung

1. Vgl. freedomintheworld.org (zuletzt abgerufen am 12. Mai 2021)
2. Zimmerer, Jürgen: Expansion und Herrschaft – Geschichte des europäischen und deutschen Kolonialismus, Bundeszentrale für politische Bildung 23. Oktober 2012.
3. Etwa Assmann, Aleida: Der Europäische Traum, C. H. Beck 2018, und Wertheimer, Jürgen: Europa, Penguin Verlag 2020.
4. Diese Geschichte wird ausführlicher bei Gerald Knaus «Welche Grenzen brauchen wir?» dargelegt. Knaus, Gerald: Welche Grenzen brauchen wir?, Piper Verlag 2020.
5. Erlanger, Simon: Rothmund und der Antisemitismus, Tachles 14. Juli 2017.
6. Dippel, Carsten: Juden unerwünscht, Deutschlandfunk 11. Juli 2018.
7. Kreickenbaum, Martin: Evian und die Flüchtlingskonferenz von 1938, World Socialist Web Site 5. Juni 2003.
8. Ebd.
9. https://evian1938.de/ergebnisse-und-folgen/reaktionen-von-hoffnung-bis-haeme/ (zuletzt abgerufen 12. Mai 2021)
10. www.geschichte-schweiz.ch/fluchtlingspolitik-2-weltkrieg.html (zuletzt abgerufen am 12. Mai 2021)
11. Keller, Stefan: Festung Schweiz, Die Zeit 14. August 2008.
12. Oltmer, Jochen: Wie ist das Asylrecht entstanden?, Bundeszentrale für politische Bildung 21. April 2016.
13. https://www.unhcr.org/dach/wp-content/uploads/sites/27/2017/03/GFK_Pocket_2015_RZ_final_ansicht.pdf (zuletzt abgerufen am 12. Mai 2021)
14. Marshall, Tim: Abschottung – Die neue Macht der Mauern, dtv 2018, S. 10.
15. https://www.tagesschau.de/ausland/friedensnobelpreis-eu100.html (zuletzt abgerufen am 12. Mai 2021)
16. Zahlen weltweit siehe: https://www.unhcr.org/figures-at-a-glance.html (zuletzt abgerufen am 12. Mai 2021)
    Zahlen Europa siehe: https://data2.unhcr.org/en/situations/mediterranean (zuletzt abgerufen am 12. Mai 2021)

2
Einbruch der Wirklichkeit

1. https://www.unocha.org/story/2015-global-appeal-164-billion-help-57-million-people-22-countries
2. https://www.wfp.org/news/wfp-forced-suspend-syrian-refugee-food-assistance-warns-terrible-impact-winter-nea
3. https://www.proasyl.de/wp-content/uploads/2015/12/Griechenlandbericht_The_Truth_may_be_bitter_2007_dt_klein.pdf (zuletzt abgerufen am 12. Mai 2021)
4. https://www.proasyl.de/wp-content/uploads/2014/02/Urteil_EGMR_MSS_gegen_Belgien_und_Griechenland.pdf (zuletzt abgerufen am 12. Mai 2021)
5. https://curia.europa.eu/jcms/upload/docs/application/pdf/2011-12/cp110140de.pdf (zuletzt abgerufen am 12. Mai 2021)
6. https://eur-lex.europa.eu/legal-content/DE/TXT/PDF/?uri=CELEX:52015DC0240, S. 11 (zuletzt abgerufen am 12. Mai 2021)
7. Hänsel, Valeria, u. a.: Stigmatisiert, kriminalisiert, inhaftiert – Der Kampf gegen vermeintliche ‹Schleuser› auf den griechischen Hotspot-Inseln, bordermonitoring.eu November 2020, S. 68. https://bordermonitoring.eu/wp-content/uploads/2020/12/report-2020-smuggling-de_web.pdf (zuletzt abgerufen am 12. Mai 2021)
8. Christides, Giorgos; Heisterkamp, Lucia: Griechenlands Kampf gegen Menschenschmuggel, Der Spiegel 7. Februar 2020.
9. https://www.welt.de/videos/video140069916/Fluechtlinge-vom-Zug-ueberrollt.html (zuletzt abgerufen am 12. Mai 2021)
10. https://programm.ard.de/TV/daserste/tote-auf-der-balkanroute/eid_281061344344026 (zuletzt abgerufen am 12. Mai 2021)
11. Vgl. Speer, Marc: Die Geschichte des formalisierten Korridors – Erosion und Restrukturierung des Europäischen Grenzregimes auf dem Balkan, bordermonitoring.eu Juli 2017. (zuletzt abgerufen am 12. Mai 2021)
12. Marusic, Sinisa Jakov: Macedonia Railways ‹Exploiting Refugees› by Hiking Fares, BalkanInsight 15. September 2015.
13. https://www.reuters.com/article/mazedonien-fl-chtlinge-idDEKCN0QQ0WI20150821 (zuletzt abgerufen am 12. Mai 2021)
14. https://data2.unhcr.org/en/situations/mediterranean/location/5179 (zuletzt abgerufen am 12. Mai 2021)
15. Hutt, Felix: Prozess gegen Flüchtlings-Schlepper, Stern 21. Juni 2017.
16. Odehnal, Bernhard: Wer hilft, dem droht Gefängnis, Tages-Anzeiger 9. Juni 2018.
17. Kasparek, Bernd; Speer, Marc: Of Hope – Ungarn und der lange Sommer der Migration, bordermonitoring.eu 7. September 2015. (zuletzt abgerufen 12. Mai 2021)
18. Siehe https://www.proasyl.de/wp-content/uploads/2015/09/2015-09-06_Ergeb.Koa-Ausschuss-1.pdf und https://www.proasyl.de/hintergrund/gehversu

che-eines-untoten-hintergruende-zur-krise-des-dublin-systems (zuletzt abgerufen am 12. Mai 2021)
19 Rohrmeier, Sophie: Wie die ungarische Polizei Flüchtlinge versorgt, Süddeutsche Zeitung 11. September 2015.
20 https://www.bmi.bund.de/SharedDocs/kurzmeldungen/DE/2015/09/grenzkontrollen-an-der-grenze-zu-oesterreich-wiedereingef%C3%BChrt.html (zuletzt abgerufen am 12. Mai 2021)
21 https://www.hrw.org/de/news/2015/04/15/serbien-polizei-misshandelt-migranten-und-asylsuchende; https://www.dw.com/de/bericht-bulgarische-sicherheitskr%C3%A4fte-misshandeln-fl%C3%BCchtlinge/a-18846935 (zuletzt abgerufen am 12. Mai 2021)
22 https://www.fotohits.de/themen/interviews/warren-richardson-world-press-photo-2016/ (zuletzt abgerufen am 12. Mai 2021)
23 https://www.handelszeitung.ch/politik/ungarn-macht-illegale-einwanderung-zur-straftat-860363 (zuletzt abgerufen am 12. Mai 2021)

3
Der Preis der Flucht

1 https://data2.unhcr.org/en/situations/mediterranean (zuletzt abgerufen am 12. Mai 2021)
2 Siehe Alexander, Robin: Die Getriebenen, Siedler Verlag 2017, S. 70.
3 Moulin, Margarete: Merkels Auftritt beim CSU-Parteitag, Taz 20. November 2015.
4 Bau, Walter: Angela Merkel und die Flüchtlinge – Ein Rückblick in Zitaten, Der Westen 29. Dezember 2015.
5 Grunert, Marlene: Migranten besonders kriminell? – Das sagt die Statistik über Ausländer und Straftaten, Frankfurter Allgemeine Zeitung 22. Juni 2018.
6 am Orde, Sabine: «Wir stecken in der Populismus-Falle», Taz 15. Januar 2016.
7 https://www.eca.europa.eu/lists/ecadocuments/sr17_6/sr_migration_hotspots_de.pdf (zuletzt abgerufen am 12. Mai 2021)
8 Im Oktober kamen noch 221 000 Menschen, im November 155 000, im Januar waren es noch knapp 74 000 (https://data2.unhcr.org/en/situations/mediteranean).
9 Christides, Giorgos: Und raus bist du, Der Spiegel 5. Februar 2016.
10 Einen Überblick gibt es hier: https://www.proasyl.de/hintergrund/asylpaket-ii-in-kraft-ueberblick-ueber-die-geltenden-asylrechtlichen-aenderungen (zuletzt abgerufen am 12. Mai 2021)
11 https://www.consilium.europa.eu/de/press/press-releases/2016/03/18/eu-turkey-statement/ (zuletzt abgerufen am 12. Mai 2021)
12 Mayr, Markus: Wie sich die Türkei gegen Syrien abschottet, Süddeutsche Zeitung 4. Mai 2016.

4
Hoffnung, Flucht, Vertreibung

1. Böge, Friederike; Gutschker, Thomas: Kanzleramt macht Druck – Afghanen sollen abgeschoben werden, Frankfurter Allgemeine Zeitung 25. Oktober 2015.
2. Parusel, Bernd: Afghanische Asylsuchende und das Gemeinsame europäische Asylsystem, Bundeszentrale für politische Bildung 16. Oktober 2018.
3. Lückoff, Janina: Flüchtlinge aus Afghanistan – Harsche Kritik an Abschiebung, Bayerischer Rundfunk 28. Oktober 2015.
4. Mützel, Daniel: Afghanistan-Konferenz – EU-Hilfen in Milliardenhöhe und ein Abschiebeabkommen, Euractiv.de 6. Oktober 2016.
5. https://www.zeit.de/politik/ausland/2018-04/afghanistan-wiederaufbau-us-bericht-fehlende-transparenz-kritik (zuletzt abgerufen am 12. Mai 2021)
6. https://www.nordbayern.de/politik/hilfsgelder-15-2-milliarden-dollar-gehen-nach-afghanistan-1.5534246?cid=19.447764 (abgerufen am 13. Mai 2021)
7. Bleiker, Carla: Zukunft für afghanische Ortskräfte ungewiss, Deutsche Welle 12. Februar 2013.
8. https://www.proasyl.de/news/mehr-zivile-opfer-mehr-vertriebene-afghanistan-wird-immer-unsicherer/ (zuletzt abgerufen am 13. Mai 2021)
9. http://nachtwei.de/index.php?module=articles&func=display&aid=1454 (zuletzt abgerufen am 13. Mai 2021)
10. https://www.transparency.de/cpi/cpi-2019/cpi-2019-tabellarische-rangliste/?L=0 (zuletzt abgerufen am 13. Mai 2021)
11. https://www.unicef.de/informieren/aktuelles/presse/2018/bildung-maedchen-in-afghanistan/166406 (zuletzt abgerufen am 13. Mai 2021)
12. https://www.auswaertiges-amt.de/blob/1787152/c23bcd183458dd556bb159b0c97bce20/180315-perspektivbericht-data.pdf (zuletzt abgerufen am 13. Mai 2021)
13. Rahim Faiez, Helfer mit Erfahrung, taz 6. März 2017 (zuletzt abgerufen am 13. Mai 2021)
14. https://de.statista.com/statistik/daten/studie/199743/umfrage/verteilung-der-heroinproduktion-weltweit (zuletzt abgerufen am 13. Mai 2021)
15. http://dip21.bundestag.de/dip21/btd/17/028/1702878.pdf (zuletzt abgerufen am 13. Mai 2021)
16. https://www.bbc.com/news/world-asia-47005558 (zuletzt abgerufen am 13. Mai 2021)
17. https://www.statewatch.org/media/documents/news/2016/mar/eu-council-afghanistan-6738-16.pdf (zuletzt abgerufen am 13. Mai 2021)
18. https://afghanistan.iom.int/press-releases/ministry-refugees-and-repatriation-morr-and-international-organization-migration-iom (zuletzt abgerufen am 13. Mai 2021)
19. https://data2.unhcr.org/en/situations/mediterranean (zuletzt abgerufen am 13. Mai 2021)

20. Wiegold, Thomas: Der Bundeswehreinsatz in Afghanistan, Bundeszentrale für politische Bildung 15. Dezember 2016.
21. https://www.spiegel.de/politik/deutschland/steinmeier-zwischen-kriegsfluechtlingen-und-wirtschaftsmigranten-unterscheiden-a-1190194.html (zuletzt abgerufen am 13. Mai 2021)
22. https://unama.unmissions.org/sites/default/files/afghanistan_protection_of_civilians_annual_report_2019_-_22_february.pdf (zuletzt abgerufen am 13. Mai 2021)
23. https://www.proasyl.de/news/studie-zur-situation-abgeschobener-afghanen-bedrohungen-gewalt-chancenlosigkeit/ (zuletzt abgerufen am 13. Mai 2021)
24. Übersicht bisheriger Abschiebeflüge: https://thruttig.wordpress.com/2021/03/10/37-afghanistan-sammelabschiebung-traf-in-kabul-ein-gesamtzahl-fur-2021/ (zuletzt abgerufen am 13. Mai 2021)
25. https://www.statewatch.org/media/documents/news/2016/mar/eu-council-afghanistan-6738-16.pdf (zuletzt abgerufen am 13. Mai 2021)
26. https://www.proasyl.de/fachnewsletter-beitrag/rueckuebernahmeabkommen-mit-afghanistan (zuletzt abgerufen am 13. Mai 2021)
27. https://www.rnd.de/politik/umkampftes-afghanistan-so-stark-sind-die-taliban-TIRVHCXPRXPTJTTWBACEXHNU6M.html (zuletzt abgerufen am 13. Mai 2021)
28. Petersmann, Sandra; Werkhäuser, Nina: Die Bundeswehr und der lange Krieg in Afghanistan, Deutsche Welle 11. September 2020.
29. https://www.sueddeutsche.de/politik/afghanistan-geheimdienste-sollen-vor-anschlag-auf-deutsche-botschaft-in-kabul-gewarnt-haben-1.3567547 (zuletzt abgerufen am 13. Mai 2021)
30. https://www.zeit.de/politik/deutschland/2019-09/afghanistan-bundespolizei-rueckkehr-kabul-sicherheit (zuletzt abgerufen am 13. Mai 2021)
31. https://www.travelbook.de/ziele/laender/global-peace-index (zuletzt abgerufen am 13. Mai 2021)
32. https://www.augsburger-allgemeine.de/politik/Blutiger-Herbst-in-Afghanistan-trotz-Friedensgespraechen-id59176501.html (zuletzt abgerufen am 13. Mai 2021)
33. https://thruttig.wordpress.com/2021/03/26/un-generalsekretar-sicherheitslage-in-afghanistan-nochmals-verschlechtert/ (zuletzt abgerufen am 13. Mai 2021)

5
Die Not auf See und die Verhinderung der Rettung

1. Hinnant, Lori; Janssen, Bram: 56 800 migrant dead and missing, The Associated Press 2. November 2018.
2. https://www.liberale.de/printpdf/41812 (zuletzt abgerufen am 13. Mai 2021)

3 https://www.cap-anamur.org/ueber-uns/geschichte/ (zuletzt abgerufen am 13. Mai 2021)
4 https://www.ndr.de/geschichte/schiffe/1979-Cap-Anamur-startet-Hilfsaktion-vor-Vietnam,capanamur112.html (zuletzt abgerufen am 13. Mai 2021)
5 https://www.proasyl.de/news/10-jahre-cap-anamur-schaem-dich-europa/ (zuletzt abgerufen am 13. Mai 2021)
6 Kissel, Ursula; Stickelmann, Stephan: Freisprüche im Cap-Anamur-Prozess, Deutsche Welle 7. Oktober 2009.
7 https://www.weser-kurier.de/deutschland-welt/deutschland-welt-fotos_galerie,-Wichtige-Staatschefs-hofierten-Gaddafi-_mediagalid,12366.html (zuletzt abgerufen am 13. Mai 2021)
8 https://daserste.ndr.de/panorama/archiv/2011/libyen169.html (zuletzt abgerufen am 13. Mai 2021)
9 https://dejure.org/dienste/vernetzung/rechtsprechung?Gericht=EGMR&Datum=23.02.2012&Aktenzeichen=27765/09 (zuletzt abgerufen am 13. Mai 2021)
10 https://www.proasyl.de/news/left-to-die-verweigerte-seenotrettung-kostet-mehr-als-260-bootsfluechtlinge-das-leben/ (zuletzt abgerufen am 13. Mai 2021)
11 https://watchthemed.net/reports/view/32 (zuletzt abgerufen am 13. Mai 2021)
12 https://theshiftnews.com/2021/01/28/un-rights-body-finds-italy-breached-international-obligation-in-2013-lampedusa-shipwreck/ (zuletzt abgerufen am 13. Mai 2021)
13 https://pace.coe.int/en/news/4779 (zuletzt abgerufen am 13. Mai 2021)
14 https://www.abendzeitung-muenchen.de/panorama/fluechtlingsboot-von-schleppern-versenkt-hunderte-opfer-art-251838 (zuletzt abgerufen am 13. Mai 2021)
15 https://www.deutschlandfunk.de/fluechtlinge-italien-beendet-rettungsaktion-mare-nostrum.1818.de.html?dram:article_id=301920 (zuletzt abgerufen am 13. Mai 2021)
16 https://www.faz.net/aktuell/gesellschaft/bei-bootsunglueck-vor-kueste-libyens-300-fluechtlinge-ertrunken-13422518.html (zuletzt abgerufen am 13. Mai 2021)
17 Vgl. https://data2.unhcr.org/en/situations/mediterranean/location/5205 (zuletzt abgerufen am 13. Mai 2021)
18 Meier, Albrecht: Hilfsorganisation befürchtet Tod von 400 Flüchtlingen, Der Tagesspiegel 15. April 2015.
19 https://www.zeit.de/gesellschaft/2014-12/vereinte-nationen-bootsfluechtlinge-mittelmeer (zuletzt abgerufen am 13. Mai 2021)
20 https://www.consilium.europa.eu/de/press/press-releases/2015/04/23/special-euco-statement (zuletzt abgerufen am 13. Mai 2021)
21 Dostal, Bettina: «Speedy» noch in Hand libyscher Küstenwache, Donau-Post 19. September 2016.

22 https://www.spiegel.de/politik/ausland/libyen-uno-hat-hinweise-auf-staatlichen-menschenschmuggel-a-1191985.html (zuletzt abgerufen am 13. Mai 2021)
23 Siehe etwa: https://edition.cnn.com/specials/africa/libya-slave-auctions (zuletzt abgerufen am 13. Mai 2021)
24 Germanos, Andrea: Evidence shows US Navy ignored sinking ship as migrants drowned and screamed for help, Common Dreams 9. November 2018.
25 https://www.statewatch.org/media/documents/news/2017/jul/italy-eu-sar-code-of-conduct.pdf (zuletzt abgerufen am 13. Mai 2021)
26 https://www.tt.com/artikel/15311497/italien-gericht-gegen-konfiszierung-des-ngo-schiffes-aquarius (zuletzt abgerufen am 13. Mai 2021)
27 https://www.tagesspiegel.de/gesellschaft/panorama/fluechtlinge-ueber-1400-tote-auf-mittelmeer-route/22763768.html (zuletzt abgerufen am 13. Mai 2021)
28 https://fragdenstaat.de/blog/2018/libyen-fluechtlingslager/ (zuletzt abgerufen am 13. Mai 2021)
29 https://www.dw.com/de/vier-tote-durch-angriff-auf-fl%C3%BCchtlingsboot-vor-libyen/a-36113669 (zuletzt abgerufen am 13. Mai 2021)
30 Jakob, Christian: Tödlicher Zwischenfall im Mittelmeer, Taz 10. November 2017.
31 Schwenn, Paul: Tod im Mittelmeer Diese fragwürdigen Typen halten der EU Geflüchtete vom Hals, Vice 7. März 2019.
32 So etwa beim SPIEGEL: Schaap, Fritz: Libyens Marine im Mittelmeer – Fast jeden Tag Tote, Der Spiegel 11. Juli 2019.
33 https://www.spiegel.de/sptv/spiegeltv/spiegel-tv-magazin-unterwegs-mit-der-libyschen-kuestenwache-a-1154532.html (zuletzt abgerufen am 13. Mai 2021)
34 https://www.zeit.de/politik/ausland/2018-07/mittelmeer-open-arms-josefa-anzeige (zuletzt abgerufen am 13. Mai 2021)
35 https://www.proasyl.de/news/der-menschenverachtende-deal-der-eu-mit-libyen/ (zuletzt abgerufen am 13. Mai 2021)
36 Siehe etwa: https://twitter.com/ErikMarquardt/status/1363980445290016773?s=20 (zuletzt abgerufen am 13. Mai 2021)
37 https://www.migazin.de/2018/07/04/vereinte-nationen-tote-mittelmeertagen/ (zuletzt abgerufen am 13. Mai 2021)
38 https://www.bmi.bund.de/SharedDocs/reden/DE/2014/02/polizeikongress.html (zuletzt abgerufen am 13. Mai 2021)
39 https://www.sueddeutsche.de/politik/hilfe-fuer-fluechtlinge-wie-de-maiziere-vom-bremser-zum-retter-wurde-1.2444938 (zuletzt abgerufen am 13. Mai 2021)
40 https://ffm-online.org/fake-news-rekonstruktion-einer-diffamierungskampagne-gegen-die-private-seenotrettung/ (zuletzt abgerufen am 13. Mai 2021)
41 https://www.spiegel.de/politik/ausland/fluechtlinge-im-mittelmeer-thomas-de-maiziere-kritisiert-schlepper-und-seenotretter-a-1158415.html (zuletzt abgerufen am 13. Mai 2021)

42 Hier von mir auf Twitter dokumentiert: https://twitter.com/ErikMarquardt/status/1135805890525847552 (zuletzt abgerufen am 13. Mai 2021)
43 https://www.unhcr.org/dach/de/was-wir-tun/globaler-pakt (zuletzt abgerufen am 13. Mai 2021)
44 https://www.un.org/depts/german/migration/A.CONF.231.3.pdf (zuletzt abgerufen am 13. Mai 2021)
45 https://twitter.com/sebastiankurz/status/1057611638034063360 (zuletzt abgerufen am 13. Mai 2021)
46 https://www.un.org/depts/german/migration/A.CONF.231.3.pdf (zuletzt abgerufen am 13. Mai 2021)
47 Haarbach, Madleen: Tausende demonstrieren für Seenotrettung, Tagesspiegel 7. Juli 2018.
48 Hechelmann, Axel: Fall «Lifeline» – Mehrheit der Deutschen ist gegen private Seenotrettung, Augsburger Allgemeine 18. Juli 2018.
49 https://presse.wdr.de/plounge/tv/das_erste/2019/07/20190704_ard_deutschlandtrend_2.html (zuletzt abgerufen am 13. Mai 2021)
50 Jakob, Christian: Debatte um Seenotrettung, Taz 12. Juli 2018.
51 Gieselmann, Dirk: CSU und Kirche – Wo ist das C geblieben?, Die Zeit 10. Oktober 2018.
52 https://www.watson.de/international/italien/829336185-mussolini-propaganda-italiens-salvini-empoert-mit-zitat (zuletzt abgerufen am 13. Mai 2021)
53 https://www.n-tv.de/politik/Salvini-verweigert-Kuestenwache-einen-Hafen-article21171308.html (zuletzt abgerufen am 13. Mai 2021)
54 https://www.welt.de/politik/fluechtlinge/article196811923/Handelsschiff-fahrt-Reeder-aendern-Routen-um-nicht-auf-Fluechtlingsboote-zu-treffen.htm (zuletzt abgerufen am 13. Mai 2021)
55 Bachstein, Andrea: Tanker vor Malta, Süddeutsche Zeitung 4. September 2020.
56 https://dipbt.bundestag.de/doc/btd/19/168/1916867.pdf (zuletzt abgerufen am 13. Mai 2021)
57 https://sea-watch.org/das-sea-watch-aufklaerungsflugzeug-moonbird-schafft-es-den-betrieb-wieder-aufzunehmen-waehrend-die-sterblichkeitsrate-auf-ein-rekordniveau-steigt/ (zuletzt abgerufen am 13. Mai 2021)
58 https://www.augsburger-allgemeine.de/politik/Unsaegliche-Brutalitaet-auf-Migrationsrouten-in-Afrika-id57831116.html (zuletzt abgerufen am 13. Mai 2021)
59 Hornig, Frank, u. a.: Faktencheck zur Seenotrettung, Der Spiegel 12. Juli 2019. Eine Übersicht über weitere Studien findet man unter https://erik-marquardt.eu/2019/11/20/studie-belegt-migration-nach-europa-unabhaengig-von-seenotrettung/ (zuletzt abgerufen am 13. Mai 2021)
60 https://twitter.com/ErikMarquardt/status/1187393247901048833?s=20 (zuletzt abgerufen am 13. Mai 2021)

6
Das Schengenspiel

1. Edler, Nina: «Da werden Menschen sterben», News 4. Oktober 2019.
2. https://www.borderviolence.eu/violence-reports/ (abgerufen am 13. Mai 2021)
3. Beer, Andrea; Govedarica, Srdjan: Schiebt Kroatien illegal aus der EU ab?, Tagesschau.de 16. Dezember 2018.
4. Matić, Srećko: Zaustavljen intervju s njemačkim političarem – zbog kritika na račun Hrvatske, Deutsche Welle 18. Dezember 2019.
5. Vgl. https://ec.europa.eu/home-affairs/sites/default/files/what-we-do/policies/european-agenda-migration/20191022_com-2019-497-communication_en.pdf (zuletzt abgerufen am 13. Mai 2021)
6. https://ec.europa.eu/transparency/regdoc/rep/1/2019/DE/COM-2019-497-F1-DE-MAIN-PART-1.PDF (zuletzt abgerufen am 13. Mai 2021)
7. https://www.ombudsman.hr/en/ombudswoman-warned-the-mi-to-grant-npm-access-to-data-on-irregular-migrants-treatment/ (zuletzt abgerufen am 13. Mai 2021)
8. https://www.bundesregierung.de/breg-de/aktuelles/pressekonferenz-von-bundeskanzlerin-merkel-und-dem-kroatischen-ministerpraesidenten-andrej-plenkovi%C4%87-1694886 (zuletzt abgerufen am 13. Mai 2021)
9. https://www.zdf.de/nachrichten/heute/zwischenfall-in-kroatien-polizeischuss-verletzt-migrant-100.html (zuletzt abgerufen am 13. Mai 2021)
10. Perić, Ivana: Croatian police uses electroshock torture on a migrant minor, H-Alter 1. September 2019.
11. https://beobachtungsstelle.ch/news/illegale-push-backs-an-europaeischen-aussengrenzen/ (zuletzt abgerufen am 13. Mai 2021)
12. https://dip21.bundestag.de/dip21/btd/19/280/1928043.pdf (zuletzt abgerufen am 13. Mai 2021)
13. Kreizer, Nenad: Flüchtlinge – Kroatiens Push-Backs mit «ein bisschen Gewalt», Deutsche Welle 13. Juli 2019.
14. https://www.coe.int/en/web/commissioner/-/croatian-authorities-must-stop-pushbacks-and-border-violence-and-end-impunity (zuletzt abgerufen am 13. Mai 2021)
15. https://erik-marquardt.eu/wp-content/uploads/2020/01/Brief-an-Bundesinnenminister-Horst-Seehofer-zu-Pushbacks-in-Kroatien-1.pdf (zuletzt abgerufen am 13. Mai 2021)
16. https://www.hrw.org/news/2019/11/08/eu-address-croatia-border-pushbacks (zuletzt abgerufen am 13. Mai 2021)
17. https://www.amnesty.org.uk/press-releases/croatia-shocking-evidence-police-torture-migrants (zuletzt abgerufen am 13. Mai 2021)
18. https://www.theguardian.com/global-development/2020/may/12/croatian-police-accused-of-shaving-and-spray-painting-heads-of-asylum-seekers (zuletzt abgerufen am 13. Mai 2021)

19 Für diese und weitere Pushback-Dokumentationen siehe https://www.border violence.eu/launch-event-the-black-book-of-pushbacks/ (zuletzt abgerufen am 13. Mai 2021)
20 https://www.theguardian.com/global-development/2020/jun/15/eu-covered-up-croatias-failure-to-protect-migrants-from-border-brutality (zuletzt abgerufen am 13. Mai 2021)
21 https://www.theguardian.com/global-development/2020/jun/19/croatian-police-officers-arrested-over-beating-of-afghan-asylum-seeker (zuletzt abgerufen am 13. Mai 2021)
22 https://www.ohchr.org/EN/NewsEvents/Pages/DisplayNews.aspx?NewsID=25976 (zuletzt abgerufen am 13. Mai 2021)
23 https://www.ard-wien.de/2020/11/10/vor-aller-augen-bruessel-berlin-und-co-ignorieren-kroatische-grenzgewalt/ (zuletzt abgerufen am 13. Mai 2021)
24 https://www.theguardian.com/global-development/2020/oct/21/croatian-police-accused-of-sickening-assaults-on-migrants-on-balkans-trail-bosnia (zuletzt abgerufen am 13. Mai 2021)
25 Lüdke, Steffen; Vögele, Nicole: Gewalt gegen Flüchtlinge in Kroatien, Der Spiegel 18. November 2020.
26 Beer, Andrea; Govedarica, Srdjan: Gewalt gegen Flüchtlinge – Kroatiens Regierung unter Druck, Tagesschau.de 19. November 2020.
27 https://erik-marquardt.eu/2021/02/19/was-passiert-mit-geld-dass-die-eu-bosnien-herzegowina-fuer-gefluechtete-bereitstellt (zuletzt abgerufen am 13. Mai 2021)
28 https://fra.europa.eu/sites/default/files/fra_uploads/fra-2020-land-borders-report_en.pdf, S. 24. (zuletzt abgerufen am 13. Mai 2021)

7
Eskalation als Folge der Abschottung

1 https://www.unhcr.org/figures-at-a-glance.html (abgerufen am 13. Mai 2021)
2 https://data2.unhcr.org/en/situations/mediterranean/location/5179 (zuletzt abgerufen am 13. Mai 2021)
3 Martens, Michael: Flüchtlingslager Moria – Die Chronik einer Katastrophe, Frankfurter Allgemeine Zeitung 14. September 2020.
4 https://www.spiegel.de/ausland/griechenland-will-offenbar-schwimmende-barriere-gegen-fluechtlinge-errichten-a-9a1bf7f6-e99d-456d-896a-d85eb8207980 (zuletzt abgerufen am 13. Mai 2021)
5 https://www.rnd.de/politik/migranten-auf-dem-weg-nach-lesbos-schwimmende-barrieren-laut-griechischer-kustenwache-nutzlos-2HZ5ZRIFE5F4BCJUP5BXJEUR3U.html (zuletzt abgerufen am 13. Mai 2021)
6 Lehmann, Michael: Flüchtlingslager auf Lesbos – Warnungen vor neuen Katastrophen, Tagesschau.de 4. Dezember 2019.

7 Zander, Max: Lesbos – «Wir wollen unsere Insel zurück!», Deutsche Welle 24. Januar 2020.
8 https://www.tagesschau.de/ausland/lesbos-migranten-traenengas-101.html (zuletzt abgerufen am 13. Mai 2021)
9 https://orf.at/stories/3153892/ (zuletzt abgerufen am 13. Mai 2021)
10 Lüdke, Steffen; Christides, Giorgos: Protest gegen neues Flüchtlingslager – Rebellion auf Lesbos, Der Spiegel 27. Februar 2020.
11 https://www.sueddeutsche.de/politik/eu-erdogan-droht-der-eu-mit-oeffnung-der-grenzen-fuer-fluechtlinge-dpa.urn-newsml-dpa-com-20090101-190905-99-756097 (zuletzt abgerufen am 13. Mai 2021)
12 Christides, Giorgos, u. a.: Rekonstruktion des Falls Muhammad Gulzar, Der Spiegel 8. Mai 2020.
13 https://www.ft.com/content/c434b3ba-5c9b-11ea-b0ab-339c2307bcd4 (zuletzt abgerufen am 13. Mai 2021)
14 https://twitter.com/SteliosPetsas/status/1234424104813506560 (zuletzt abgerufen am 13. Mai 2021)
15 Christides, Giorgos, u. a.: Rekonstruktion des Falls Muhammad Gulzar, Der Spiegel 8. Mai 2020.
16 https://twitter.com/ManfredWeber/status/1235976758077292544?s=20
17 https://erik-marquardt.eu/2020/04/06/gutachten-umgang-mit-gefluechteten-an-griechisch-tuerkischer-grenze-ist-rechtswidrig/ (zuletzt abgerufen am 13. Mai 2021)
18 El Moussaoui, Naima; Straatmann, Lara: Missachtet Griechenland Migranten-Rechte?, Tagesschau.de 12. März 2020.
19 Stevis-Gridneff, Matina, u. a.: Inside Greece's secret sides for migrants, The New York Times 10. März 2020.
20 https://twitter.com/g_christides/status/1234101149348892672?s=20 (zuletzt abgerufen am 13. Mai 2021)
21 Grillmeier, Franziska; Busch, Julian: Lesbos – Attacke gegen Journalisten und Geflüchtete, Netzwerk Recherche 5. März 2020.
22 https://twitter.com/ErikMarquardt/status/1234784378309529600?s=20 (zuletzt abgerufen am 13. Mai 2021)
23 https://twitter.com/stluedke/status/1234831791732805638?s=20 (zuletzt abgerufen am 13. Mai 2021)
24 https://twitter.com/ErikMarquardt/status/1237325776405647362?s=20 (zuletzt abgerufen am 13. Mai 2021)
25 https://archiv.cdu.de/system/tdf/media/dokumente/die_ergebnisse_des_koalitionsausschusses_vom_8.pdf?file=1&type=field_collection_item&id=20350 (zuletzt abgerufen am 13. Mai 2021)
26 https://ec.europa.eu/eurostat/documents/2995521/10774038/3-28042020-AP-DE.pdf/c4826abe-d737-1cbd-cd1c-74c53958b9bb (abgerufen am 13. Mai 2021)
27 https://twitter.com/ErikMarquardt/status/1253729380280479747?s=20 (zuletzt abgerufen am 13. Mai 2021)

28 https://twitter.com/ErikMarquardt/status/1289266718460665856?s=20 (zuletzt abgerufen am 13. Mai 2021)
29 https://twitter.com/ErikMarquardt/status/1246849745961746433?s=20 (zuletzt abgerufen am 13. Mai 2021)
30 https://twitter.com/ErikMarquardt/status/1290354429204586496?s=20 (zuletzt abgerufen am 13. Mai 2021)
31 https://erik-marquardt.eu/2020/04/15/europa-darf-die-seenotrettung-nicht-an-libyen-auslagern/ (zuletzt abgerufen am 13. Mai 2021)
32 https://sea-eye.org/wp-content/uploads/2020/04/Brief-des-Innenministeriums_06.04.2020-1.pdf (zuletzt abgerufen am 13. Mai 2021)
33 https://youtu.be/I8DLC8cjWus?t=1057 (zuletzt abgerufen am 13. Mai 2021)
34 https://fragdenstaat.de/blog/2020/09/19/schiffssicherheitsverordnung-bmvi-scheuer (zuletzt abgerufen am 13. Mai 2021)
35 https://erik-marquardt.eu/2020/06/09/andreas-scheuer-aendert-verordnung-um-seenotrettung-zu-erschweren/ (zuletzt abgerufen am 13. Mai 2021)
36 https://fragdenstaat.de/blog/2020/12/24/seehofer-scheuer-seenotrettungbrief/ (zuletzt abgerufen am 13. Mai 2021)
37 https://www.aljazeera.com/news/2020/9/12/greek-police-fire-tear-gas-as-refugees-demand-to-leave-lesbos (zuletzt abgerufen am 13. Mai 2021)
38 Hier auf Youtube zu sehen: https://www.youtube.com/watch?v=XRqN9E9boCY (zuletzt abgerufen am 13. Mai 2021)
39 https://taz.de/Nach-Brand-im-Fluechtlingslager-Moria/!5713453/ (zuletzt abgerufen am 13. Mai 2021)
40 https://www.tagesschau.de/inland/seehofer-moria-101.html (zuletzt abgerufen am 13. Mai 2021)
41 https://www.tt.com/artikel/30755398/moria-wo-sind-die-55-tonnen-hilfsgueter-aus-oesterreich (zuletzt abgerufen am 13. Mai 2021)
42 https://www.theguardian.com/world/2020/feb/28/lesbos-braces-for-more-refugees-as-turkey-threatens-to-open-borders (zuletzt abgerufen am 13. Mai 2021)
43 https://www.gfbv.de/de/news/sieben-vergiftete-roma-kinder-aus-verseuchtem-fluechtlingslager-im-kosovo-zur-behandlung-in-bad-emsta/ (zuletzt abgerufen am 13. Mai 2021)
44 https://astraparis.gr/paratasi-pairnei-o-aktor-mechri-na-vgei-o-cheimonas-sto-kara-tepe/?akid=274.125449.0JePJV&rd=1&t=10 (zuletzt abgerufen am 13. Mai 2021)
45 Ghassim, Armin: Flüchtlingslager Kara Tepe – Verzweifelter Kampf gegen die Kälte, Tagesschau.de 18. Dezember 2020.
46 https://www.europarl.europa.eu/infographic/welcoming-europe/index_de.html#filter=2016 (zuletzt abgerufen am 13. Mai 2021)
47 Schmitz, Florian: Asyl in Griechenland – Anerkannte Flüchtlinge in Not, Deutsche Welle 7. Juli 2020.
48 https://www.rescue-uk.org/press-release/irc-report-refugees-greece-endu

ring-mental-health-crisis-irc-psychologists-witness-66 (zuletzt abgerufen am 13. Mai 2021)
49 Köhler, Charlotte: Arzt über das Lager Kara Tepe auf Lesbos – «Es ist ein Gefangenenlager», Taz 16. April 2021.
50 https://twitter.com/ErikMarquardt/status/1350477093784743936?s=20 (zuletzt abgerufen am 13. Mai 2021)
51 https://stonisi.gr/post/16315/paidia-mas-vlepoyn-pente-eyrw-th-meragia-na-menoyn-nhstikoi-pics?fbclid=IwAR0UD0Cc2×4ArpvAAJ_UVovaq_AqQyJBJXcSbntQR96sCICzPq5JHTjWZ48 (zuletzt abgerufen am 13. Mai 2021)
52 https://www.theguardian.com/global-development/2021/may/05/revealed-2000-refugee-deaths-linked-to-eu-pushbacks (zuletzt abgerufen am 13. Mai 2021)

8
Pushbacks mit System

1 Reidy, Eric: An open secret – Refugee pushbacks across the Turkey-Greece border, The New Humanitarian 8. Oktober 2018.
2 https://twitter.com/ErikMarquardt/status/1236018831375699968?s=20 (zuletzt abgerufen am 13. Mai 2021)
3 https://multimedia.europarl.europa.eu/en/libe-committee-meeting_20200706-1645-COMMITTEE-LIBE_vd (zuletzt abgerufen am 13. Mai 2021)
4 https://www.svr-migration.de/wp-content/uploads/2021/03/SVR_Policy-Brief_Moria_barrierefrei.pdf (zuletzt abgerufen am 13. Mai 2021)
5 https://fragdenstaat.de/blog/2020/04/06/wd-gutachten-pushbacks-griechenland/ (zuletzt abgerufen am 13. Mai 2021)
6 https://www.ecchr.eu/fall/nd-und-nt-gegen-spanien (zuletzt abgerufen am 13. Mai 2021)
7 http://www.migreurop.org/article2666.html?lang=fr (zuletzt abgerufen am 13. Mai 2021)
8 https://www.proasyl.de/news/paukenschlag-aus-strassburg-egmr-macht-rueckzieher-beim-schutz-von-menschenrechten-an-der-grenze/ (zuletzt abgerufen am 13. Mai 2021)
9 Sendker, Marion: Was bleibt vom Rechtsstaat im Ausnahmezustand?, Legal Tribune Online 3. März 2020.
10 https://erik-marquardt.eu/2020/02/15/pushbacks-in-spanien-egmr-faellt-realitaetsfernes-urteil/ (zuletzt abgerufen am 13. Mai 2021)
11 https://www.nytimes.com/2020/08/14/world/europe/greece-migrants-abandoning-sea.html (zuletzt abgerufen am 13. Mai 2021)
12 https://www.glanlaw.org/aegean-push-backs?fbclid=IwAR3OfeV4Ds4BKtx9tqgwyJxrASCKtrt3-wQh-MTeM75bp2IhRNNt7vPLr_Q (zuletzt abgerufen am 13. Mai 2021)

13 Schülke-Gill, Birgitta; Bayer, Julia: Griechenland – Übergriffe von Maskierten auf Geflüchtete in der Ägäis, Deutsche Welle 29. Juni 2020.
14 https://twitter.com/ErikMarquardt/status/1342586414115024897 (zuletzt abgerufen am 13. Mai 2021)
15 Fotiadis, Apostolis: Transparency concerns in Greece over migration ministry «black fund», Reporting Democracy 13. Mai 2020.
16 https://www.svr-migration.de/wp-content/uploads/2021/03/SVR_Policy-Brief_Moria_barrierefrei.pdf (zuletzt abgerufen am 13. Mai 2021)
17 https://www.zeit.de/politik/ausland/2020-04/eugh-ungarn-polen-und-tschechien-haben-gegen-eu-recht-verstossen (zuletzt abgerufen am 13. Mai 2021)
18 Christides, Giorgos, u. a.: Frontex in illegale Pushbacks von Flüchtlingen verwickelt, Der Spiegel 23. Oktober 2020.
19 Christides, Giorgos, u. a.: Frontex-Chef Leggeri sagt dem EU-Parlament die Unwahrheit, Der Spiegel 3. Dezember 2020.
20 Christides, Giorgios, u. a.: Wie Frontex-Chef Leggeri die Öffentlichkeit getäuscht hat, Der Spiegel 26. November 2020.
21 https://www.zeit.de/politik/ausland/2020-04/eugh-ungarn-polen-und-tschechien-haben-gegen-eu-recht-verstossen (zuletzt abgerufen am 13. Mai 2021)
22 Christides, Giorgos, u. a.: Wie Seehofer die Aufklärung im Frontex-Skandal behindert, Der Spiegel 17. April 2021.

9
Wie konnte es so weit kommen?

1 Villo, Matteo: Seenotrettung – Der Mythos vom Pull-Faktor, Die Zeit 28. Februar 2020.
2 https://daserste.ndr.de/panorama/archiv/2021/panorama9690.pdf (zuletzt abgerufen am 13. Mai 2021)
3 https://www.fes.de/forum-berlin/gegen-rechtsextremismus/mitte-studie/ (zuletzt abgerufen am 13. Mai 2021)
4 https://www.focus.de/politik/deutschland/umfrage-keine-unerlaubte-einreise-mehr-deutsche-wollen-fundamentalen-wandel-in-asylpolitik_id_12200609.html (zuletzt abgerufen am 13. Mai 2021)
5 Held, Josef, u. a.: Rechtspopulismus und Rassismus im Kontext der Fluchtbewegung, Rosa Luxemburg Stiftung Juni 2017: https://www.rosalux.de/fileadmin/rls_uploads/pdfs/Studien/Studien_6-17_Rechtspopulismus.pdf (zuletzt abgerufen am 13. Mai 2021), siehe auch Friedrichs, Julia; Polke-Majewski, Karsten: «Wo die NSDAP erfolgreich war, ist es heute die AfD», Die Zeit 25. Februar 2019.
6 Markus Söder, 14. Juni 2018, https://twitter.com/Markus_Soeder/status/1007226345338830848?s=20 (zuletzt abgerufen am 13. Mai 2021)
7 Alexander Dobrindt, Mai 2018, https://www.sueddeutsche.de/politik/asylpoli

tik-dobrindt-beklagt-anti-abschiebe-industrie-1.3968956 (zuletzt abgerufen am 13. Mai 2021)

8   Horst Seehofer, Februar 2016, https://www.pnp.de/nachrichten/bayern/Seehofer-unterstellt-Merkel-Herrschaft-des-Unrechts-1958889.html (zuletzt abgerufen am 13. Mai 2021)
9   https://mediendienst-integration.de/artikel/wie-oft-nennen-medien-die-herkunft-von-tatverdaechtigen.html (zuletzt abgerufen am 13. Mai 2021)
10 https://www.faz.net/aktuell/politik/fluechtlingskrise/beatrix-von-storch-afd-vizechefin-will-polizei-sogar-auf-kinder-schiessen-lassen-14044186.html (zuletzt abgerufen am 13. Mai 2021)
11 https://erik-marquardt.eu/2021/02/10/europaeisches-parlament-stimmt-fuer-meinen-bericht-zu-grenzverfahren/ (zuletzt abgerufen am 13. Mai 2021)
12 Vergleiche Kapitel 2
13 Clemens, Michael; Postel, Hannah: Deterring Emigration with Foreign Aid – An Overview of Evidence from Low-Income Countries, Center for Global Development 12. Februar 2018.
14 Ausführlicher wird auf den «Migrationsdruck» aus Afrika zum Beispiel eingegangen bei Knaus, Gerald: Welche Grenzen brauchen wir?, Piper Verlag 2020.

10
Der Weg zu einer Lösung

1   Wir haben das als Grüne Fraktion beispielsweise ausführlich aufgeschrieben: https://erik-marquardt.eu/?p=1175 (zuletzt abgerufen am 13. Mai 2021)
2   https://www.faz.net/aktuell/politik/inland/fluechtlinge-mehrheit-der-deutschen-will-obergrenze-15233504.html (zuletzt abgerufen am 13. Mai 2021)
3   Resettlement bezeichnet im europäischen Kontext die direkte Aufnahme von schutzbedürftigen Geflüchteten aus einem Nicht-EU-Staat, Relocation heißt hingegen die Umverteilung aus einem EU-Staat in einen anderen. Mehr Infos zum Resettlement: resettlement.de
4   https://erik-marquardt.eu/2020/04/03/gutachten-belegt-bundeslaender-duerfen-eigenstaendig-gefluechtete-aufnehmen (abgerufen am 13. Mai 2021)
5   Böcking, David: Ausländer bringen Deutschland Milliarden, Der Spiegel 27. November 2014.
6   Ausführlichere Vorschläge zur Stärkung der Rolle von Ländern und Kommunen zum Beispiel in dieser Publikation der Heinrich-Böll-Stiftung: Bendel, Petra, u. a.: Der Weg über die Kommunen, Februar 2019.
7   Mehr Informationen zu dem sogenannten PSR-Programm: https://www.canada.ca/en/immigration-refugees-citizenship/services/refugees/40-years-psr.html (zuletzt abgerufen am 13. Mai 2021)
8   Ausführlichere Beschreibungen der Patenschaftsprogramme: https://link.springer.com/book/10.1007/978-3-658-28237-0 (abgerufen am 13. Mai 2021)

11
«Was kann ich selbst tun?»

1 Ausführlicher haben zum Beispiel Nina Horaczek und Sebastian Wiese in ihrem Buch *Wehrt euch!* über die Möglichkeiten zum Engagement geschrieben. Horaczek, Nina; Wiese, Sebastian: Wehrt euch! – Wie du dich in einer Demokratie engagieren und die Welt verbessern kannst, Czernin Verlag 2019.
2 https://www.presseportal.de/pm/8218/4901727 (abgerufen am 13. Mai 2021)
3 https://de.statista.com/statistik/daten/studie/170911/umfrage/interesse-an-politik/ (zuletzt abgerufen am 13. Mai 2021)
4 Hier eine Übersicht: https://www.europarl.europa.eu/germany/de/europ%C3%A4isches-parlament/die-deutschen-europaabgeordneten-nach-bundesl%C3%A4ndern, und hier eine Übersicht zum Bundestag: https://www.bundestag.de/abgeordnete (zuletzt abgerufen am 13. Mai 2021)
5 Eine Übersicht von praktischen Möglichkeiten zum Engagement gibt es zum Beispiel hier: https://www.proasyl.de/ehrenamtliches-engagement/ (zuletzt abgerufen am 13. Mai 2021)
6 t.me/erikmarquardt
7 Zum Beispiel: https://www.instagram.com/moria2_karatepa/ (zuletzt abgerufen am 13. Mai 2021). Man kann jedoch auch Kontakte unter einschlägigen Hashtags wie #lesbos oder #karatepe finden.
8 Fehrle, Gerdt: So informieren sich die Deutschen 2020, Marketing Börse 4. November 2020.

12
Fakten gegen Vorurteile

1 Hier zusammengefasst: https://erik-marquardt.eu/2019/11/20/studie-belegt-migration-nach-europa-unabhaengig-von-seenotrettung/ (zuletzt abgerufen am 13. Mai 2021)
2 Hier noch ein weiterer Gedankenanstoß: Vorurteile fangen auch schon in der Sprache an. Es ist kein Zufall, dass ich in diesem Buch durchgängig nicht von «Asylanten», sondern von «Schutzsuchenden» spreche, ebenso präferiere ich «Geflüchtete» gegenüber dem allgemeinsprachlich verbreiteten Begriff «Flüchtlinge». Besonders zu dem letzteren Begriffspaar gibt es eine bis heute andauernde Diskussion. So wird beispielsweise die Wortendung «-ling» im Deutschen oft in negativ konnotierten Wörtern (Fiesling) oder zur Verniedlichung (Liebling) eingesetzt. Außerdem will niemand auf Dauer mit seiner Flucht identifiziert werden. Eine tiefergehende Analyse würde den Rahmen dieses Buches sprengen. Sprache ist lebendig und ändert sich. Egal wie man zu einzelnen Sprachdebatten steht – darüber zu reden ist wichtig und lässt uns eingefahrene Muster hinterfragen.

3   Weltweite Zahlen: https://www.bpb.de/gesellschaft/migration/kurzdossiers/280217/ein-ueberblick-in-zahlen (zuletzt abgerufen am 13. Mai 2021) Deutsche Zahlen: https://www.bpb.de/gesellschaft/migration/flucht/zahlen-zu-asyl/265710/demografie (zuletzt abgerufen am 13. Mai 2021)
4   Podolski, Tanja: EuGH zum Schutzstatus von Syrern – Vorm Wehrdienst kann man flüchten, Legal Tribune Online 19. November 2020.
5   https://www.tagesschau.de/inland/deutschlandtrend/deutschlandtrend-2331.html (zuletzt abgerufen am 13. Mai 2021)
6   https://data2.unhcr.org/en/situations/mediterranean (zuletzt abgerufen am 13. Mai 2021)
7   https://de.statista.com/statistik/daten/studie/76095/umfrage/asylantraege-insgesamt-in-deutschland-seit-1995/ (zuletzt abgerufen am 13. Mai 2021)
8   https://charts.bpb.de/Pb8R8/index.html (zuletzt abgerufen am 13. Mai 2021)
9   Ausführliche Studie zur Kriminalität von Nichtdeutschen: https://mediendienst-integration.de/fileadmin/Dateien/Gutachten_Walburg_Kriminalitaet_Migration.pdf (zuletzt abgerufen am 13. Mai 2021)
10 Zahlen zu weltweit Geflüchteten gibt es vom UNHCR: https://www.unhcr.org/figures-at-a-glance.html, Zahlen zu Deutschland beim Mediendienst Integration: https://mediendienst-integration.de/migration/flucht-asyl/zahl-der-fluechtlinge.html (zuletzt abgerufen am 13. Mai 2021)
11 https://adoptrevolution.org/hintergrund-befragung (zuletzt abgerufen am 13. Mai 2021)
12 Böcking, David: Ausländer bringen Deutschland Milliarden, Der Spiegel 27. November 2014.
13 https://www.zeit.de/politik/ausland/2020-04/eugh-ungarn-polen-und-tschechien-haben-gegen-eu-recht-verstossen (zuletzt abgerufen am 13. Mai 2021)
14 https://www.hartziv.org/news/20201211-mehr-hartz-iv-2021-so-setzt-sich-der-neue-regelsatz-zusammen.html; https://www.bundesregierung.de/breg-de/suche/bedarfssaetze-angepasst-1635116 (zuletzt abgerufen am 13. Mai 2021)